株式会社ワーク・ライフバランス代表取締役社長
小室淑恵

働き方改革

生産性とモチベーションが上がる事例20社

毎日新聞出版

働き方改革

生産性とモチベーションが上がる事例20社

はじめに

働き方改革によって、社会・企業・個人はどう変わるのでしょうか？　本書では、とにかくきれいごとではない、各社の苦悩と働き方改革に立ちはだかる障壁・反発・アレルギーも赤裸々に紹介しながら、それを乗り越えた企業ではどんな変化が起きるのかということを書かせていただきました。

実際の働き方改革は順風満帆にはいかないものです。だからこそ、他社事例から勇気をもらって一日でも早くアクションを起こしていただきたい、という気持ちで20社もの企業・組織にご協力いただきました。成果だけでなく、苦労もつまびらかにしてくださったすべてのクライアントに感謝しています。働き方改革をする以前に各社が抱えていた課題もオープンにしてくださったので、きっと本書を手に取っていただいた方は「うちと同じような社風・課題がある企業でも取り組んで成果を出せているんだ」と感じていただけると思います。通常の企業広報では絶対に出てこないような現場の話ばかりですから、ご担当者の皆様も、社内の許可をいただくのは決して楽ではなかったことと推測しますが、「これから取り組む企業の役に立つなら」と許可を取り付けてくださいました。だからこそ、本書以外では決して読むことのできない内容になったと自負しています。

また第1章に詳述しましたが、政府に働き方改革の重要性と緊急性を伝えることができたのも、数々のクライアントが事例を提供してくださったおかげです。時には経営トップが政府の有識者会議に出席してくださり、働き方改革によって業績だけでなく、社員の私生活にも明るい変化が起きていることを証言してくださいました。起業して約12年になりますが、私たちがどんなに声高に「ワーク・ライフバランスが重要です！」「働き方改革を！」「労働基準法改正を！」と訴えても、各社のパワフルな事例がなかったら、ここまで働き方改革が大きなうねりになることはなかったと思っています。そして、働き方改革の成果を伺って私たちが一番うれしいのは、ご自身の身体と心のコンディションが良くなり、ご家庭においてお子さん・配偶者・ご両親など身近な人との関係性が劇的に良くなったという話をお聞かせいただくことです。働き方改革が社会にもたらす最も大きなインパクトは、ここなのだと思っています。

ごくごく個人的な我が家の出来事で恐縮ですが、働き方改革が進んだ先にある日本社会の変化を感じたエピソードがありましたのでご紹介させてください。

先日、小学校高学年の長男が友人たちとの悪ふざけが過ぎてしまい、学校から「今すぐ親御さんが来てください」と心臓の凍るような保護者呼び出しを受けてしまいました。午後2時頃のことです。しかし私は名古屋でこれから講演会という状況で、講演後に向かっても到着が午後5時半過ぎ。急いで夫に電話しましたが午後5時から大事な会議があるとのこと。一度電話を切ってどうしたものかと頭を抱えていると、夫から「仕事の調整はつけたから。職場にも説明したので自分が行ってくるよ」と勤務先から学校に駆けつけ謝罪し、迷惑をかけてしまったご家庭にも丁寧に謝りに行ってくれたのです。

私も駆けつけるつもりで講演後に新幹線に飛び乗りましたが、午後4時40分には「全部対応できたから、もう大丈夫。僕も仕事に戻るね」と連絡があり、心からほっとしました。後で聞いてみたところ、長男には「パパはあなたのことを100%信頼しているし、認めている。でも、今回のことについては自分ではどう思うの」と、ものすごく冷静で落ち着いた叱り方をしてくれたそうです。長男も「パパごめんなさい。自分が悪かったと思う」と落ち着いて反省できたとのこと。むしろ、私が駆けつけていたら、気が動転し、悲しいやら悔しいやらで、感情的に長男を叱ってしまっただろうと思います。

まだ私たち夫婦が子育てを始めたばかりの頃は、社会が男性の働き方に柔軟性をまったく認めなかったので、夫は毎日深夜まで帰れず、子どもの突発事象に対応するのはすべて私でした。子育てをしながら働いていると、毎日のようになにかしらの突発事象の対応に追われます。急な病気やケガは日常茶飯事。子どもたちは、ついうっかり友だちの上着を着て帰ってきてしまったり。お詫びの電話を入れて直接届けに行き、自宅に戻ってようやく落ち着いたかと思えば、寝る前になって急に「明日、工作で軍手と牛乳パックが必要なんだ」。時には今回のように、トラブルを起こして学校から呼び出しを受けてしまうことだってあります。こうした「子どもたちによる突発事象」は、すべて妻が対応して当たり前の世の中でした。子どものことで一つ困難を感じるたびに、一段階ずつ夫への信頼度が下がっていく音が聞こえるような気がした時もありました。しかし、社会全体に今、働き方改革の風が吹き、最も古い体質だった夫の職場でも働き方の柔軟性が高まっています。

すると、夫が勤務先からさっそうと駆けつけ、すべてをしっかり対応してくれた。子どもがトラブルを起こしたというのに不謹慎なのですが、改めて夫をとても頼もしく感じたのです。

働き方改革は企業の生産性向上ばかりが注目されますが、**社会の働き方改革の行く先には、夫婦間の信頼関係が再構築され、家庭内の幸福度が大きく引き上がり、子どもたちを包み込む空気が変わる**ことをしみじみと実感しました。

今までの長時間労働社会は、そこに勤める人が疲弊し、職場や通勤電車では互いの不機嫌をぶつけ合い、その疲弊が家族との関係性に悪影響を及ぼし、子育てや介護にはイライラばかりがぶつけられ、子どもたちの自己肯定感は先進国で最も低く、少子化は加速し、社会保障負担は年々重くなる、という悪循環が繰り返されてきました。こんな社会はもう私たち世代で終わりにしなくてはならない。そう思っています。

働き方改革をした企業で起きたような一つひとつの変化を積み重ねていけば、日本社会が絶対に変わるはずです。職場や地域社会が笑顔と活気で安心できる場となる。疲弊する夫婦ではなく、テニスのダブルスのようにお互いをさっとフォローし合える余裕を持った夫婦、子育てや介護に笑顔が向けられ、未来に意欲を持って育つ子どもたちが次世代を創っていく好循環。社会全体が子どもたちの育つ環境を温かく見守れる余裕を取り戻し、そして子どもが歓迎される社会に変えていくことができる。さまざまな事情で社会参画できずに苦しんでいる人たちも、それぞれの特性を活かした貢献ができるようになり、国全体の幸福度を上げる。そう思っています。

だからこそ、「働き方改革」をブームで終わらせないようにしなくてはなりません。

働き方改革に独自に取り組む企業の中には、労働基準監督署に入られてしまった、離職者や体調不良者が激増してしまった、など緊急事態で取り組んだことにより、本質的な改革ではなく「強制退社時間の設定」など表面的な手法のみに走ってしまう失敗事例も増えています。何よりもそうした企業では、働き方改革により肝心の社員のモチベーションが低下してしまうのが怖いのです。そうなれば「やっぱり日本の社会では働き方改革なんて無理」という逆風が吹いて、揺り戻しが来てしまいます。すでに今、そういった改革の挙げ足を取る記事も増えています。本書を手に取られた方には、ギリギリのタイミングで追い込まれて取り組むのではなく、先手を打って、本質的な取り組みをしていただきたいと思っています。そして何より社員が健康に、イキイキと学び、成長意欲を向上させていくような組織をつくっていただきたいのです。

本質的な手法ほど地味で、文章にするのが難しいので、本書を読まれた方にどれくらい伝わるか不安ではあります。しかしあえて、その地味で本質的な改革手法を丁寧に解説しますので、1ページ読み進めるごとに、どんどん取り入れて実践していってください。全国あちこちで、業種も規模もさまざまな企業と組織が取り組むことによって、もう二度と日本社会を長時間労働による悪循環の国に戻さないように変えていきましょう。

目次　働き方改革　生産性とモチベーションが上がる事例20社

はじめに　3

第1章

「働き方改革」が政府の大方針になるまで

安倍晋三首相に面会、長時間労働是正を解説　22
政府が「働き方改革担当大臣」を設置　24
36協定が法律に格上げ、違反者には罰則　29
「勤務間インターバル規制」はなぜ必要か　33
「高プロ制度」導入企業は3年間、労基署の監視対象に　37
働き方改革が企業競争力を上げる理由――人口ボーナス期と人口オーナス期　43
男性ばかり・長時間労働・均一管理で発展した人口ボーナス期　50
人口オーナス期に経済発展しやすい働き方の条件　53

第2章

「働き方改革」の具体的手順

働き方改革は100社100通り　60
働き方改革――4つのステップ　61
【ステップ0：ゴールイメージの決定】　62
【ステップ1：朝メール・夜メールを用いて現在の働き方を確認する】　66
【ステップ2：朝メール・夜メールから業務の課題を抽出】　68
【ステップ3：カエル会議で課題を話し合い、見直し施策を決める】　75
【ステップ4：改革施策の実施】　81
「中間報告会」と「最終報告会」の役割　82

第3章

困難な環境での取り組み事例

具体事例 UQコミュニケーションズ株式会社　86
新規事業への参入、残業削減、利益向上を同時に実現！

「1年がかりの粘り強い説得」で社長を動かした人事 86
増やすべき仕事、切るべき仕事を見極める 89
お互いの業務に興味を持つ「グッジョブ共有会」 90
「働き方改革＝マネジメント」との気づきが社内に広がる 92
具体事例 株式会社シップス 95
店長研修で残業を25％減らし、売上5億円アップ！
考える力を引き出したコミュニケーション術
残業するのはお客様思いだから？ 95
今や「飲みニケーション」は通用しない 97
全4回の「店長研修」から大きな成果が生まれた理由 100
コラム 株式会社シップス 人事部部長 橋本匡輔氏 104
具体事例 大東建託株式会社 106
総労働時間3年連続減少！
売上前年比110％、利益130％を達成
全経営陣が「働き方改革」の必要性を共有 106
朝・夜メール、カエル会議でコミュニケーションの質が向上 108

ＰＤＣＡを効率的に回して業務を改善 111
月平均で残業25％削減、売上・利益ともに増加！ 113
具体事例 愛知県警察 116
成果が出たことで懐疑的だった職員の意識が大きく変化
取り組みは3期目に突入！
全都道府県警に先駆け、２０１５年度から働き方改革に着手 116
残業時間を削減し、事件捜査の成果を上げる 118
情報共有、マニュアル化で効率アップ 120
多くの企業に好影響、愛知県警察の働き方改革 122
具体事例 株式会社えがお 125
4カ月で約60時間、開始前の残業時間を1／3削減！
リフレッシュ休暇の取得率１００％
熊本地震の直前にコンサル開始 125
働き方改革で災害時でも業務を遂行 129
具体事例 有限責任あずさ監査法人 133
組織風土を根底から変化させながら改革に挑む！

監査法人にも蔓延する長時間労働　133
カエル会議で長時間労働を誘発する原因を探る　136

具体事例　大塚倉庫株式会社　140
外部パートナーのドライバーの残業削減にスマホアプリを独自開発
「業界の風習」を見直し、ＢtoＢ物流業界全体の発展・向上を目指す
「力強さ」と「スピード感」でトップダウンの改革を推進　140
独自のスマホアプリでドライバーの待ち時間が大幅削減、売上アップ！　143

具体事例　新菱冷熱工業株式会社　146
長時間労働が大きな課題の建設業界で、いち早く改革に着手
「業務の効率化」と「スキルアップ」でさわやかな職場を目指す！
建設業界にも高まる人手不足の危機感　146
「働き方さわやかProject」が本格スタート　148
時間管理でスキルアップ・コミュニケーションの活性化を実現　151
働き方改革は「なりたい自分」を実現する取り組み　155

第4章

「働き方改革」の全体設計　経営者の果たす役割（企業のスケジュール設計と取り組みの事例）

リバウンドしない組織改革　6つのスケジュール設計　160
取り組み4カ月目、中間報告会への役員参加がカギ　165

具体事例　三菱地所プロパティマネジメント株式会社　168
全社平均16％残業削減しながら、中期経営計画を前倒しで実現！
削減した残業代8000万円は「全額」社員に還元

「売上日本一を実現しても社員を疲弊させては無意味」とコンサルを開始　168
表彰制度を創設、最高6万円の報奨金を支給　173

コラム　三菱地所プロパティマネジメント株式会社　代表取締役 社長執行役員　千葉太氏　175

具体事例　株式会社かんぽ生命保険　177
足元の業務改革から人事評価の見直し、自己研さんサポート策やAI活用を実施
人材育成を重視し、3年連続残業削減を達成

長時間労働をよしとする文化の変革に着手 177
社内コンサルタントを養成し、改革をスピードアップ 179
業務の属人化度を数値化 180
AIなど最新技術の導入で業務を効率化 182
IT人材の採用・育成、システム刷新でコストを削減 184
管理職の評価制度を見直し、生産性・人材育成を重視 186
勤務間インターバル制度（11時間）の試行など次々と改革を推進 187

具体事例 **日本通運株式会社 海運事業部門** 192
物流業界でも挑戦！
「女性活躍」を超えた、正しい「働き方改革」への一歩

「女性活躍推進診断」をきっかけに改革スタート 192
属人化排除でメンタルストレスが大きく減少 195
幹部の「机、購入したら？」発言で改革が加速 198

具体事例 **マニュライフ生命保険株式会社** 201
成功する「働き方改革の王道パターン」がさらに進化！
残業16％削減、売上12％アップを実現した「リーダーカエル会議」

組織への貢献意欲の向上を目指し、改革スタート 201
プロジェクトの見える化、ライフの目標の共有が改革を促進 202
「リーダーカエル会議」で全社の改革が一気に進む 205
スコアカードで目標設定しつつ、仕事の質とライフも重視 207

具体事例 パナソニック ヘルスケア株式会社 209
攻めのアフターフォローで製造工程管理部門の業務の平準化を実現
従業員満足度を向上させた「働き方改革」
ゴールイメージの設定や関係の質向上で着実な成果 209
「ありがとうカード」で社員のやる気に火をつける 211
共有フォルダ整理で資料作り・資料探しの時間も大幅削減 212
勉強時間を作りスキルアップ 213

第5章

中央省庁・学校・自治体・中小企業でも「働き方改革」が加速

働き方改革が加速しない要因は中央官庁と学校にある　218
具体事例　静岡県教育委員会の取り組み　222
教職員の多忙化解消に先駆的に挑む　222
モデル小中4校で教員の残業時間削減に取り組む　225
留守番電話の導入で残業月13時間減少　226
具体事例　岡山県教育委員会の取り組み　229
「ぐっじょぶMTG」で業務を数値で見える化し、残業時間22・6%減少　229
PTA役員、地域住民、教員が合同でカエル会議を実施　232
子どもの活躍の場は部活動だけではない　234
日本の未来は教員の働き方改革にかかっている　236
具体事例　自治体・三重県　239
年間予算の16%を県内企業の働き方改革に投入!
働き方改革なくして地方創生なし　239
働き方改革で三重県民の幸福度が年々上昇

地方創生交付金を活用し、働き方改革セミナーを実施　241
県庁職員対象の「働き方改革・生産性向上推進懇談会」を立ち上げる　242

具体事例　株式会社エムワン　248
社長が変わり、人事が変わり、現場が変わった
一般用医薬品売上は2・3倍、採用エントリー数は約5倍に！
地方の調剤薬局が「都市圏の企業内定を辞退しても就職したい企業」に変貌　248
働き方改革で社長、人事、現場が変貌を遂げる　251

具体事例　自治体・岩手県、盛岡市　254
1人の熱意が組織を変える
ノウハウを吸収し、自走できる力を鍛える
市職員が夜行バスで霞が関の勉強会に自主参加　254
市と県が連携・協力し、働き方改革等推進事業を実施　256

具体事例　信幸プロテック株式会社　258
54項目もの業務を見直しながら、バックオフィス部門が現場の生産性までアップ！
市と県が用意した機会を最大限に活かし、働き方改革を推進　258

初めの一歩は情報共有と業務効率化　260
同行がきっかけでバックオフィス部門が現場の生産性向上に貢献　262
働き方改革を社内に浸透させるための最も近道な方法　263
働き方改革を進めるうえでオープンマインドは欠かせない　264
助成金を活用して働き方改革を促進　266

具体事例　中央官庁・内閣府　269
国会対応など他律的な業務が多いと言われる霞ケ関でも働き方改革に果敢にチャレンジ！

〝聖域〟国会待機問題にも着手した働き方改革　269
〝実現可能性の分析〟よりも、まず実行！　272
事務局の〝本気〟度が改革の成否を分ける　273
時間外3割減、有休3倍のチームも　275
コラム　内閣府大臣官房人事課（働き方改革　事務局担当）長野浩二氏　277

第6章

「働き方改革」を完走するには

改革の揺り戻しを起こさないために「評価」を見直す　280
働き方改革の抵抗勢力への向き合い方　Q&A　289
1 うちの若い人はもっと働きたいって言っているよ。　290
2 シリコンバレーでは死ぬほど働いている。ベンチャーには労働時間の上限規制を外すべきだ。　291
3 クリエイティブな仕事は、時間をかけるほどいいものができる。　293
4 時給で働く職種は残業代で収入を保っている。残業削減などしてほしくない。　294
5 うちは女性が多い組織。長時間労働だがダイバーシティ（多様性）は実現できている。　295
6 残業は家計のため。妻も、早く帰宅してほしいと思っていないのでは？　296
7 新聞記者は夜討ち朝駆けで取材し、特ダネをモノにしている。　298

おわりに　300

カバーデザイン　宮坂佳枝
編集協力　玉寄麻衣
DTP・図版　センターメディア

第1章

「働き方改革」が政府の大方針になるまで

安倍晋三首相に面会、長時間労働是正を解説

２０１６年3月に『労働時間革命　残業削減で業績向上！　その仕組みが分かる』（毎日新聞出版）を上梓しました。その中で、なぜ日本社会で働き方改革を進めることが、企業業績を上げることにつながるのか、少子化解決につながるのかを解説し、日本の未来を救おうとするならば変革するタイムリミットはわずか数年であることを解説しました。

その出版から2カ月後の２０１６年5月、安倍晋三内閣総理大臣のお時間をいただいて、このタイムリミットについて官邸で解説する機会がありました。当初10分と言われていたのが、気づけば30分ほど質問にお答えしていました。その際にお話しした内容は、『労働時間革命』の25〜53ページで解説しましたので、是非ご一読ください。端的に解説すると、今のように「働くこと」と「子育てすること」のどちらかしか取れないような長時間労働の環境を放置すれば、人口のボリュームゾーンである団塊ジュニア世代の女性の多くが出産時期を先送りせざるを得ず、その世代が出産期を終えると母体数が激減してしまう。すると、未来の人口を増やすことがほぼ不可能になり、年金の払い手の激減という財政破綻へまっしぐらになるということ。なんと出産期を終えるまで数年しかなく、**働き方改革はこの国の解決すべき優先順位トップに引き上げ、スピードを上げて対策すべき**であるということを、グラフを用いて解説しました。本

書の49ページの図表1－8でも詳しく解説しますが、厚労省が同じ夫婦を11年追跡調査したデータを引用し、1人目が生まれた際に夫の帰宅時間が遅く、夫の家事・育児参画時間が短い家庭ほど、2人目以降が生まれていないことも示しました。長時間労働社会が1人目の育児を、妻にとって孤独で辛いトラウマ体験にしてしまうことが真の少子化原因なのです。つまり、**女性の労働時間を配慮するのが重要なのではなく、男性を含めた職場全体、社会全体の長時間労働の是正をすることによって、少子化による危機から日本社会を救うことができる**のです。

当日、よりによってひどい風邪をひいてしまって、老婆のような声で解説し終えた私に、安倍総理は「これは、もっと早くやっておくべき政策だった。それで？ 小室さんは、具体的には何をどうしたらいいと言うの」と質問されました。私は、もちろん僭越だとは承知しつつも、事前に自分なりの法律改正案を作成していましたので、それをお見せしながら「日本の労働基準法は、36協定《さぶろくきょうてい》さえ結んでしまえば、事実上際限なく残業させられる異常な法律です。この**労基法に、特別繁忙期においても月間70時間程度まで、というような上限を設定するべきだ**と思います。また、EUではすべての国で批准されている**インターバル規制を、日本においても義務化すべきです**」と答えました。これを聞いた総理は「ずいぶん大きなことを言うね。経済団体との合意形成など考えると非常に難しい話だよ」と応え、横にいた秘書官からも「非常に難しい話です。もっと別の方法で、助成金などのインセンティブ施策にしたほうがいいでしょう」

という反応が返ってきました。

政府が「働き方改革担当大臣」を設置

そこでタイムアップとなったので、やはり力及ばずだったか、とがっくりしたのですが、その3カ月後の8月、参院選で大勝した自民党が新たに設置した特命大臣職が「働き方改革担当大臣」だったのです。法律改正はめまいのするような果てしない道のりなのですが、その方法として、特命大臣を作るという手法は思いつきもしなかったので、ひっくり返るほど驚いたのを覚えています。そして翌月の9月には「働き方改革実現会議」が安倍総理大臣決裁により設置され、その席に**経済団体トップと、日本労働組合総連合会（連合）トップが毎月顔を揃えて議論するという画期的な舞台ができた**のです。しかし、この会議が設置されたことにより、経済界には強い危機感が生まれ、ありとあらゆる業界団体が一斉に政府にロビイング活動し「労働時間の上限設定など現実的ではない。わが業界は、そんなことをしたら立ち行かなくなる」という申し入れを行いました。それは如実に総理の発言のトーンダウンを生みました。働き方に関する総理発言を時系列に並べて分析すると9月までは、どこでスピーチする際も「働き方を変えていく。働き方改革こそ最大のチャレンジ」というフレーズが入っていたのが、10月上旬のスピーチからはすっぽり抜けていました。

ところがここで、広告代理店の最大手、株式会社電通の新入社員だった高橋まつりさんの過労死認定のニュースが日本中を駆け抜けたのです。**今、思い返してもこの判決が間に合ったことは、過労死のない未来のために重要でした。この判決が無かったら、あの時点で経済団体のロビイングに完全に押し負けていました。**まつりさんの担当弁護士の川人博さんとは、以前講演会をご依頼いただいたご縁があったので、「全国過労死を考える家族の会」とも連携を取って、ともに署名サイトを立ち上げ、労働基準法の36協定の特別条項に上限設定をすることに賛同する署名を募ったところ、２週間で４万人ほどの署名が集まりました。異例の速さでした。これを、働き方改革実現会議のメンバーである少子化ジャーナリストの白河桃子さんに、官邸における会議の場で安倍総理に示していただくことで、国民の世論を実感していただきました。

そして２０１６年末ギリギリのタイミングで電通の石井直社長辞任のニュースが流れると、多くの経営者の意識は一変しました。「トップが辞任に追い込まれるような危機感を持つべき事象なのだ」と。**これは、残念ながらこれまで多くの経営者にはなかった認識でした。**このことが転換点となって、２０１７年の年明け以降の経済４団体のコメントは「労働時間の上限は必要」というスタンスになりました。そして１月20日の総理施政方針演説において、おそらく初めて「罰則付きの法改正を行う」という言葉が入りました。つまり、一定の上限を設定し、それに違反したらペナルティが与えられるということです。他の先進国では当たり前ですが、日本には今までこの罰則がなかったのです。

2月、3月の「働き方改革実現会議」では、いよいよ具体的に繁忙期において何時間に上限設定されるべきなのか、に議論が移っていきました。しかし水面下では労使の激しい攻防があり、あまりにも議論が膠着《こうちゃく》状態になったことで、安倍総理が「合意することができなければ議論は白紙になる」とまで会議で発言しました。

こうした一連の攻防をさまざまな方にご協力いただきながら、**外側からも議論を盛り上げていきました。** 働き方改革・労働時間の上限設定に明確に賛成であるという意思を持つ経営者だけに宣言をしてもらう「労働時間革命宣言」（図表1－1）を作成したところ、錚々《そうそう》たる企業のトップが顔写真を出して署名してくださいました。中でもカルビー株式会社の松本晃会長、大和証券株式会社の鈴木茂晴前会長、東急不動産株式会社の植村仁会長は、宣言後に長時間労働撲滅フォーラムにも手弁当で登壇してくださり、「決められた時間の中で勝負に勝つことができないような、**社員の時間外労働に頼る会社運営は経営者の怠慢である**」ということを、キッパリ述べてくださいました。

また、経済界でずば抜けて影響力のあるサントリーホールディングス株式会社の新浪剛史社長がＮＨＫスペシャル「私たちのこれから『#長時間労働』」（２０１６年12月24日放送）に出

図表1-1　労働時間革命宣言企業トップの署名（2017年1月時点）

演された際、「これは社会問題として捉えて長時間労働はまずいのだと認識し、しっかりと規制するべきだ」と発言しました。番組のスタジオで解説を務めていた私も非常に感銘を受けたのを覚えています。その後、多くのシンポジウムでも同様の主旨を繰り返し発言されました。

さらに、働き方改革実現会議のメンバーである白河桃子さんと、メディア200社の記者に向けて勉強会を企画しました。総理にお伝えしたように、長時間労働と少子化・財政破綻などがどのように関係しているのかを解説し、あと数年のタイムリミットに間に合うように、今こそ積極的に紙面・番組で取り上げるべきであり、その際のキーワードは「36協定の特別条項に上限」と「勤務間インターバル規制」の2つであるということを繰り返し話しました。解説してみて分かったことは、労働基準法関連に詳しい記者がとても少ないということ。政治部の記者には「それは暮らし面の記者が担当する話でしょう」と当初は言われ続けました。でも現政権が対処できなければ財政破綻へまっしぐらであり、他でもない政策の問題なのだと理解されてからは、4大紙の一面に「36協定の上限」や「インターバル規制」のキーワードが当たり前のように並ぶようになりました。特に、女性記者のみの勉強会「薔薇棘《ばらとげ》」メンバーの方々には、何度も熱心に取り上げてもらいました。

実は、5月に安倍総理と官邸でお話しした際に、総理は「長時間労働の問題はまだ世論になっていないから、政治主導で強引に進めるのは難しい」ともおっしゃっていました。だからこそ、メディアがこの問題を「世論」にしてくれたことが非常に大きな追い風となったのです。

このように、官邸で、水面下の労使で、メディアで、法廷で、企業で、動きがさまざまに響きあって奇跡的に前進し、ついに２０１７年３月に「働き方改革実行計画」が労使で合意され、労基法を改正して36協定の特別条項に上限設定する方向性が出されたのです。

この実行計画が労働政策審議会で議論されて法案になり、２０１７年の秋の臨時国会に提出されるはずでしたが、同年９月に突然の衆議院解散となってしまい、２０１８年の通常国会に提出される見込みとなりました。施行の時期は早ければ２０１９年の春です。改正されるとどうなるのか、具体的に解説しておきたいと思います。

36協定が法律に格上げ、違反者には罰則

今回の法改正は、企業経営者や人事部だけでなく、**部下を持つすべての人がその意味を正しく理解する必要があります。**

労働基準法では、使用者は１日８時間、週40時間を超えて労働をさせてはならない、とあります。しかし労使で36協定を締結し、労働基準監督署に届け出た場合に限り、時間外労働や休日出勤を命じることができます。36協定では建前上「１カ月45時間」「１年３６０時間」など

図表1-2　現在の労働基準法　特別条項の6カ月間は青天井

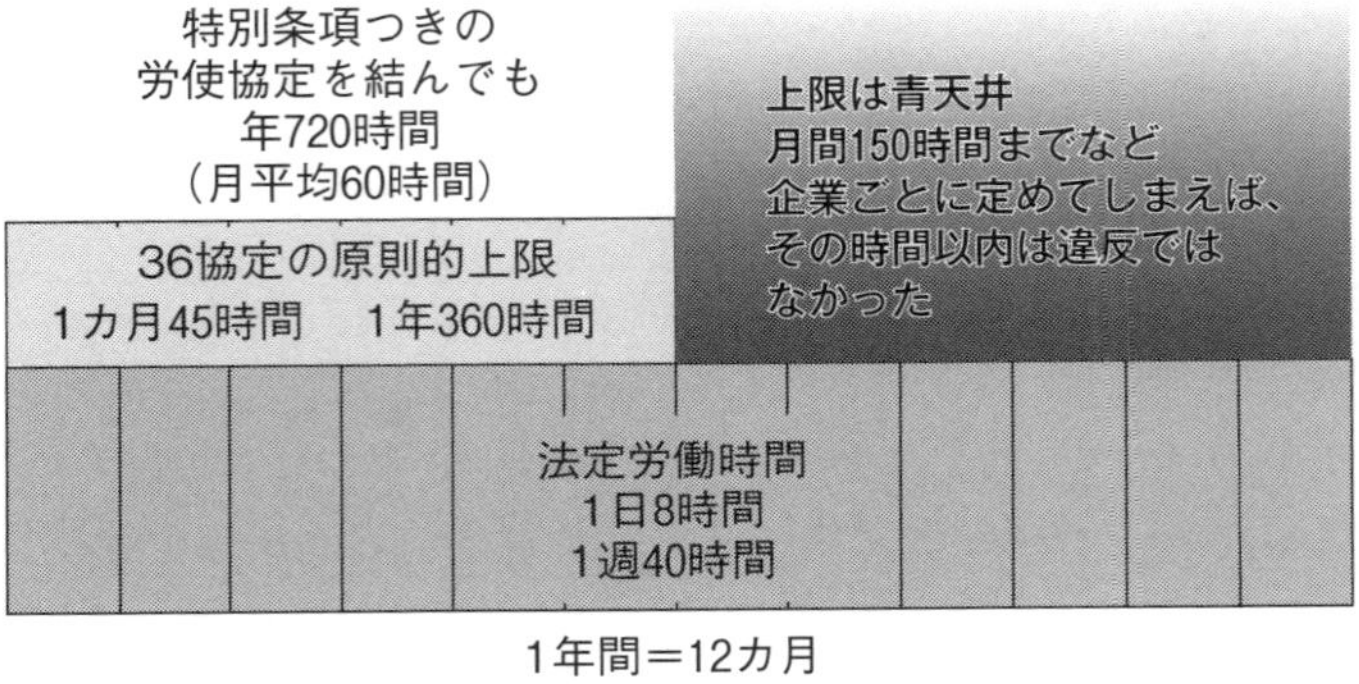

の限度時間が設けられているものの、そこにさらに「特別条項」を適用すれば年間6回までは**事実上、無制限に残業を命じることができました**。過労死の判断基準の目安となる月間80時間を超える36協定を労使で締結していたり、その協定を超える労働時間で働かせていたりしても、労基署の指導・勧告が出るだけでそれこそ**過労死でも起きなければ何の罰則もなかった**のです。

特別条項を労基署に提出する際に、月間120時間や150時間などという過労死レベルを大きく超えた時間で上限を設定していても、労基署はそのまま受理してしまうという実態で、図表1－2のように今まで日本の労働時間は事実上、青天井でした。**それが労基法70年の歴史上初めて絶対的な上限が設定されるのです**。しかし皆さんの職場には、「今までも36協定の特別条項で定めた時間を超える違反は何度もしたことがあるけど、それでも何も取り締まられなかった。今後も上限に違反しても

図表1-3　労働基準法の「36協定」の運用を見直し、残業時間に上限を設定（イメージ）

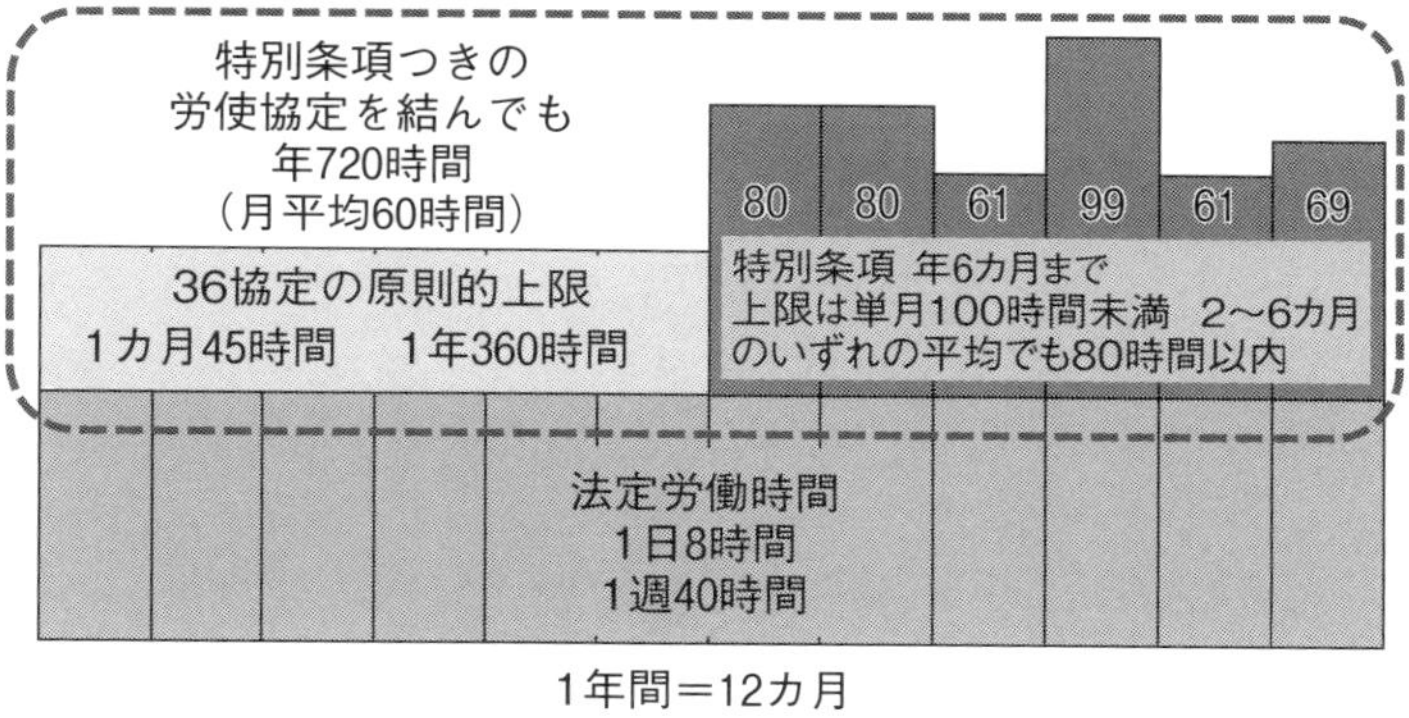

何も起きないのでは？」という認識の社員が多いのではないかと思います。なぜなら今までの36協定は**法律ではなかったから**なのです。現行の労基法において36協定の特別条項というのは「厚生労働大臣告示」という、法的強制力がないものだったのです。それが改正後は**「法律に格上げ」されるので、違反すれば罰則があり、罰金や社名公表、公共事業への入札禁止など、業績や採用、資金調達にダメージを受けることになるのです**。これを理解していないと、危機感のないまま現在の働き方を続けてしまいますので、人事部や管理職が社員に正しく周知することが大切です。

　具体的な残業時間の上限は**「36協定を結べば原則月45時間、年間３６０時間」**とし、**「臨時的に特別な事情がある場合は、さらに特別な条項を結べば年間７２０時間」、特別条項の上限は１００時間未満となりました。ここに留意点があります。この「月間１００時**

間未満まで」という数字がメディアを通じて独り歩きし、「なんだ超長時間労働を容認する数字じゃないか」「毎月100時間未満なら働かせても大丈夫」**という印象を持った従業員も多いようです。しかし詳細を読むと、「ただし2～6カ月のいずれの平均でも、80時間以内を満たさなければならない」**となっているのです。

つまり、図表1－3のように、一度でも99時間残業させた月があったとしたら、その前後の月は61時間以内でなくては**平均残業時間が80時間を超えてしまうので違法**となるのです。もし**繁忙期が2カ月以上続くような部署があって、その職場で仕事が属人化（その個人にしかできない状態の仕事がある）している場合、特定の人が2カ月以上80時間を超えて対応することとなり、この法律が施行されれば違法**となりますから、今から対策を講じておかないと施行までに間に合いません。

法律通りに働いたら、うちの業績は下がってしまうという経営者がいますが、厚生労働省「健康づくりのための睡眠指針2014」[*]によると「**人間の脳が集中力を発揮できるのは起床後12～13時間が限界。**集中力の切れた脳は酒気帯びと同程度の集中力、さらに**起床後15時間を過ぎた脳は、酒酔い運転と同じくらいの作業能率**まで低下する」そうです。午前6時前後に起きて出勤している社員ならば午後7時には集中力を発揮できる時間は終了しているのです。酒酔い運転レベルの集中力の社員に1・25～1・5倍の割増給料を支払っているのは、お人好しの経営者です。それこそ**利益が出ない、斬新な発想も出ない、業績も上がらない働き方**となっていることでしょう。

＊http://www.mhlw.go.jp/file/06-Seisakujouhou-10900000-Kenkoukyoku/0000047221.pdf

「勤務間インターバル規制」はなぜ必要か

「36協定に上限を設ける」こととも う一つ、強く提唱してきたのが、**「勤務間インターバル規制」**の導入です。勤務間インターバル規制とは、退勤時間から翌日（もしくは当日）の出勤時間の間に一定時間以上の間を設ける規制です。すでにＥＵ各国では20年以上前の１９９３年に制定された「ＥＵ労働時間指令」によりインターバル規制を導入し、１日の仕事の終了後は**最低でも連続11時間以上**空けないと翌日の勤務を開始できません。前日23時まで仕事をしたとすると、翌日は朝10時まで勤務を開始することはできません。

私は、このインターバル規制の導入は、36協定の残業上限規制以上に早急に実現すべき制度だと考えています。心身の疲労を回復するには、一定以上の睡眠時間の確保が必要だからです。

慢性疲労研究センターの佐々木司センター長は、「１日の心身の疲労は、その日のうちに回復させることが大切だ。（中略）**人間は一晩眠ったとして、肉体の疲労は眠りの前半に回復し、**

ストレスは後半に解消する。（中略）神経をすり減らしている人ほど長時間眠らないと疲労は回復しない。（中略）欧州諸国のように、残業も含む1週間の労働時間に上限を設けることが必要だ」と述べています。

つまり、睡眠の前半しか取れない日々が続けば、前日受けたストレスが解消されないまま翌日のストレスが積み上がってしまい、最後はちょっとした言葉でも「いなくなりたい・死にたい」というところにまで追い込まれてしまう。ですから、**睡眠の後半が「毎日」取れるだけの勤務間インターバルが重要**なのです。

また、陸上自衛隊で衛生学校心理教官を務めた下園壮太氏は、『自衛隊メンタル教官が教える折れないリーダーの仕事』（日本能率協会マネジメントセンター）の中で「蓄積疲労には3段階のレベルがある」（図表1－4参照）とし、**日々睡眠の確保を意識した生活を送ることで、疲労を蓄積させないことが極めて重要**だと述べています。

図表1－4にあるように睡眠が確保できずに、日々の疲労が「2倍モード」にまで蓄積してしまうと、普段ならすぐに回復するようなショックでも、受けるダメージが2倍になり、回復までにかかる時間も2倍になり、心身に異常が表れる一歩手前の状態に陥ってしまいます。

そこにさらに疲労が蓄積してしまうと、心身に何らかの異常を発する疲労の「3倍モード」に突入し、同じショックレベルでも受けるダメージも回復までに要する時間も3倍になってし

図表1-4　蓄積疲労の３段階（１倍〜３倍モード）

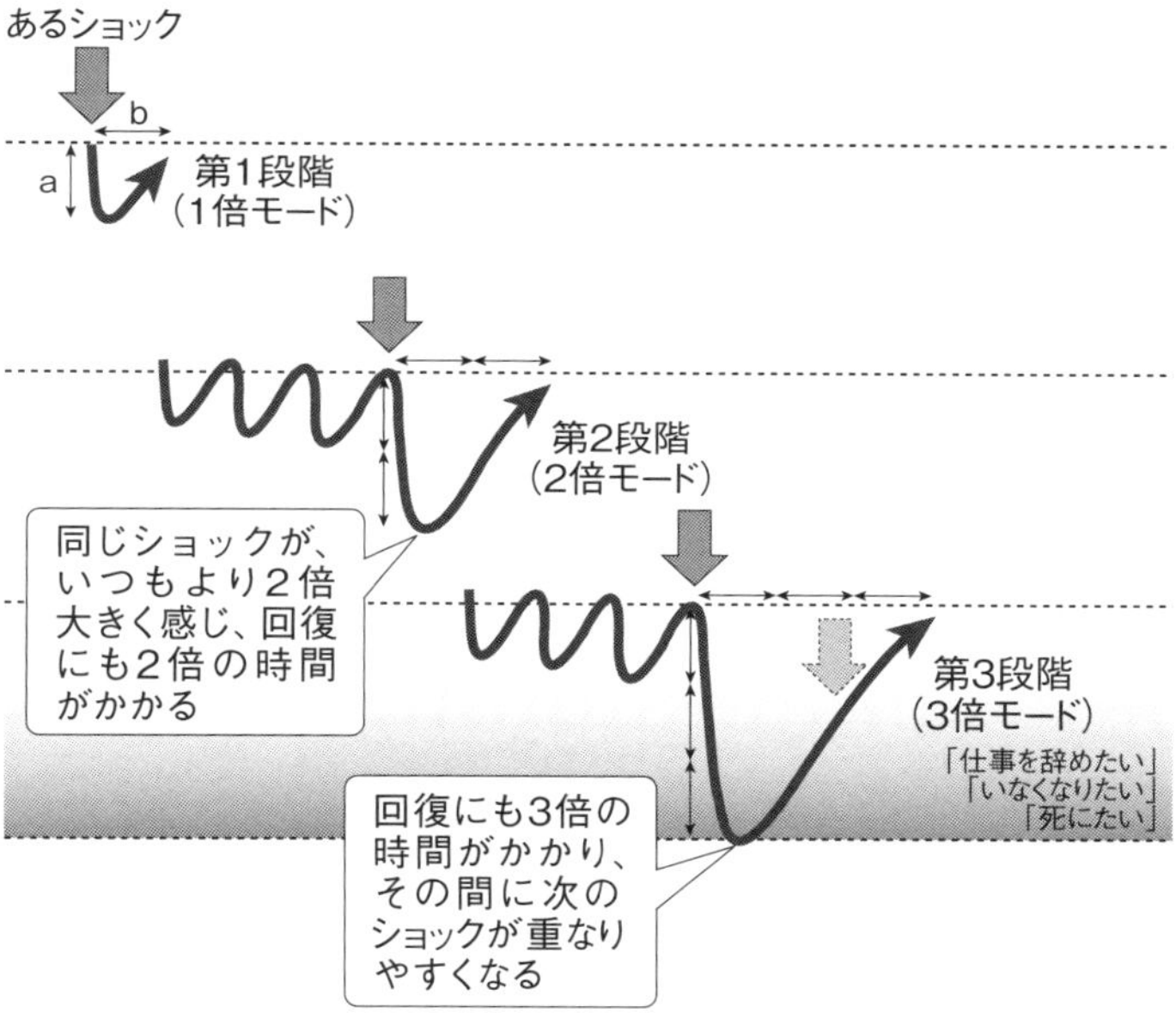

出所:『自衛隊メンタル教官が教える折れないリーダーの仕事』（下園壮太・日本能率協会マネジメントセンター刊）を参考に作成

まうというのです。

じわりじわりと積み重なる睡眠不足の状態では、**どんどんダメージを受けやすく回復しにくい体になっています。**

睡眠の効果をめぐる、ペンシルベニア州立大学の睡眠学者、ディビット・ディケンズ氏とワシントン州立大学睡眠調査センターのグレゴリー・ベレンキー氏が2003年に行った実験では、8時間睡眠と6時間睡眠の2グループを観測したところ、2週間後には**6時間の睡眠グループでは、酩酊と同じぐらいの能力低下が観測されました。**日本人の平均睡眠時間は6時間半ほどですので、〝**一億総酩酊状態**〟と言えます。

メンタル疾患や過労自殺を発生させないためには、月間の労働時間に上限を設けるだけでは不十分で、1日ごとの疲労をその日の睡眠で回復させるためのインターバルが必須なのです。

もしあなたが部下を持ち労働時間を管理する側の立場にいるのなら、部下の長時間労働を放置するだけで「**過労自殺などの最悪の結果を招く、直接の加害者になるかもしれない**リスクを抱えている」ということです。

連日の長時間労働で十分な睡眠が取れず疲労が蓄積してしまった人は、少しのショックでも簡単に心が折れてしまうほどのダメージを受けます。仕事に忙しくイライラしている上司やチームメンバーが発する言葉は、疲れてしまったメンバーの「最悪の結果」を招くリスクを常に抱えているのです。

２０１６年末～２０１７年春にかけて、働き方改革特命大臣であり、現厚生労働大臣の加藤勝信議員に、このようなエビデンス（根拠）を示しながら何度もインターバル規則の重要性をお伝えしてきました。36協定に上限を入れるだけでも難しい局面なので、インターバルまでとなると非常に難易度は高いというご反応でしたが、今回の法改正案でインターバル規制は「努力義務」として入ることになりました。5年後の制度改正時に義務化される見通しです。

「高プロ制度」導入企業は3年間、労基署の監視対象に

通常国会で審議される予定の労基法改正でもう一つ、注目しなくてはならないのは「**高度プロフェッショナル人材制度**」です。これは、私が産業競争力会議の民間議員になる以前の２０１４年、産業競争力会議で議論されて作られた法案です。本来ならば労基法を改正する案は、労使が同席して双方の視点からしっかりと議論されなくてはなりませんが、経営者ばかりで構成された産業競争力会議でほぼ詳細まで決定してしまい、本来の話し合いの場である労働政策審議会では結論ありきで議論させられたという強引な法案でした。いわゆる「日本版ホワイトカラーエグゼンプション」とも呼ばれますが、年収１０７５万円以上の、高度なプロフェッショナル人材は時間管理の対象から外し、成果で判断して報酬を払うようにするという制度です。経済界としては、これによって創造性の高い仕事をさせる環境が整い、日本の競争力を上げることにつながると主張していました。しかし２０１５年、ご存知の通り「残業代ゼロ法案」と叩かれて審議に入れず頓挫《とんざ》しました。一度国会の議題に上げられた法案は、審議されないまま国会が閉会した場合は次の国会での継続審議になるという慣例があります。**実は、この法案は審議されることも廃案にされることもなく、3年間も棚ざらし**になっていたのです。一度解散総選挙になると、それまでの法案はすべて一度廃案になるので、２０１７年秋の衆議院解散に

より正式に廃案になっています。しかしながら、やはり経済界からの強い要望があり、性格の相反する「高度プロフェッショナル人材制度」と「労働時間の上限規制」が一つの法案に一本化されて通常国会に提出されることとなりました。高プロ制度の導入を防ごうとすると、上限規制も共倒れになるので、人質に取られたような状態です。

この高プロ制度を、現在の日本社会に導入するとどんな問題が生じるのか、ここでしっかり解説しておきたいと思います。同じ解説を毎日新聞の連載で書かせていただいたところ、多くの労働問題を担当してきた弁護士の方から、「自分が裁判を担当してきた事例でもまったく同じことが起きていた。共感したので日本弁護士連合会で講演してほしい」とご依頼をいただいたほど、現場で起こる問題です。

私は900社以上の企業をコンサルティングしてきましたが、**日本の管理職が特異なのは、上から降ってきた仕事に優先順位をつけて取捨選択したり、期日交渉したりするスキルが不足していること**です。上から来た仕事を下にそのままどんどん振って、キャパシティがいっぱいになる。そうした職場において、部下のうち一部の高度な人材だけ、労働時間管理の対象から外れていたらどうなるでしょうか？　管理職はこれ幸いと、高度な仕事だけでなく、他の社員に割り振れなかった仕事をすべてその高度な人材に乗せていってしまいます。すると高度な人材ほど慢性的に長時間労働に陥り、「いい加減にしろ」「他に行くところはいくらでもある」と、他社、もしくは海外に流出してしまうのです。責任感で転職できないまま過労死に追い込まれる結果にもなりかねません。そうならないためには、まず管理職が限られたリソースで最大の成果を上げるための仕事の取捨選択や期日交渉をし、スキルの未熟な部下の戦力化を本気で行うこと、経営者もそのための設備投資を決断し、時間当たりの生産性を最大化した職場に変革することが先決なのです。経営者や管理職にそうした行動を本気で取らせるためには、**「例外なき労働時間の上限規制」で一度逃げ道をふさいで変革を促すという順序**が欠かせないのです。今までも、裁量労働制や名ばかり管理職といった、時間管理対象外になった人に仕事が集中し、過労死が起きてきた過去があります。この制度の行方に、私たちはしっかり注目する必要があるのです。

２０１７年の秋の労働政策審議会の場では、高プロ制度と上限規制を一本化するにあたって、日本労働組合総連合会（連合）から高プロ制度を導入しようとする企業に対してかなり厳しいハードルを課す案が出され、それがほぼ盛り込まれました。テレビや新聞メディアではほとんど報道されませんでしたが、これは非常に大きな展開でした。どんなハードルが入ったのかを解説しておきたいと思います。

連合から申し入れがなされる前は、**以下①～③のどれか１つ**の条件を満たせば高プロ制度を導入して良いとなっていました。

図表1-5　4週4日の休日の取得の考え方（イメージ）

A

休	休	出	出	出	出	出
出	出	出	出	出	出	出
出	出	出	出	出	出	出
出	出	出	出	出	休	休

B

出	出	出	出	出	出	休
出	出	出	出	出	出	休
出	出	出	出	出	出	休
出	出	出	出	出	出	休

① 年間104日以上、かつ4週4日の休日

② インターバル規制を入れ、かつ深夜22時~朝5時までの勤務は回数を制限する

③ 在社時間の上限を設けること

どれか1つ選択ということは、例えば①を選択した場合、1年間は365日で52週なので完全週休2日の企業の休日（52週×2日＝104日）とほぼ同程度の休日を確保することとしていることになります。ところが、4週4日というのは、ある特定の4週間の中で見た時に必ず4日の休日が入っているようにというルールで、図1－5で示しているAもBも4週4日です。

Aの場合は24連出勤になってしまっています。①を選択した場合、Aのような過ごし方を少なくとも年間10回（約9・5か月間）は繰り返しできてしまいます。10回で40日間休ませ、閑散期の3カ月を月22日以上を休ませるような運用もできてしまうため、労働者を過労死から守ることは到底できません。

また、①②③のどれかで良いとなれば、難易度の高い②や③はど

の企業も選ばないでしょう。

こうした当初の抜け道のある案に対して、連合からの申し入れや厚生労働省の心ある役人の皆さんの奮闘により、この制度の悪用を防ぐ、以下のような枠組みが追加されました。

今まで①～③のどれかとなっていたもののうち、①は必須項目となり、かつ②～⑤の中から１つ以上選択して入れることが義務づけられました。さらに追加で⑥の項目も**導入する企業には義務づけられる**ことになりました。

①　年間１０４日以上、かつ４週４日の休日（必須項目に）
②　インターバル規制を入れ、かつ深夜22時～朝５時までの勤務は回数を制限する
③　在社時間の上限を設けること
④　１年につき、２週連続休暇取得
⑤　臨時の健康診断の実施
⑥　**在籍時間等が一定時間を超過した労働者に対して**、医師面談を実施（義務・罰則付き）し、面接指導の結果に基づき、職務内容の変更や特別な休暇の付与等の事後措置を講じる

⑥が義務づけられたということは、在籍期間が一定時間を超過したかどうかは、勤務時間を記録していなければ判定できないので、高プロ制度対象者も時間管理をすることが前提になったということです。また、そもそも高プロ制度を導入する企業では労使同数で構成された「労

図表1-6　労働基準法改正の落とし穴
高度プロフェッショナル制度と上限規制の導入順序が極めて重要

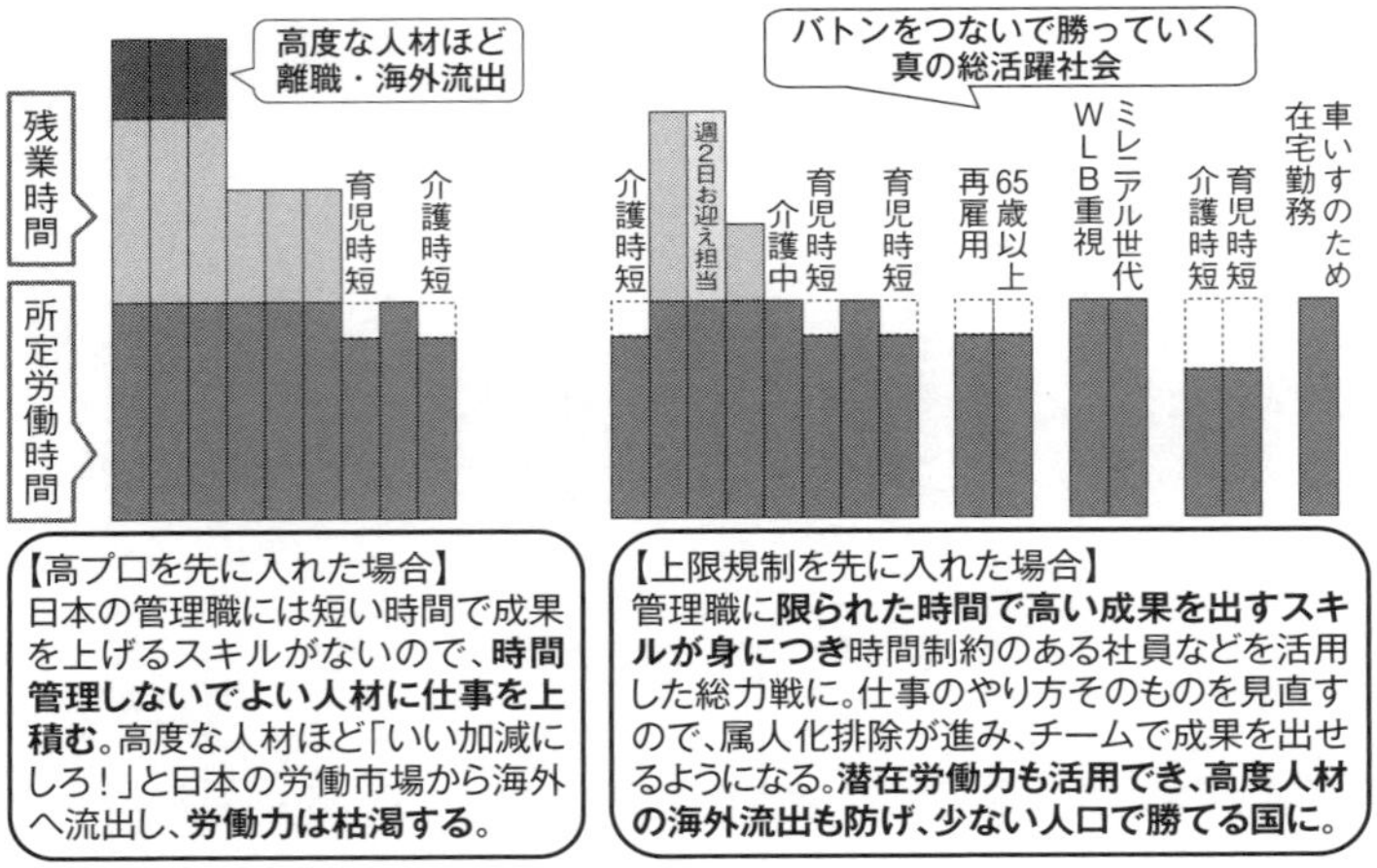
残業時間
所定労働時間
高度な人材ほど離職・海外流出
育児時短
介護時短
バトンをつないで勝っていく真の総活躍社会
介護時短
週2日お迎え担当
介護中
育児時短
育児時短
65歳以上再雇用
ミレニアル世代WLB重視
育児時短
介護時短
車いすのため在宅勤務
【高プロを先に入れた場合】
日本の管理職には短い時間で成果を上げるスキルがないので、時間管理しないでよい人材に仕事を上積む。高度な人材ほど「いい加減にしろ！」と日本の労働市場から海外へ流出し、労働力は枯渇する。
【上限規制を先に入れた場合】
管理職に限られた時間で高い成果を出すスキルが身につき時間制約のある社員などを活用した総力戦に。仕事のやり方そのものを見直すので、属人化排除が進み、チームで成果を出せるようになる。潜在労働力も活用でき、高度人材の海外流出も防げ、少ない人口で勝てる国に。

使委員会」で5分の4の賛成を獲得することを義務づけました。つまり労働者側委員の過半数が必要です。

さらに、この制度の対象になるのは、**本人から希望があった場合のみ**、職務記述書をあらかじめ取り交わした人のみなのです。

このように実際に企業が活用するには、厳しい条件が課せられる見通しの高プロ制度ですが、それでも導入しようとする企業の経営者にはぜひ知っておいてほしいことがあります。

思い出していただきたいのは、1998年にみなし残業代を適用できる裁量労働制に「企画業務型」が追加された時のことです。真っ先に利用した企業に対し、労働基準監督署は**その後3年間にわたり利用状況に問題が**

ないか頻繁に訪問して監視したのです。つまり、今回、高プロ制度を真っ先に導入する企業に対しても、同様に**３年間は労基署の監視がつき**、過去にさかのぼって勤務実態と残業代の支給方法についても、調べられるということです。１９９８年当時と現在では比べものにならないほど労働時間に関する監督は厳しくなっています。過重労働撲滅特別対策班（通称かとく）が厚労省に２０１５年に新設され、その職員数は年々増強されています。過去にさかのぼってもまったくやましいところがない、という企業以外は簡単に導入することはできないでしょう。

どんな社会にも高プロ制度が有害であるということではなく、機能する社会もあると私は考えています。しかし**現状の日本社会の実態と掛け合わせた場合にはデメリットが大きい**のです。働き方改革を実現し、個人の能力とチームワーク力を高め、短時間で高いアウトプットを生み出す組織に変革する前に高プロ制度を導入すれば、**一部の優秀な労働者に過度の負担がかかり、人材の海外流出が起きるリスクのほうが高いでしょう**。そのことを客観的に分析したうえで、今の日本に導入すべきではないという意見を私は持っているのです。

働き方改革が企業競争力を上げる理由――人口ボーナス期と人口オーナス期

ここまで、労基法に関する攻防の背景をお伝えしてきましたが、世界経済の中で次第に順位を落としていっている日本がなぜ今がむしゃらに働くのではなく、労働時間を削減すべきなのでしょうか。「そんなことをやっていたら世界の競争に置いていかれるのではないか」「競争の激しい業界には関係ないのでは？」そんな疑問が皆さんの周りにも多いことと思います。

しかし今、日本経済の最大の成長阻害要因は何でしょうか。**それは人手不足です。仕事はあっても人手不足で受注できず、受注すると今いる人材への過剰負荷により離職率が高まって採用と育成費ばかりが嵩《かさ》んでいくこと**です。

では経営者の悩みは何でしょうか。「イノベーションを起こせ！」と発破をかけても、同じ発想の延長線上の企画ばかりが上がってきて、価格競争に陥り利益が出ないことです。

これらの問題を表層的にではなく、本質的に解決することこそが、働き方改革なのです。次章以降では、その実例として私が今とても注目している「市場を積極的に攻め、新規参入を果たしながらも残業を削減している」事例や、「採用や業績に悩んでいた三重県の58人の調剤薬局が、働き方改革で業績も採用力も倍増した」といった実際の事例をご紹介していきますが、ここでは先に大きな視点から、なぜ働き方改革が企業競争力を上げるのかについて解説しておきたいと思います。

現在、年間200回ほど講演のご依頼をいただいているのですが、その7割ほどが役員向け研修です。その際に、必ずと言っていいほど話してほしいとご依頼いただく内容「人口ボーナス期・人口オーナス期について」は、皆さんの勤務先の経営層を説得する時に有効かもしれません。

「人口ボーナス期」をご存知でしょうか。中国・韓国・シンガポールやタイが今まさに人口ボーナス期です。その国の**人口構造が、その国の経済にボーナスをくれるような美味しい時期**があるよ、という考え方で、１９９０年代にハーバード大学のデービッド・ブルーム教授が提唱し世界的な認知度は非常に高まりました。具体的には、若者がたっぷりいて、高齢者が少ししかいないという人口構造の時期です。この時期の国は**安い労働力を武器に世界中の仕事を受注し、早く安く大量にこなして儲けます。一方、高齢者の比率が低く社会保障費が嵩みませんので、余った利益をどんどんインフラ投資に回すことができるので、「爆発的に経済発展をして当たり前」の時期です。「アジアの奇跡」と呼ばれる経済発展のほとんどが、この「人口ボーナス期」で説明できてしまうと言われています。**中国ではまもなく人口ボーナス期が終わります。インドではなんと２０４０年まで続くそうです。では日本の人口ボーナス期はいつだったのでしょうか？　図表１－７を見てください。

右肩下がりの実線が年少人口（子ども）の割合、右肩上がりの点線が老年人口（高齢者）の割合です。一番上の少し太い線が**従属人口指数と言って、何人の働き手で何人を支える社会か**を表しています。これは非常に重要な概念です。年金負担の例え話で、昔は騎馬戦だったがこ

図表1-7　人口ボーナス期・人口オーナス期

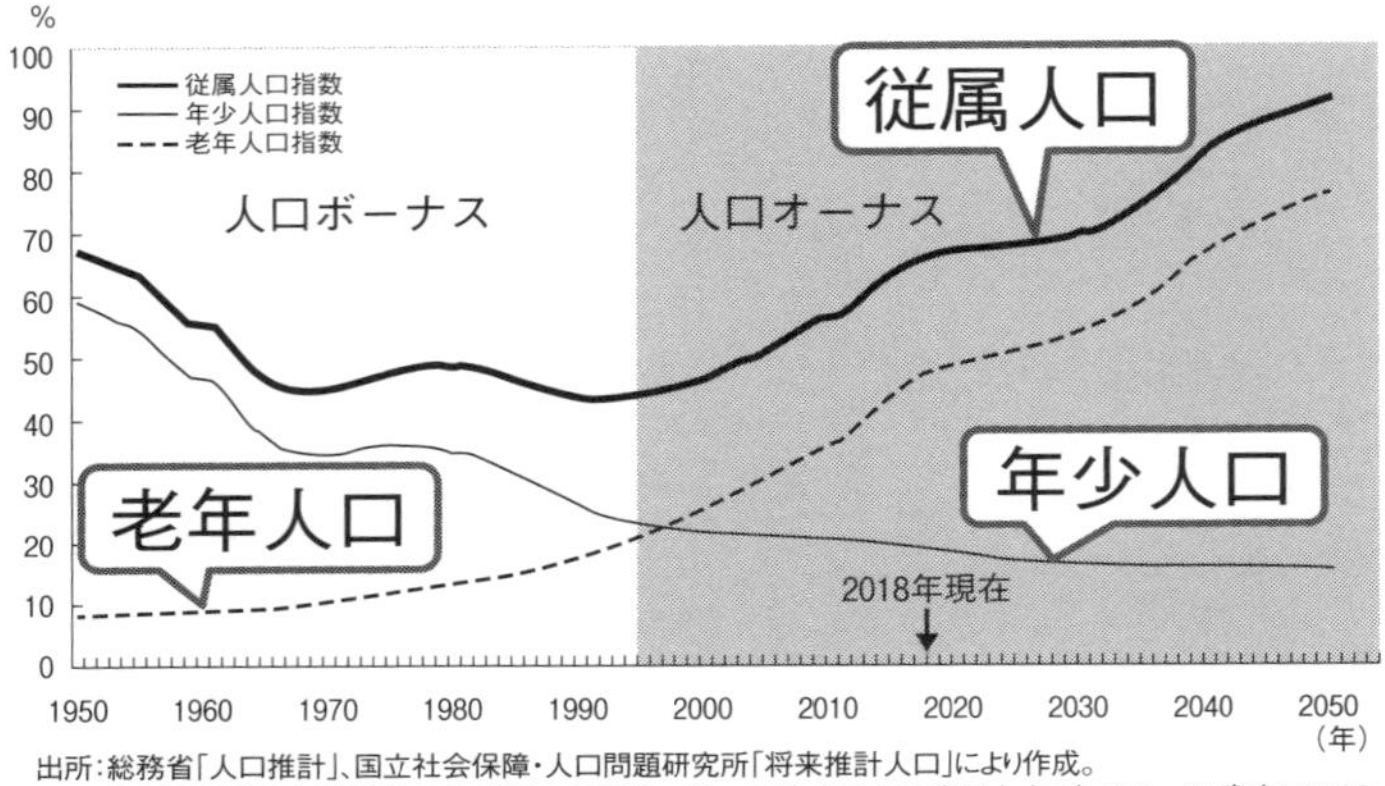

出所：総務省「人口推計」、国立社会保障・人口問題研究所「将来推計人口」により作成。
2010年以降は将来人口推計による。従属人口指数＝(0〜14歳人口＋65歳以上人口)／15〜64歳人口*100
年少人口指数＝0〜14歳人口／15〜64歳人口*100、老年人口指数＝65歳以上人口／15〜64歳人口*100

れからは肩車になると言われますが、騎馬戦は支える人数が多くて背負われる人数は少ないので**1人当たりの負担は軽く、従属人口指数では低い**と表現します。グラフの一番左側を見ると従属人口指数が高く、負担が重い状態であることが分かりますが、これは**明るい重さ**です。この頃の日本は子だくさんで、子どもの養育・教育にコストがかかるので負担は重いのですが、育てた子どもがどんどん労働力となって国を支える側に回ります。すると、従属人口指数は急速に下がって、1960年代半ばで底を打ち、1990年代半ばまでずっと低いままです。1990年代半ばからは、再び従属人口指数は跳ね上がっていきます。高齢者の割合が増えることによる負担増ですから**暗い重さ**と言えるでしょう。つまり、**日本の「人口ボーナス期」は1960年代半ばから1990年代半**

ばまでだったということです。日本が高度経済成長した時期とピタっと合致することがお分かりいただけると思います。日本では、高度経済成長をすることができたのは、団塊世代が「頑張ったから」という論調が強いのですが、実は人口構造によるところが大きいことが分かります。

人口ボーナス期には大きな法則があります。それは**「一度人口ボーナス期が終わった国に、二度と人口ボーナス期は訪れない」**ということです。

日本はすでに人口ボーナス期が終わって20年ほど経ちました。なぜ人口ボーナス期が終わってしまうのかというと、高度経済成長した国には富裕層が生まれ、富裕層は子どもに教育投資をしますので、子どもが高学歴化します。高学歴化すると、男女ともに結婚・出産年齢が後ろ倒しになって少子化になります。また、高学歴化した国では人件費が上昇し、世界の仕事は、より安い他国に流れていきます。さらに、経済発展した国では医療や年金システムが充実して高齢者比率が高まり寿命も延びるので、社会保障費が増大し、国民１人当たりＧＤＰが横ばいに入っていきます。こうなると図のグレーに表されている部分「人口オーナス期」に入っていくのです。

「オーナス」とは、「負荷」や「重荷」という意味で、「人口オーナス期」とは**人口構造がその国の経済の重荷になる時期**を指します。一言で言うと**「支えられる側が支える側より多くなってしまうという構造」**です。こうなると、人件費の安さで世界中から受注して爆発的な経済発展をするというかつての手法は、もう取れません。

人口オーナス期に入った国が抱える典型的な問題は、前出のデービッド・ブルーム教授によると、「労働力人口が減少し、働く世代が引退世代を支えるような社会保障制度を維持することが困難になる」ことだそうです。まさに、年金制度の見直しを迫られている日本の現状そのものですね。日本の課題山積な状況は、すべて**日本が人口ボーナス期から人口オーナス期に入ったせい**のように思えてきます。しかしそうではないのです。人口オーナス期に入った時期はヨーロッパ諸国のほうが先でしたが、日本のほうが課題は深刻です。なぜ後から人口オーナス期に入った日本のほうが深刻になったのでしょうか。

その理由は図表1-7のちょうど真ん中を見ると分かります。高齢者の率を表す点線の角度が急に跳ね上がっています。これは日本が少子化対策に失敗したことによって、高齢化率が跳ね上がってしまい、本来ならもう10年〜20年続くはずだった人口ボーナス期を短く終えて、一気に人口オーナス期に突入してしまったことを表しています。ではなぜ少子化対策に失敗してしまったのか。第1章でも触れましたが、厚生労働省が同じ夫婦を11年間追跡調査したデータ（図表1-8）によると**1人目が生まれた夫婦に、その後2人目以降が生まれたかどうかに相関があったのは、1人目が生まれた時の夫の帰宅時間と家事育児参画時間だったのです。図は休日のデータなので差が分かりやすいのですが、夫が育児家事に6時間以上費やしていた家庭**

図表1-8 夫の休日の家事・育児時間別に見た
この11年間の第2子以降の出生の状況

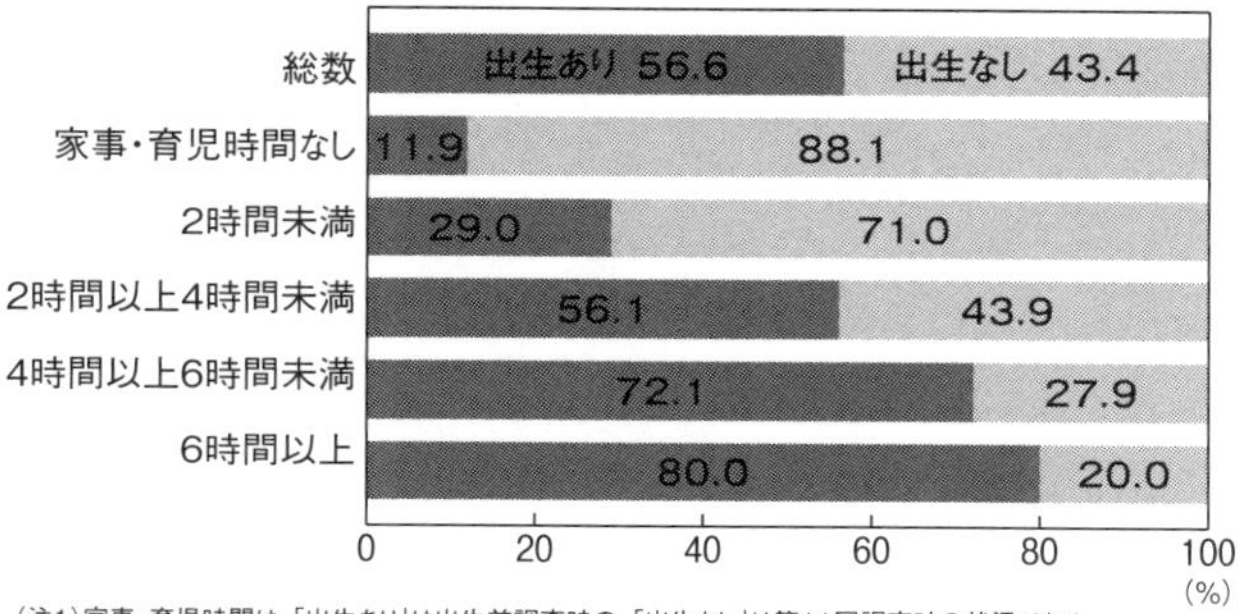

（注1）家事・育児時間は、「出生あり」は出生前調査時の、「出生なし」は第11回調査時の状況である。
（注2）11年間で2人以上出生ありの場合は、末子について計上している。
（注3）「総数」には、家事・育児時間不詳を含む。
出所：2015年7月15日付 厚生労働省 第2回21世紀成年者縦断調査（2012年成年者）
及び第12回21世紀成年者縦断調査（2002年成年者）の概況をもとに作成

では、その後なんと8割に第2子以降が生まれていました。それだけ男性の手は育児に必要だということです。そして、夫の協力が得られないと第1子の育児が妻の孤独なトラウマ体験になります。

実は私も身をもって体験しました。長男出産当時は夫の帰宅時間が平均深夜2時。それまでは赤ちゃんをベッドに置いたら泣く、置いたら泣くとエンドレスに繰り返していると「どうして泣くのよ！」と追い詰められて、深夜に私も泣いていました。この頃は2人目などまったく考えられなかったのを覚えています。その後、夫婦で何度も話し合い、夫が平日の朝ごはん作りや保育園の送りを担当するなど大きく変化すると、私も追いつめられていた気持ちから解放されたのを覚えています。1人目の育児をトラウマ体験ではなく、夫婦で協力し合えるハッピー体験にするためにも、**真**

の少子化対策は男性の働き方を変えることなのです。

男性ばかり・長時間労働・均一管理で発展した人口ボーナス期

ではヨーロッパを追い抜いて人口オーナス期に突入してしまった日本は、もう経済の発展が見込めないのでしょうか？　そんなことはありません。人口ボーナス期とオーナス期では、経済発展する方法が真逆なので、そのやり方に転換できるかどうかが重要なのです。

人口ボーナス期には、①なるべく男性ばかりで働き、②なるべく長時間働かせ、③同じ条件の人材ばかり揃えた組織が勝ちます。

人口ボーナス期と人口オーナス期では成長できるモデルがどのように違うのかを図表1－9で整理しました。

まず1点目に、人口ボーナス期は重工業の比率が高く、筋力を必要とする業務が多いので、こう言ってしまっては身も蓋もありませんが**男性ばかりが働いたほうが効率がよい**のです。男性をできるだけ労働市場に出そうとするならば、家庭における家事・育児・介護といったものは、誰かが無償労働でやってくれないといけない。つまり人口ボーナス期においては妻がそれらをこなし、夫婦が性別役割分担を徹底すると、社会全体としては極めて高効率であったとい

図表1-9 経済発展しやすいルールの違い

人口ボーナス期に経済発展しやすい働き方

●**なるべく男性が働く**

重工業の比率が高いため(筋肉が多いほうが適している業務が多い)。

●**なるべく長時間働く**

早く安く大量に作って勝つためには、時間=成果に直結するから。

●**なるべく同じ条件の人を揃える**

均一な物をたくさん提供することで市場ニーズを満たせるため、
余っている労働力を「転勤や残業・出張」についてこれるかでふるい落とした。
労働者は代えがきくので、立場は弱く、一律管理することができる。

人口オーナス期に経済発展しやすい働き方

●**なるべく男女ともに働く**

頭脳労働の比率が高く、かつ労働力は足りないので、男女フル活用した組織が勝つ。

●**なるべく短時間で働く**

時間当たりの費用が高騰する(日本人の時給は中国人の8倍、インド人の9倍)ので、体力に任せて働かせず、短時間で成果を出す癖を徹底的にトレーニング。

男性も介護で時間の制約を受ける。

●**なるべく違う条件の人を揃える**

均一な物に飽きている市場。高付加価値を短サイクルで提供する必要がある。

労働力は足りない。介護する男性は転勤・出張で皆ふるい落とされる。

「育児・介護・難病・障がいなどは障壁ではない」と皆が理解できる労働環境の整備が重要。

うことが言えます。

2点目に、**なるべく長時間働いた企業が勝ちます**。市場はまだ物やサービスに飢えていて、作れば作っただけ売れていくので長時間労働はそのまま業績向上につながります。他店が19時に閉店ならうちは20時、21時、と延ばしていく。同業他社が明日納品なら、うちは残業してでも今日納品というように、全国にいかに早くエリア展開し、いかにベルトコンベアを長く動かして大量生産したかが勝負の時代は「**時間=成果**」であったと言えます。

そして3点目に、**なるべく同じ条件の人を揃えた組織が成功します**。市場は均一な物をたくさん提供することにニーズがある時期ですから、右向け右、という動き方をしてくれる組織が強いのです。考える人は一部でいい。あとは組織に忠実な企業戦士ばかりを揃えることが大事。こうした組織を作ることに、日本は非常に長《た》けていたと言えます。日本独自のルールを作り、それが非常によく機能しました。この時期、社会全体の労働力が余っていることで企業のパワーが非常に強いため、労働者に辛い条件を課しても必死でついてきてくれるので「**転勤や残業を猛烈に課し、それについてこられるかどうかでふるい落とすやり方**が横行しました。私はこれを「**お前の代わりなんかいくらでもいるんだよ戦略**」と呼んでいますが、3カ所くらい辛い部署を転勤すると、ちょっと昇進するというアメとムチの繰り返しにより、労働者を従順にし、一律管理しやすい組織を作ったと言えます。

この「転勤や残業を猛烈に課すことができる」というのは、世界の中で日本だけのルールです。他国は「ジョブ型」ですので、先に働く場所や時間の条件を提示し、それに応募してきた人の中から一番能力の高い人を採用します。つまり先に労働契約があるので、日本のように辞令一枚で転居を伴うような遠方に転勤させられるようなことは、簡単にできません。日本は「メンバーシップ型」といって、新卒一括採用という世界的に珍しい手法で、まずはメンバーにしてあげるかどうかだけ先に決めます。誰でもまずは採用してほしいので、全国転勤などという他国ではあり得ないような条件ものんで応募してきます。そして入社した後で、さらに次々に聞いていなかった条件が提示されてくるという手法が当たり前のように運用されています。この手法により**一律管理しやすい組織を作りきり、日本は大成功**しました。一説によると、同じ人口ボーナス期に中国が稼いだ額の約3倍を、日本は稼いだと言われています。

人口オーナス期に経済発展しやすい働き方の条件

ですから、この時期に男性ばかり・長時間労働・均一管理の手法を団塊世代が頑張って徹底したことは正しかったと言えるでしょう。では一体何が問題かというと、その手法が有効である人口ボーナス期はもう終わったということです。環境が変わったのに、やり方を変えられな

図表1-10　沈みゆく「人口ボーナス山」から隆起していく「人口オーナス山」へ飛び移ることができるか？

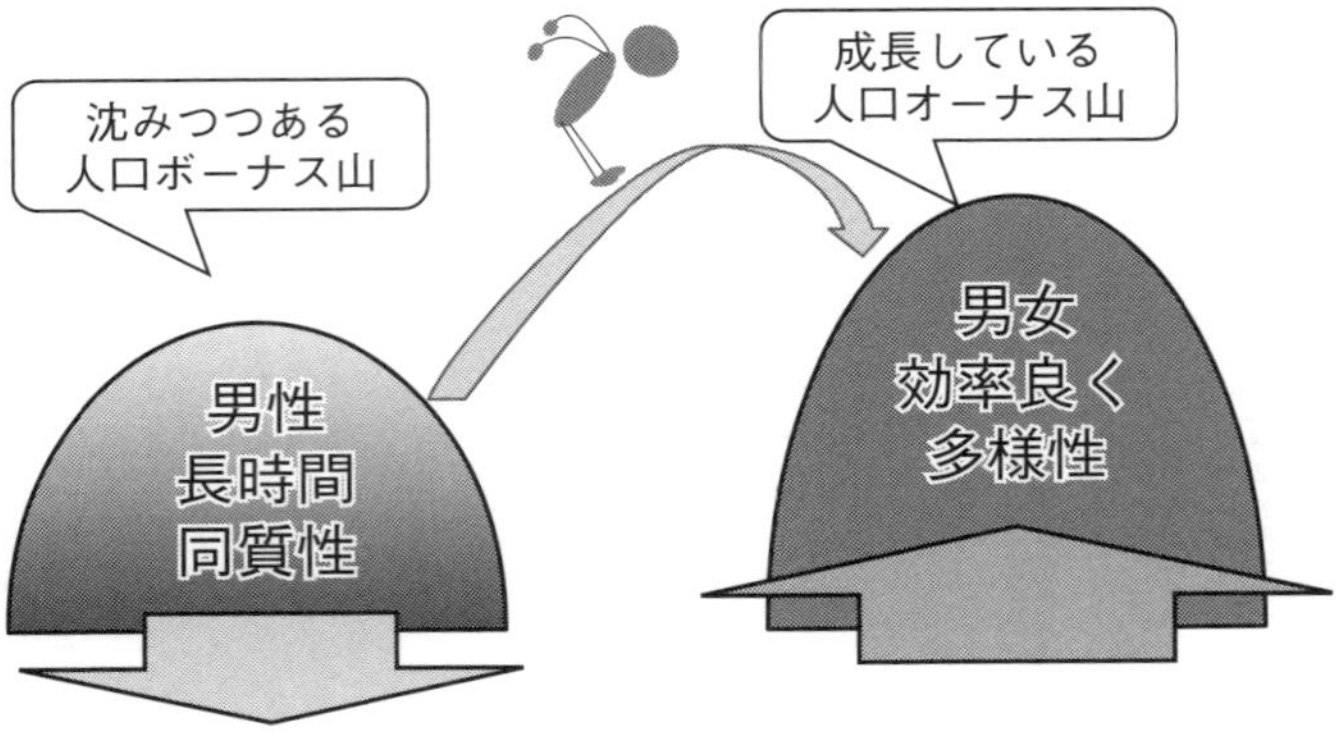

ければ生き残れません。

では、**人口オーナス期**に経済発展しやすい働き方の条件を挙げておきましょう。人口オーナス期には、①**なるべく男女ともに働き、②なるべく短時間で働かせ、③なるべく違う条件の人材を登用する企業が勝ちます。**

人口オーナス期には、頭脳労働の比率が高まり男女の差が出ない仕事が増えます。労働力が不足するので、**男女どちらからも選ばれる組織・どちらの能力も活かせる組織が勝ちます。**

そして人件費が高騰するため、短時間で成果を出す必要があります（日本人の人件費は中国人の8倍、インド人の9倍）。さらに人口構造上、育児や介護をしながら働く人が激増するので両立が求められ、**短時間で高い価値**を生み出さなければ生き残れません。

そして市場は均一な商品に飽きているので、これまでにはなかった視点による商品開発やサービスが求められます。それなのに**人材が均一では、出てくる発想も均一になってしまいます**。特にマネジメント層に多様性がないと死角が皆、一緒なので重要な市場を見逃してしまいます（図表１－10参照）。

働き方改革に挑む企業では、この考え方を全員が理解することは極めて重要です。

よく経営者は「イノベーションを起こせ！」と現場に発破をかけますが、**イノベーションは多様な価値観を持つ人材がフラットに議論できて、初めて生まれます**。しかし多くの企業では、現場には多様な人材がいても、管理職層になれば９割以上が男性。役員になればほぼ１００％男性です。まれに女性がいても、それは「24時間型で働けます」という踏み絵を踏んだ人なので、結局のところイノベーションには欠かせない多様性が組織内に育まれていません。なぜ意思決定層になるほど均一な人材になっていくのかと言えば、それは**働き方に門前払いがあるからです**。責任ある職位の者は、いざという時は時間外対応も辞さないものでなければならない――こうした基準を自分にストイックに課していたはずが、いつの間にか他者にも期待し、次第に**管理職登用する際の１つの条件**になっていってしまった現状があります。Ａ君とＢさんは能力は同じくらいだけど、Ｂさんはまだ育児中で残業できないからＡ君を登用しよう。こうした、**時間外対応ができるかできないかで選定されていく**ことが繰り返されないためには、そもそも**時間外対応が必須になるような働き方そのものを見直していく**必要があるのです。

なぜなら今までは時短勤務と言えば女性がその恩恵にあずかるイメージがありましたが、最

図表1-11　要介護者数はこれからさらに跳ね上がる

1945年に終戦。直後の1947年生まれの団塊世代が2017年に70代に突入！

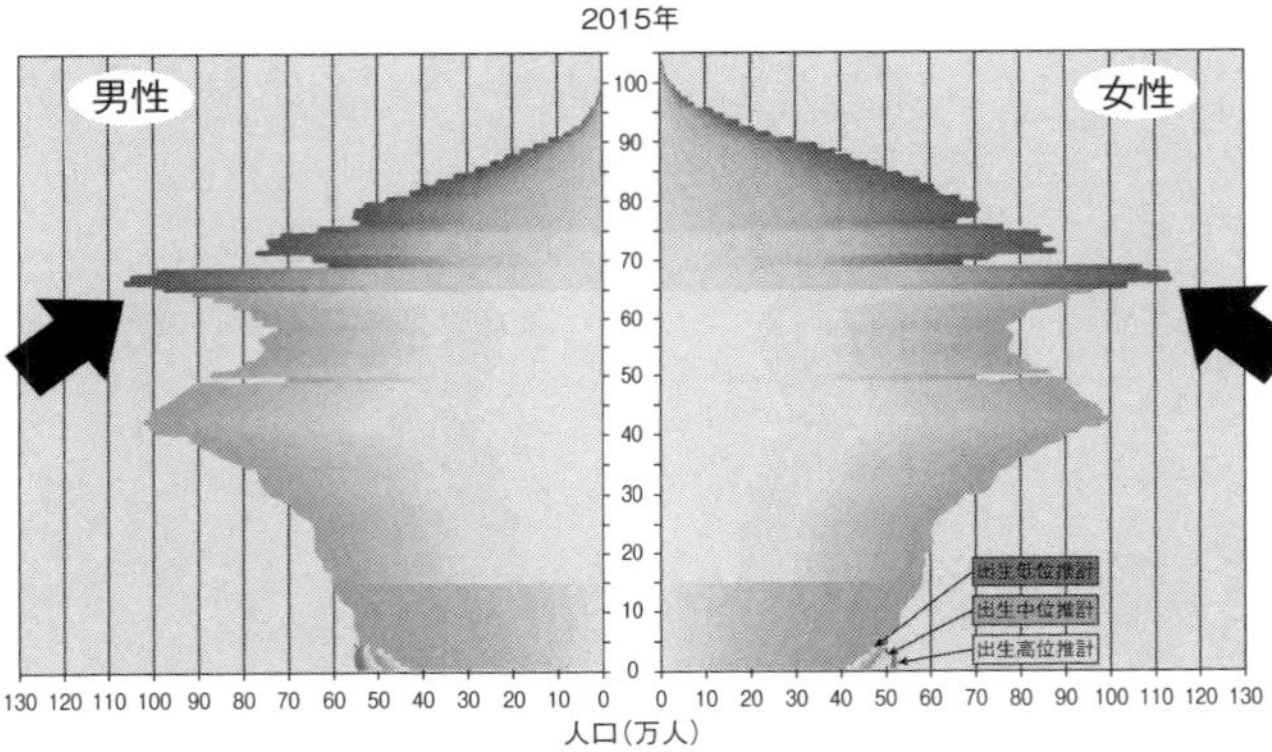

出所：国立社会保障・人口問題研究所 1920～2010年：国勢調査、推計人口、2011年以降：「日本の将来推計人口（2012年1月推計）」

近は**「育児で休んでいる女性の数」を「介護で休む男性の数」が上回る**企業が多数出てきました。労働時間の長い企業ほど、女性が30代で力尽きて辞めていき、40～50代は男性ばかりになります。その40～50代に親の介護が降りかかると、この逆転が起きるのです。昇進できなくなるのは、むしろ男性のほうが多くなるかもしれないのです。

　介護離職は年間10万人を超えていますが、これはまだ嵐の前の静けさに過ぎません。団塊世代は2017年から一斉に70代に突入し始めたところであり、厚生労働省のデータによると、**60代から70代に入る際に要介護者数は、跳ね上がります**（図表1－11、1－12参照）。社内ア

図表1-12　介護を要する者数10万対

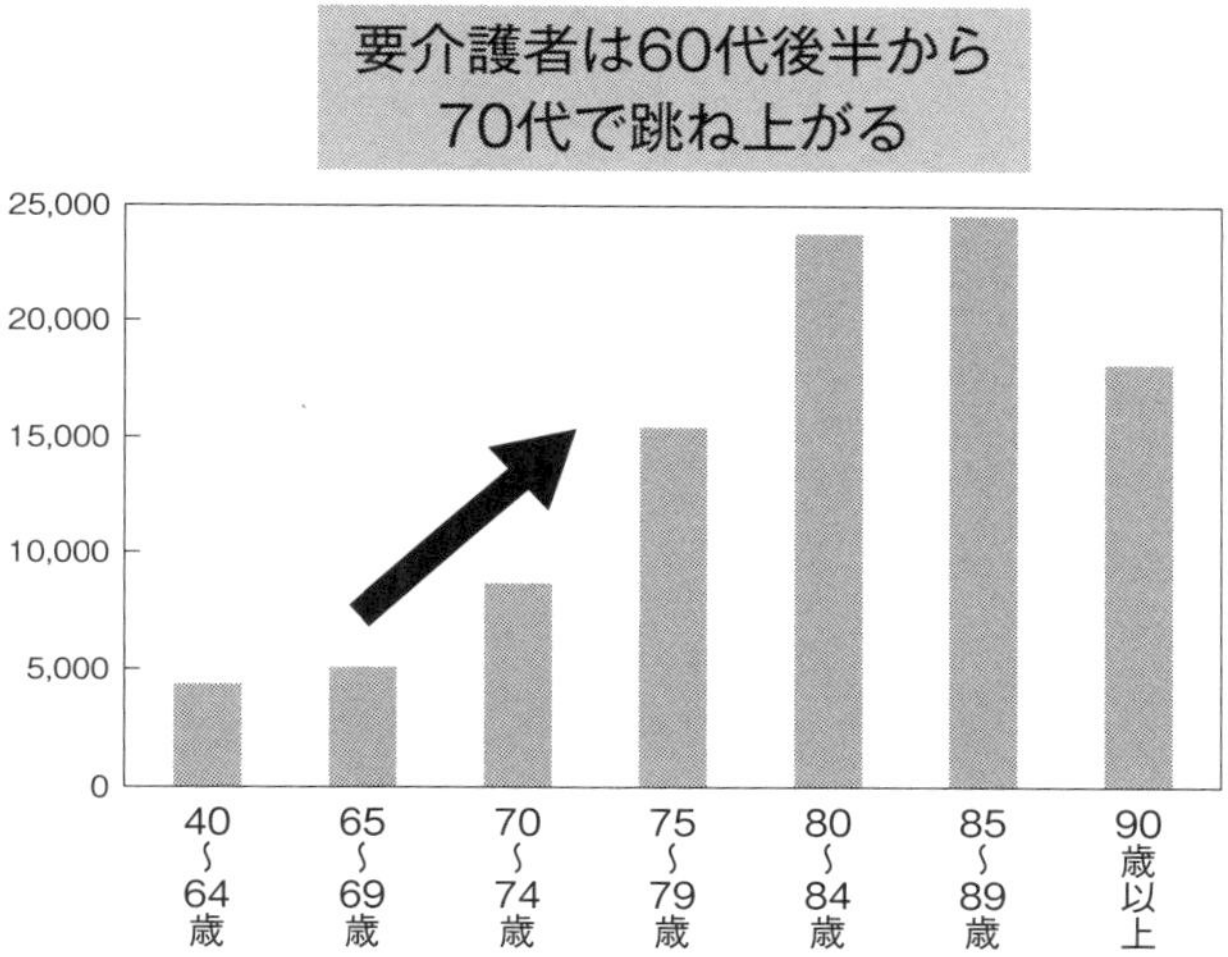

資料:厚生労働省、2013年度国民生活基礎調査よりワーク・ライフバランス社にて作成

ンケートを実施してみてください。「5年以内に家族が要介護状態になる可能性」を持つ社員が急増していることに気づけるはずです。

　仕事が属人化し、長時間労働でしかこなせないような仕事の進め方をしていた企業で、親の介護で残業のできない事情を抱えた男性社員が、その心境を「死刑宣告を受けた気分」だと表現されました。**これまで「残業、出張、転勤」を伴う働き方ができない人材は、「使えない人材」としてふるい落としてきた**側だったからだそうです。

　労働力人口が減り、同様の問題に直面する人材がこれから一気に急増します。排除する余裕はもはやありません。根本的な組織全体の働き方を変えることで、**制約を持**

つ社員が辞めることなく力を発揮し続けられる環境を作れば、結果として社内に多様性が生まれます。育児・介護・難病・障がい・LGBT・シニアといったさまざまな背景を持った多様な人材が対等に議論することによって、今まで思いつかなかったようなビジネスの新領域を発見することにもつながってくるでしょう。本書で紹介している事例の中でも、第4章で三菱地所プロパティマネジメント株式会社の千葉太社長が、働き方改革によって社員に発想力が生まれてきたと述べています。イノベーションを起こすには、組織のダイバーシティが必須条件であり、そのダイバーシティを保証するのが働き方改革なのです。**「働き方改革→多様性の実現→イノベーション」とつながっているからこそやるのだ、**ということを発信して組織を巻き込みながら取り組んでいってください（図表1－13参照）。

図表1-13
「働き方改革」と「イノベーション」の関係

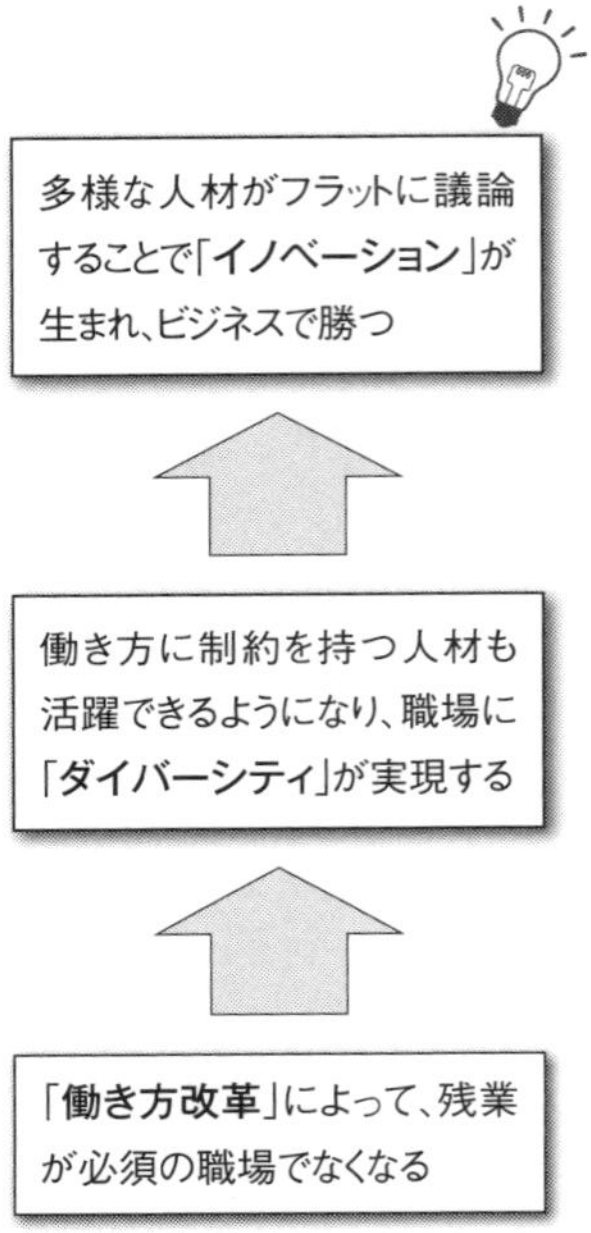
多様な人材がフラットに議論することで「イノベーション」が生まれ、ビジネスで勝つ
働き方に制約を持つ人材も活躍できるようになり、職場に「ダイバーシティ」が実現する
「働き方改革」によって、残業が必須の職場でなくなる

第2章

「働き方改革」の具体的手順

働き方改革は100社100通り

本章では、できる限り詳細に私たちが組織の働き方改革の支援をする際のステップを公開していこうと思います。劇的なものを期待していただいているかもしれませんが、とても地味です。しかしこの手法の最大のメリットは、取り組む本人たちが「やらされ感」ではなく自発的に変革を進めるようになるということです。表面的な手法に走らないので、隠れ残業が増えたり、取り組みをやめたらリバウンドしたりしません。

1社ごとに、というより1チームごとに効果的な取り組みは違います。社風によって「20時までには全員退社させる」といった強制的な残業規制が有効になる組織もあれば、逆効果になる組織もあります。

最も問題なのは、労基署に入られてから、追い込まれてやるような働き方改革です。一時的にとにかく帰らせるという手法になりがちで、それは最も社員のモチベーションを下げ、かつリバウンドしやすいのです。

大切なのは、「自分たちのチーム・組織風土に合った施策かどうか」と「働き方改革の必要性をメンバー全員が腹落ちすること」。誰かから一方的に押しつけられた施策では、どんなに正しいものでもうまくいかないのです。

働き方改革で身につけなければいけないのは、「一時的に早く帰るためのノウハウ」ではなく、**「継続的に生産性高く働くノウハウ」**です。

「各自が孤独に仕事を削る」のではなく、**「チームで助け合いながら実現する」もの**です。この手法を通して、多様性があり生産性が高くイノベーションが起きる組織へと生まれ変わっていきましょう。

働き方改革――4つのステップ

まず、いつも驚かれるのが「全社一斉施策を提案しない」ことです。クライアントからはよく「わが社についていろいろな資料をお送りしますから、わが社に合った全社施策を提案してください」というご依頼をいただくのですが、そうした「全社に効く特効薬」を出すようなことはしないようにしています。働き方改革をやると決めた企業で、よかれと思って人事部が全社施策を具体的なやり方まで決めていっせいに社内で展開しようとすると、「現場を分かっていない人事部から、また何か降ってきた！　仕事の邪魔をしないでくれ」という**反発ばかりが出てしまうという失敗事例**になります。**どんな大企業でも、最初は5〜10人編成のチームを3〜6つだけ選んで**いただいて、そのトライアルチームに8カ月間伴走しながら以下の4つのス

図表2-1　働き方改革4つのステップ

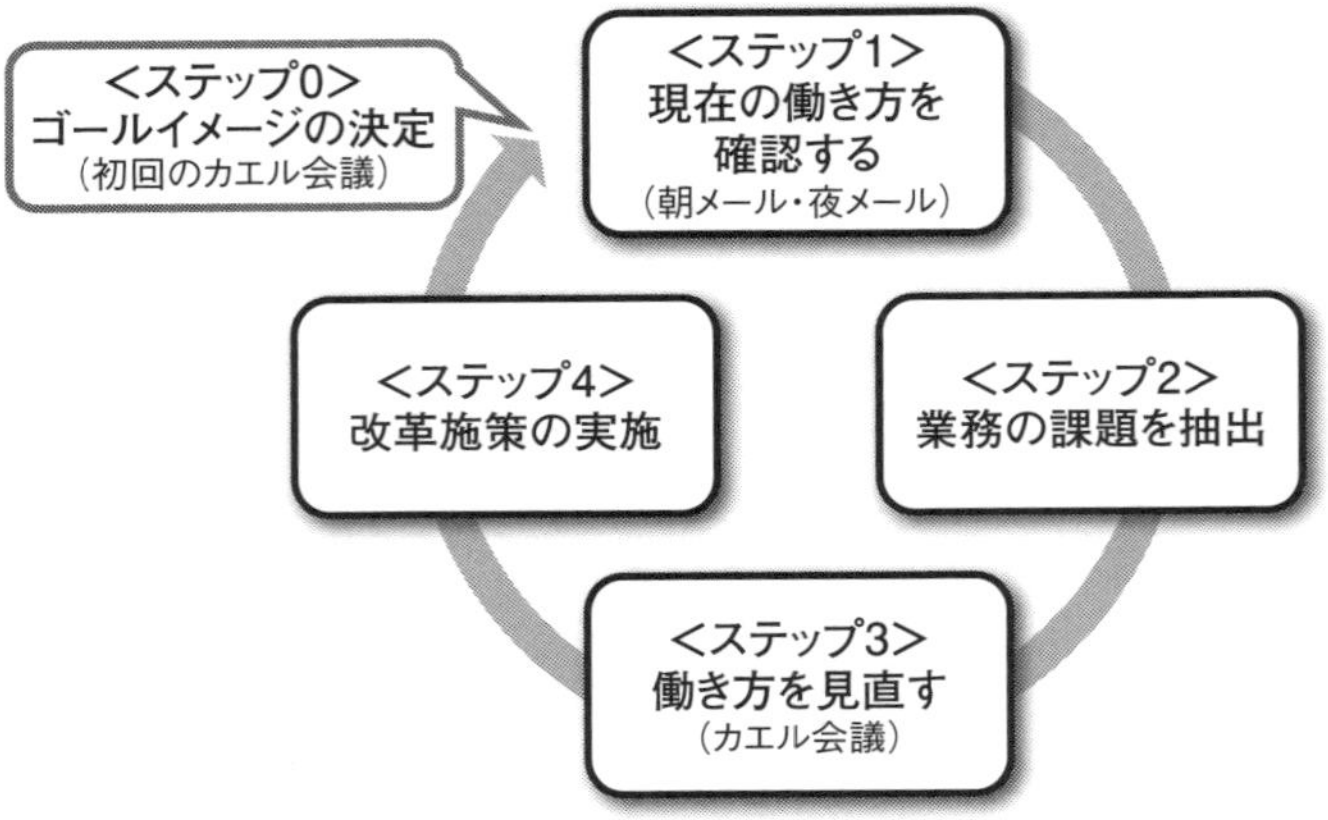

テップを回していきます（図表２－１参照）。こうして**深くチームの実態を見ていくことで「働き方を変えられない真の理由とその対策」**が見えてくるのです。一見遠回りのように思えるかもしれませんが、まずこのトライアルチームの取り組みの中で成果を上げた事例を表彰し、全社施策に引き上げて拡大してみてください。他社の事例を聞いても、あの会社はトップダウンだから、などと受け入れない人たちも、同じ社内の事例は実現できそう、と取り入れていく動きが出るものです。

【ステップ０：ゴールイメージの決定】

最初は１時間ほど使って、「働き方改革キックオフミーティング」をしてください。働き方改革で何を目指したいのかについて、メンバー全員で話し合う時間を取ります。

ここでは、**チームと個人の〝ありたい姿〟と、この取り組み期間のゴールイメージを考える**ことが極めて重要です。自分たちが働き方改革を通じて何を手に入れたいのか。メンバー全員が手に入れたいと心から思えるわくわくするような表現にするのがよいでしょう。事例でご紹介する企業でも、この「ゴールイメージ」をしっかり作ったことが、取り組み中に何度も迷った際に立ち返る場所となりました。

キックオフミーティングは、ホワイトボード等にテーマ・ゴール・議題・時間配分を明記したうえで始めます。各議題で、付箋を使って3～5分で各自が意見を記入し、それをA3用紙に一斉に貼るということを繰り返していきます。

・ホワイトボード記入例
テーマ：なぜ働き方改革を実施するのか。
ゴール：チームのゴールイメージを決める。
議題：
1　現在のチームのすばらしいところは？（15分）
2　現在のチームのもったいないところは？（15分）
3　どんな状態になることが理想ですか？　半年～1年後のゴールイメージ（20分）

図表2-2　【参考】グルーピングの仕方

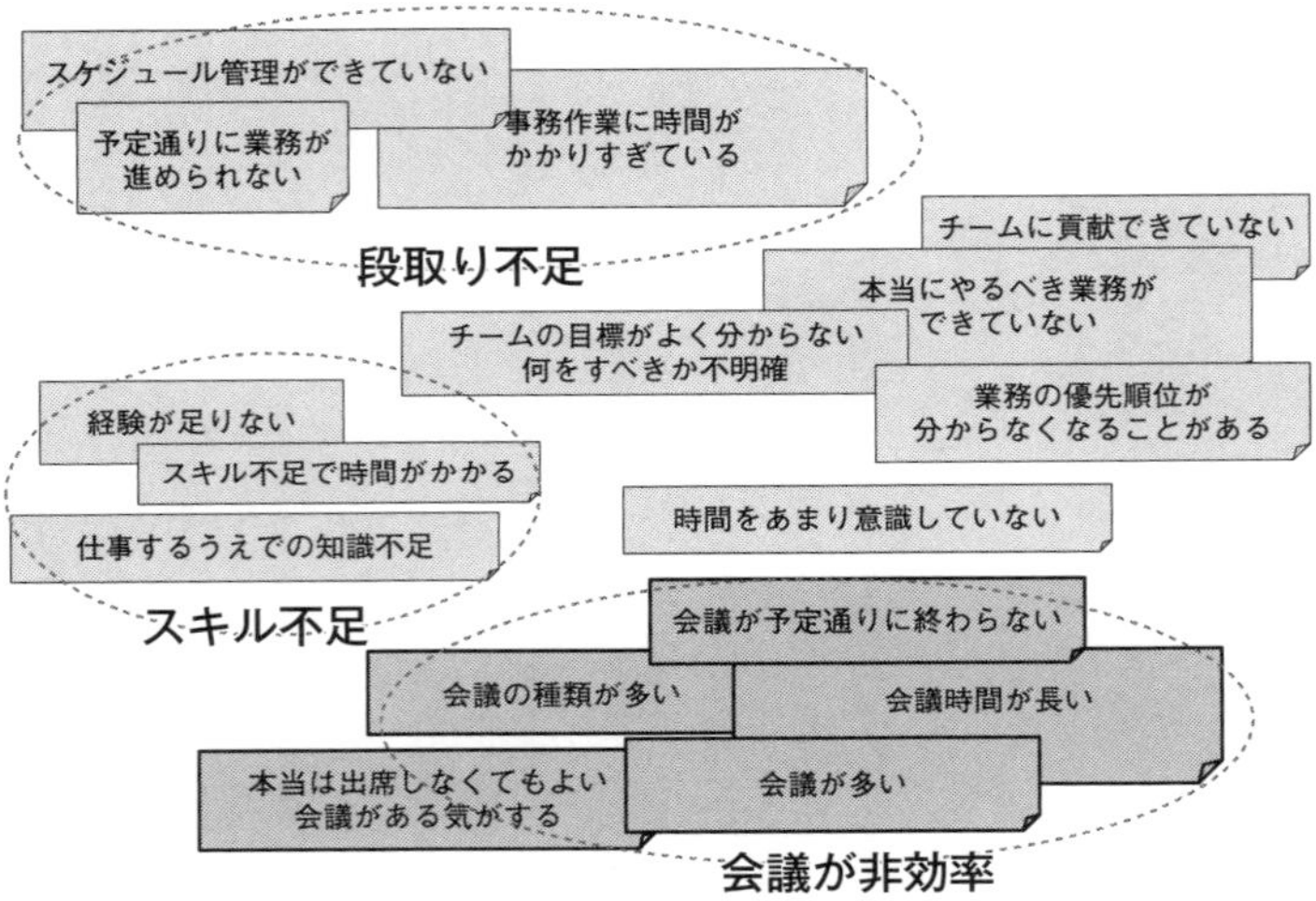

・ワークを進める時のコツ

1　1枚の付箋に横書きでアイデアを1点のみ書く

2　思いつく限り多く書き出す（小さなことでも重要）

3　読みやすい文字で（太いペンを配っておく）

4　単語だけではなく、どのような意味であるか分かるように文章で

5　記入は3～5分で時間を区切り、A3用紙を中央に広げて付箋を共有する

・共有・グルーピングする時のコツ

1　テーブル内のメンバー全員に聞こえる声で、付箋を読みながら貼る

2　関連することを書いた人も、付箋を読

図表2-3　【参考】各社のゴールイメージ例

建築業（空調設備）・営業部門： **チームワークに磨きをかけて、「無駄排除」「時間短縮」。若い力で楽しく業務の効率化を図り、受注目標を達成する。**
製造業（自動車部品）・営業部門： **知識と情報を共有し、システム化すること。適正な要員を配置することによって、助け合う活力ある職場にし、定時に帰る。**
IT業（センサ開発）・SE部門： **チーム内での自分の役割が分かる。チームに活気が出るよう対話を増やす。また情報共有・効率化を進め残業を減らし、伊藤君に彼女ができるようにする。**
保険業（生命保険）・システム企画部門： **業務の現状を把握し、さらなる属人化の解消および業務の効率化を実施することにより、恒久的な長時間労働を解消する。**
保険業（生命保険）・営業推進部門： **個のスキルを上げることで、チーム力を上げ、積極的に情報の収集・発信をし、攻めの姿勢で結果にコミットする。あわせて、ライフの充実を図る。**

み上げながら近くに貼る

３　関連するアイデアは近くに貼り、ペンで囲んでグルーピングする（時間短縮できる／図表２－２参照）

・「ゴールイメージ」を作る時のコツ

議題１と議題２で出したものを材料として使います。

議題１で出した「すばらしいところ」「もったいないところ」のグルーピングを行い、各グループにキーワードをつける。

議題２で出した、「もったいないところ」のキーワードについては、ポジティブな言葉に変換する（例：業務の属人化→誰でもできる化）。

「すばらしいところ」のキーワードと、ポジティブな言葉に変換した「もったいないところ」のキーワードをつなぎ合わせ、ゴールイメージを作っていきます。「●●という課題を克服しながら、○○という長所はもっと伸ばして、助け合う活力あるチームに。それにより生産性を上げることで★★を達成できるチームになる！」というような文章にしていくのです。キャッチフレーズのような短いものにならないよう注意してください。そして最後にゴールイメージを読み返し、**全員が共感できる内容になっているか確認**してください。毎月、カエル会議前に復唱しているチームもあります。

印象的だった実際のゴールイメージには、図表2−3のようなものがありました。

【ステップ1：朝メール・夜メールを用いて現在の働き方を確認する】

ゴールイメージが決まったら、「朝メール・夜メール」で現状の働き方を確認します。

朝メールは、1日を15分〜30分単位で予定と時間をセットで書き出し、上司や同僚全員にメールで共有します。夜メールは、退社時に1日の実績を書いて振り返るものです（図表2−4参照）。

よく「TO DOリスト」やスケジューラーと混同されますが、「予定と時間をセットで見積もる」「共有する」という点が似て非なるところです。朝・夜メールを書くことによって、自分やチームの働き方の真の課題を発見し、チームのコミュニケーションを増加させていく効果

図表2-4　朝メール・夜メール（朝メール.com画面）

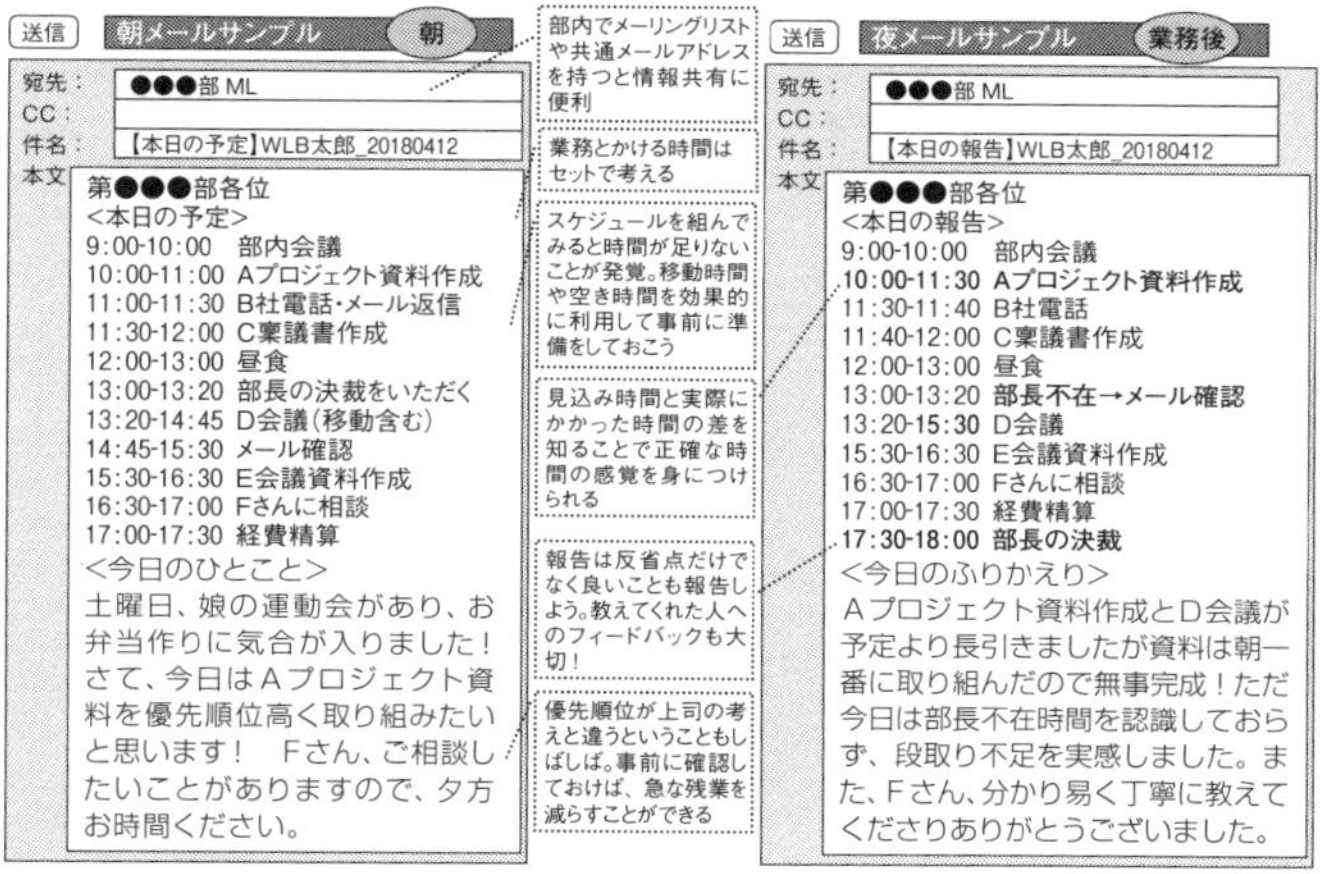

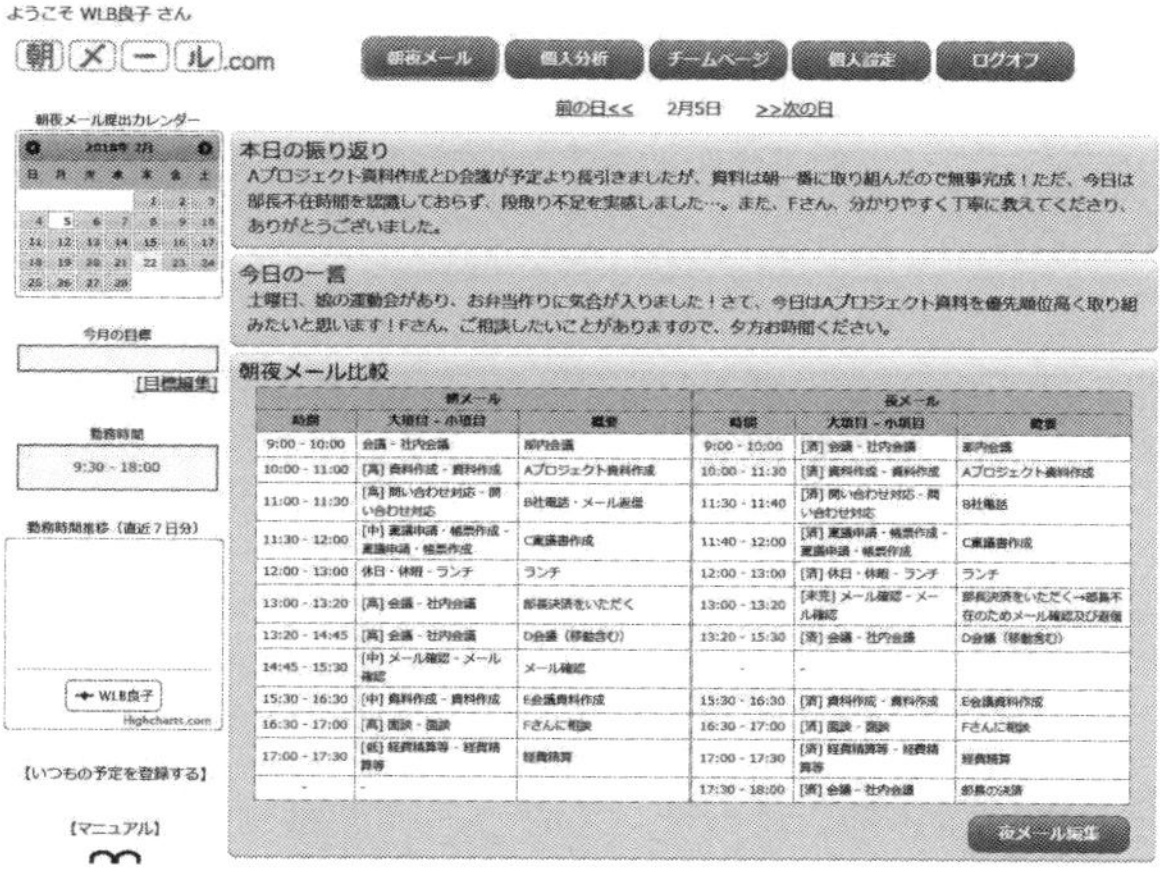

ワーク・ライフバランス社が提供している朝メール.com
朝メールを分析する機能がついている
https://www.work-life-b.com/asamail

があります。

朝・夜メールは、慣れていけば1通当たり5分前後で作れます。しかし、書き初めは人によっては15分程度かかってしまい、普段いかに時間の使い方を意識してこなかったかを痛感します。

朝・夜メールを書いていくと、「急ぐ必要はないのに、つい特定の業務を優先して取り組んでしまう」「重要な仕事を午後に入れているが、お客様からの問い合わせで中断することが多い」といった、自身の仕事の優先順位づけや時間の使い方のクセを客観的に捉えることができるようになります。問題が分かれば対策を講じることができます。前者であれば、得意な業務を優先して行っていないか、優先順位のつけ方を見直す。後者であれば、お問い合わせの少ない午前に集中を要する仕事は終え、午後は突発業務がある前提で余裕を持った組み立てに変えていくという具合です。

【ステップ2：朝メール・夜メールから業務の課題を抽出】

1カ月分の朝・夜メールを集計してみて、はたして自分たちの時間の使い方は、目指すアウトプットに対して適切なのかを検証することも有効です。

朝・夜メールをつけずに、いきなり働き方の問題を考えると「お客様からの急な要望が……」「他部門からの要請が断れなくて……」と、**外的な要因にばかり目が向きます**。すると、いきなり他部門やお客様に対応を迫るようなことは難しく感じるので、解決策のほうも一歩も進みません。

一方、朝メールを通じて自身や自チームの時間の使い方にも問題があると分かれば、内的な要因に目が向き、まずは自分たちでできる領域から、一歩を踏み出すことができるのです。

チームで朝・夜メールを共有していると、誰がどこで何をしている、しようとしているのかが分かったり、今何に注力しているのかがお互いに分かったりします。また「自分は2時間かけている仕事を、先輩は1時間でやっている」と気づいて聞きに行くなど、チーム内に次々とコミュニケーションが生まれます。資料のドラフトを30分ほどで作ってもらいたいと指示をしたつもりが、部下が3時間かけようとしていることに上司が気づき、依頼した仕事のアウトプットイメージを伝え直すこともできます。**お互いの業務を可視化することによって、チームワークを向上させる効果がある**のです。

また、**業務予定を書いた下のスペースに、趣味や学びなど幅広くライフに関するコメントを書くことを推奨**しています。朝・夜メールを始める前は、何を話しても無反応で「うなずきましょうか」という声かけからスタートしたようなチームが、数カ月後に一変し、若手が物おじせずに意見を伝え、活発な議論がなされるようになった例がありました。実は朝・夜メールのコメント欄で、メンバー同士が共通の趣味を持っていることが分かり、**雑談が生まれ、仕事上での相談もしやすくなった**のです。その結果、チームに明るい雰囲気が生まれました。

しかし5分とはいえ朝・夜メールをつけることは面倒くさい、という声が聞こえてくるでしょう。けれども、それは「22％」もの成果を放棄することにつながります。

ハーバードビジネススクールでは10日間、2つのチームに仕事をさせ成果を比較するという実験を行いました。1つのチームは9時～18時まで通常通り仕事をし、もう1つのチームでは毎朝15分をかけて目標を立て、終業前にチーム内で成果の確認や反省を行いました。その結果、後者の労働時間は、毎日**15分短かったにもかかわらず、仕事の成果は22％も高かった**のです。

記録・振り返りを行う際は、「どの業務にさらに時間を割きたいか」「そのために削るべき時間は何か」などいくつかの観点を持つとより効果的です。デール・カーネギーは400万部の大ベストセラー『人を動かす』の中で「15分ごとに予定を立て、記録しろ」、ピーター・F・ドラッカーも著書の中で「時間管理の基本は時間を記録し、管理し、まとめるという3段階だ」と主張しています。

朝・夜メールでは、「あなたの主たる業務は何か（そこに多くの時間が使えているか）」「本来もっと時間をかけたい業務は何か」「より効率的に進めたい（時間を使いたくない）業務は何か」「社内の誰に相談をすると効率が上がりそうか」といった観点で振り返ることをお勧めしています。日々の仕事を「こなす」のではなく、主たる業務・ミッションに対して効果的な時間の使い方について深く考え、行動を変えることにつながるからです。「自分は忙しいんだ。**働き方改革の会議で時間が取られるのはナンセンス**」というような反発をする人には、この分析をぜひ一緒にやってみてもらってください。そういう人ほど、**主たる業務にはほとんど時間を使えてない自分**に気づき、働き方を見直してみたいと思えるはずです。

弊社では、「朝メール.com」というチーム分析もできるＷＥＢサービスを提供していますが、通常のメール機能でも十分な効果が得られます。メールを使わない工場や建設現場をコンサルする際は、ホワイトボードやＡ３用紙に書いて共有しています。

私たちがコンサルティングで支援させていただいた９００社ではコンサルティング後も、このツールがないと働きづらいと言って、カエル会議も朝・夜メールも継続していることが多くあります。一見「タイムマネジメント力を強化するためのツール」と捉えられがちですが、働き方改革の成否を握る「関係の質を上げる」ことに最も効果的な手法です。

・「関係の質」の改善が「心理的安全性」の高いチームを作る

ここで「心理的安全性」と「関係の質」という極めて重要なキーワードを２つ紹介させてください。

心理的安全性（psychological safety）とは、心理学の専門用語です。グーグルが「仕事がうまくいくチーム」に必要な条件を研究した一大プロジェクトで有名になった言葉です。

社員の生産性を極限まで高めるには、どうすればいいのか――アメリカのグーグル社が2012年に開始した労働改革プロジェクト「アリストテレス」では、社員同士のコミュニケーションを中心に、その仕事ぶりを徹底的に観察するワーク・モニタリングを行いました。

仕事がうまく回るチームとうまく回らないチームとでは、何が違うのか。生産性を極限まで高めるためには何が必要なのか。あるチームでは有能なメンバーが、違うチームに異動するとうまく力を発揮できないのはなぜか。あらゆる角度から何度も仮説検証を繰り返し数百というチームを観察する中で導き出されたのが、**「仕事がうまくいくチームは心理的安全性が高い」**という結果でした。

「心理的安全性が高い」状態とは、「各メンバーの発言量がほぼ同じ」「お互いの人の感情や考えを察する力が高い」状態を指します。「このチームの中でなら、自分の意見を笑われない、拒絶されない、罰されたりしない」という安心感をメンバーが持っている。「こんなことを言ったら馬鹿にされないだろうか」、あるいは「リーダーから叱られないだろうか」といった不安がない状態です。この心理的安全性が高いチームほど、仕事がうまくいっている、生産性が高いと分かったのです。

図表2-5　組織の成功循環モデル
（マサチューセッツ工科大学ダニエル・キム教授 提唱）

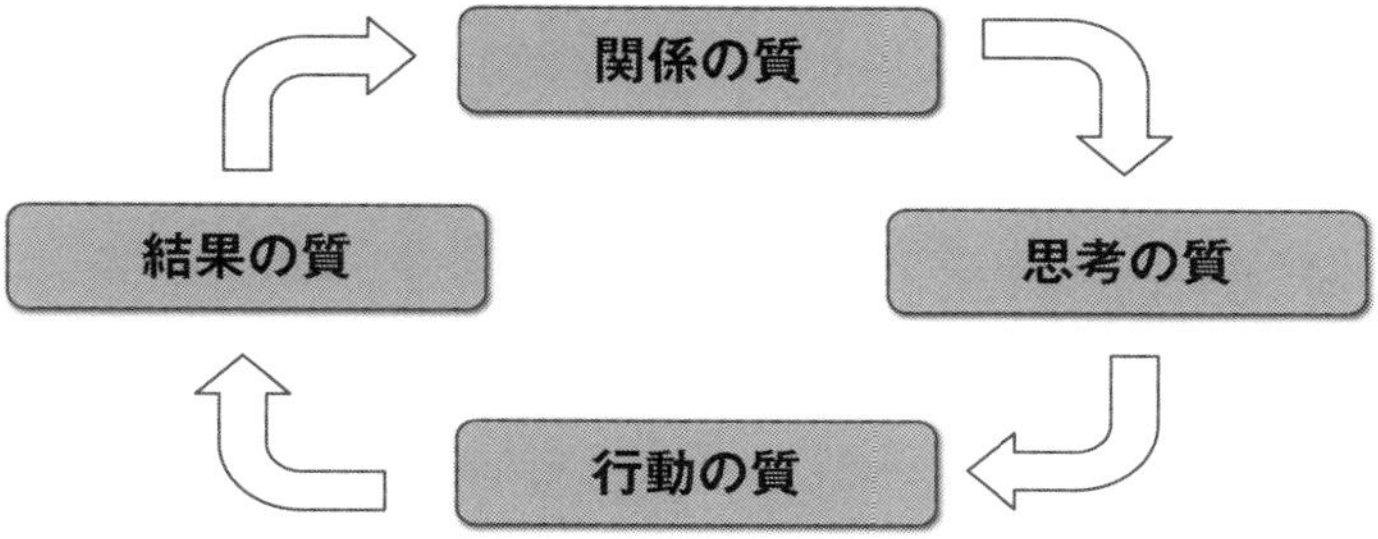

グッドサイクル
①関係の質：お互いに尊重し、一緒に考える
②思考の質：気づきがある、面白い
③行動の質：自分で考え、自発的に行動する
④結果の質：成果が得られる
⑤関係の質：信頼関係が高まる

バッドサイクル
①結果の質：成果が上がらない
②関係の質：対立、押しつけ、命令
③思考の質：面白くない、受け身で聞くだけ
④行動の質：自発的・積極的に行動しない
⑤結果の質：さらに成果が上がらない

では、どうすればこの心理的安全性が高い状態を保ち、生産性の高いチーム・組織を作ることができるのか。そのカギが、「関係の質」の向上です。

これは、マサチューセッツ工科大学のダニエル・キム教授が提唱した「組織の成功循環モデル」（図表２－５参照）の概念です。

コミュニケーションが良好で継続的に結果を出す好循環（グッドサイクル）の組織にするためには、最初に「関係の質」の向上が重要だとキム教授は提唱しています。

「関係の質」が向上し、メンバーがお互いに尊重し合えるようになると、「思考の質」が向上し、アイデアや気づきが生まれてくる。その結果、「行動の質」が変化し自発的に動くようになり、「結果の質」が高まる。その後はさらに関係の質が向上するので、ますますグッドサイクルになります。逆に悪循環（バッドサイクル）の企業では、最初に「結果の質」、つまり成果を求めるため、「関係の質」が悪化しチームは常にギスギスする。すると、「思考の質」も低下し常に受け身で話を聞くようになります。自発的な行動が減り「行動の質」が低下し、「結果の質」が上がらなくなる。つまり、結果（成果）を求めるコミュニケーションが先行している企業では、どうしてもその後のサイクルがバッドサイクルに陥り、ますます成果が出なくなっていたのです。

これは、働き方改革を支援してきた私たちが実際に現場で何度も目にしてきた現象と一致します。「残業を減らせ」と数字目標（①結果の質）から指示されると、②関係の質が「現場のことを分かってくれない」「こんなに重要な仕事をしているのに」と険悪になり、③思考の質が「対立」「やらされ・受け身」になり、④行動の質が「自発的・積極的に行動しない」となるので、完全にバッドサイクルのパターンとなって目指した結果は出ません。残業を減らす（「結果の質」を上げる）ためには、**一見遠回りのようですが、まずは「関係の質」の改善から入ることが必須なのです**。だからこそ、ゴールイメージを決める際にチームのすばらしいところを書き合ったり、朝・夜メールでお互いのライフ等について広く共有しながら、関係性の畑を耕してから始めていくのです。本書でご紹介する事例の中では、**関係の質が改善されたチームがどんどん自発的に行動を起こしていく**様子が読み取れると思います。

こうして、ゴールイメージを考えるキックオフミーティングと朝・夜メールを通じて「関係の質」を上げながら「カエル会議」を行います。

【ステップ３：カエル会議で課題を話し合い、見直し施策を決める】

・理想と現実のギャップを埋める「カエル会議」

「カエル会議」の〝カエル〟という言葉には仕事のやり方を〝変える〟、早く〝帰る〟、そして人生を〝変える〟という３つの意味が込められています。単に業務の進捗を共有するだけの会議とは違い、どうすれば現状から抜け出してゴールイメージに辿り着くことができるのかを議論し、具体的な行動を決めていきます。

朝・夜メールを通じて明らかになった現状の問題点について、カエル会議で解決策を考え行動に移すことによって、現状とありたい姿のギャップが埋まっていきます。

開催頻度は大体1～2週間に1回、時間は30～50分が目安です。難しければ10～15分でも構いません。原則として、**役職や雇用形態を問わず、チームメンバー全員に参加**してもらいます。スムーズな進行のために、ファシリテーター（進行役）、タイムキーパー、記録係等をあらかじめ決め、毎回違うメンバーが担当するのが理想です。会議開始前に議題を周知しておき、タイムキーピングしながら進行します。どんな立場の人でも意見を言いやすいように、付箋を活用します。時間確保が難しい場合は既存の定例会議にカエル会議を組み込んでもよいでしょう。「時間があったらやる」ではなく、**短い時間でも継続して実施することが大事**です。

初回カエル会議は、例えばこのような議題で行うとよいでしょう。

①チームの朝・夜メールから分かった上手な時間の使い方（10分）
②チームの働き方の課題（10分）
③良いところを伸ばし、課題を解決していく方法（20分）
④アクションシート記入（5分）
⑤次回日程と次回までの**各自のアクション確認**（5分）

ゴールイメージを決めたキックオフミーティングの時と同じように3〜5分で付箋に書き出して、残りの時間で貼り出しながら共有していきます。①の**ポジティブなワークから始めることで、心理的安全性の高い場ができて、②以降が話し合いやすくなります。**②で「共有フォルダが雑然として使いづらい・資料が探せない」などの付箋が多く出たら、③のワークで「共有フォルダの整理整頓を全員でやる日をつくる」「ファイルのネーミングルールを統一する」などの解決策を出し合い、④のアクションシートに期日や担当者を入力していくわけです。最後に⑤で次回日程と次回までのアクションを確認します。

こうして、自らのチームの課題について書き出して、アクションを決め、実行を確認するPDCAのサイクル（Plan→Do→Check→Act）を自発的に回していけるのが、このカエル会議です。**最低でも8カ月以上は継続してみてください**。900社以上の企業をコンサルティングしてきて確実に言えるのは、カエル会議をやめずに続けた企業は本当に劇的な変化を遂げたということです。

カエル会議の効果を高める「三種の神器」①効率的な会議運営　②全部議事録　③アクションシートをご紹介します。

・カエル会議「三種の神器」①効率的な会議運営

多くの企業に共通している「非効率な会議運営」。出席者が多い、資料が多い、時間が長い。結果、本来やらなければならない業務が圧迫されている現状があります。カエル会議では、会議の運営方法そのものを効率的にするようにチャレンジすることによって、そのノウハウを他の会議にも活かすことができ、すべての会議において生産性が高まります。

効率的な会議運営には、次の点を意識することをおすすめします。

1　半年から1年のゴールイメージと、今日の会議のゴールをホワイトボードに書いてから始めることで、**議論の脱線を防ぐ**

2　目的を明確にするために、【報告・共有】なのか、【承認・決裁】なのか、【相談・議論】なのか議題ごとの達成目標を書いておく（「～について」はNG）

3　**各議題の時間配分をあらかじめ決める。**時間内に終わらなかった議題は、会議の最後に関連する人のみで話を続ける。議題に関係ない人の時間を侵食しない

4　会議全体や各議題を取り仕切るファシリテーターをあらかじめ決めておく

5　最後5分で「誰が」「いつまでに」「何を」進めるかを確認する

他にも、現状の会議と比べて会議に集まる人を半分に、所要時間を半分に、資料を半分にすることで会議の無駄を省く**「会議1／8」**という手法や、タイマーで設定時間をカウントダウンしながら議論し、話が長い人がいたら1分ごとに10センチずつタイマーをその人に寄せていく**「タイマー会議」**という手法、立ったまま行う**「スタンディングミーティング」**という会議などがあります。スタンディングミーティングは、部署内のちょっとしたスペースで会議ができますし、年配の方ほど疲れて会議をやめたくなるので、ある会社では役員会に取り入れたところ、これまで6時間かかっていた会議が2時間になりました。もちろん、短時間で終えるこ

図表2-6 【参考】カエル会議の議事録

第2回カエル会議議事録

■実施日時20●●/7/7 水 10：00-11：00
■出席者 田中議長、鈴木、佐藤、小林、木村
■場所 A会議室

■本日の決定事項（アクション）
・前日夜メールと当日朝メールを10時までに入力する
・目標退社時間を毎日ホワイトボードに書く
・朝メールの項目に「突発事項」を追加する

■次回の定例会で話し合いたいこと
・残っている議題について、解決策を考えたい

■議事録

田中	今日は事前に出してもらっていた議題についてそれぞれ時間を決めて話していきましょう。 朝夜メール項目を見直したらどうか？が15分、退社時間目標についてが10分……。 （中略）
鈴木	みんなの朝夜メールを読んでいると、入れている項目にバラつきがあるように感じるのだけど、どうかな？
木村	お客様の電話を受けながらシステムに入力している際、どっちに入れたらいいんだろう、と迷うことはあります。皆さんはどうですか？
小林	私は会議資料の作成が、会議の一部としてとらえるのか、資料作成なのかに迷って、資料作成にしていますよ。
田中	そうなんだね。佐藤さんはどう？
佐藤	私は突発で発生した業務を、その他に分類しているのですが、結局突発が多い為その他が多くなりすぎちゃって……。
田中	突発対応はそれだけでどのぐらい発生しているのか見てみたいよね。1つ項目を作ろうか。 会議資料作成に関しては、会議にかかる時間が見たいのだから会議に入れてはどうだろう？
木村	会議に入れるんですね、わかりました。私もお客様にかかる時間が見たいという観点で入れるようにしますね。
佐藤	突発対応で項目を作って頂けるのは有難いです。私の分析結果だけ、その他が多い事が気になっていたので。
小林	突発対応も社内からなのか、社外のお客様からなのかが分かれば優先順位とか、もっと短くできそうなところとかもコメントできるかな、と思うんですけど……。
田中	じゃあ、さっそく突発対応で社内と社外の項目は作ろう。どの業務に分類すればよいか認識合わせはできたね。 今日決まった運用で朝・夜メールを書くようにやってみよう。みんな積極的にコメントも付け合おうね。

とが重要なのではありません。**会議の目的を果たすための最短ルートを意識し、時間を濃密にしていくのが**重要なのです。

・カエル会議「三種の神器」②全部議事録

結論だけしか書き残さない議事録にすると、当日参加できなかったメンバーが結論だけ見ても納得がいかず、参画意識が下がってしまうリスクがあります。途中のプロセスにこそ価値があるので、誰がどのような発言をしたのか、**できるだけ時系列で記録**するようにしてみてください。

ただし、気をつけたいのは、議事録

図表2-7　【参考】アクションシートの記入例

アクションシート

会社名	ABCD株式会社
部署名	人事部

ゴールイメージ（ありたい姿）	お互い助け合いながら業務の仕組化・個人のスキルアップを進め、グループ内のコミュニケーションが良く、自発的・自立的・迅速の効率よくアウトプットをし全員定時に帰るチーム

課題		課題（小項目）	アクション	担当	期日	3月～10月
問題①	業務の属人化	業務が属人化しており、助け合えない	フォロー体制が必要な業務をリストアップ（叩き台を作成）した後、さらにその中で特に重要な業務を決定する	Aさん	5月末	Aさんが叩き台作成（エクセル共有各自入力）
		他のメンバーの業務内容を理解していない、経験した事がない	話し合いにて業務のメイン/サブの割り振り	Bさん	6月頭	会議を開催
			メイン/サブが決まった業務のマニュアル作成・引き継ぎ	Cさん	8月末	マニュアルを作成
問題②	モノや情報の管理がうまくできていない	机の上やキャビネットの中が整理整頓されていない	整理の時間を設ける	各自	5月末	
		共有フォルダの保存ルールがきまっておらず周知徹底されていない	ルールを設け、再周知を行う	Dさん	随時	会議を開催
問題③	IT・PCスキルが不足している	ショートカットキーの習得	よく使うショートカットキーの紹介	Aさん	9月末	

に**時間と手間をかけすぎない**ことです。会議が終わってから議事録を修正することがないよう、多少の誤字があっても、会議の時間内で書き終えるように意識しましょう（図表２－６参照）。欠席者には会議前に意見を聞いておくことも大事です。

・カエル会議「三種の神器」　③アクションシート

問題点と解決策の全体像を把握し、解決策をチームのゴールイメージと照らし合わせ、優先順位をつけてスケジュールに落とし込むのが「アクションシート」です（図表２－７）。

そもそもなぜその解決策が必要なのか

忘れてしまわないように、一番左には課題を併記し右側にスケジュールを記入します。

【ステップ４：改革施策の実施】

注意すべきなのは、**考えすぎずに、どんどん実行してPDCAのサイクルを回し、軌道修正していく**ことです。また、担当者はプロジェクトマネジャーとして捉え、作業者は別に用意することです。担当者＝作業者としてしまうと個々の負担が重くなり、担当者を決めようとしてもなかなか決まらないといったことが起こりがちです。**全員が何かを担当することで、参画意識を高める**とよいでしょう。２回目以降のカエル会議では、アクションの達成度も毎回確認していきます。カエル会議はディスカッションが主目的の会議ですから、開催前に立派な資料を作る必要はありません。グルーピングした付箋を写真に撮って残し、やむを得ず欠席した人も議論を振り返れるようにして、**チーム内に取り組みに対する温度差が出ないように**することで、アクションがしっかり進むように工夫しましょう。

こうしたポイントを押さえながら、カエル会議は、ぜひ楽しい雰囲気で実践してみてください。リーダーは、メンバーから出てくる意見に反射的に否定的なコメントをしたり、茶化したりしないように気をつけましょう。**本来一人ひとりが心の中に持っている「この職場をもっと良くしたい」という気持ちをストレートに出せる職場ならば、生産性はおのずと高まる**ものです。今まで何かの機会にすこしずつその環境が失われ、言い出しづらくなり、否定されるのを怖れて黙っているのを「なんでも言い出せて、否定されない」環境を再構築していくのです。

各自の中にある「効率的に気持ちよく働きたい想い」を引き出し、前向きなアクションにつなげていくのがカエル会議です。逆に、**いつも言いたいことが言えているというメンバーは、少し発言を控えて、自分の持っていきたい方向性に強引に誘導しないように気をつける**こともポイントです。グーグル社のプロジェクトアリストテレスに「メンバーの発言量が一緒のチームは生産性が高い」という法則があります。

発言を控えてみることで、一見おとなしく、意見を持っていなさそうな人からも、自分よりはるかに良いアイデアが出てくることに驚いたり、思い切って任せてみることができるようになったりすると、**メンバーの主体性を引き出す能力が高まり、かえって自分の成長につながる**でしょう。こうして、全員が主体的に考え行動するチームに変革していくのです。

「中間報告会」と「最終報告会」の役割

4つのステップの紹介の冒頭で、8カ月間はトライアルチームで深く試行錯誤していくことで「働き方を変えられない真の理由」が見えると述べました。「真の理由」は、組織・チームによってさまざまですが、4カ月目の「中間報告会」・8カ月目の「最終報告会」で経営陣も含めた共有の場を設定しましょう。

各チームが発見した課題、実践したアクション、苦労した障壁、定性的・定量的変化について10分弱で発表します。この報告会から見える「働き方を変えられない真の理由」は、経営陣にとって意外な原因だったり、小さなことのように思えたりと、戸惑われることが多いのですが、中間報告会では、まず否定せずに受け止めてもらいます。質疑応答の時間に「興味を持った取り組みについてより具体的に教えて」と、経営陣から質問していただきます。これにより、**「経営陣から興味を持たれた・取り組みを認められた」と感じると、それに響きあうように後半4カ月では、以前より斬新な発想で働き方改革に取り組むように**なっていきます。

経営陣もこの取り組みを通じて「残業が多い」という表面的な問題の下に潜む「経営レベルの問題点」が示されていることに、次第に気づいていきます。そこに経営層が目を背けずに迅速な指示を出すようになると、組織はダイナミックに変革していきます。**職場からのボトムアップのチャレンジと、経営陣からのトップダウンの経営戦略が組み合わさった時、変革は加速し、後戻りしない本物の働き方改革になります。**

次章からは、実際に私たちが働き方改革を支援した組織の取り組み事例をご紹介します。最初から完璧に変革できた組織はありません。きれいごとばかりではなく、失敗したことも、途中の障壁もまるごと掲載しています。だからこそ、本書を読まれている今まさに奮闘中の方々には参考にしていただけるのではないかと思います。自社と通じるところや違いなども考えながら、取り入れられるヒントを探していってください。

第3章

困難な環境での取り組み事例

働き方改革への反論で非常に多いのが、「わが社はそれどころではない。**市場の競争が激しい業界**では現実的ではない」「売上を上げるにはどうしても時間が必要。時間削減＝数字を失うからできない」「**お客様に左右される業界**では自分たちでできることなどほとんどない」「うちは**特殊な業界で、業界特有の構造上の問題**だし、それを変えた前例もない」というような声ですが、果たして本当でしょうか？　皆さんがそんな反論の声に立ち向かう際にぜひ知っておいていただきたい、**困難な環境での取り組み事例**の数々をご紹介します。

具体事例

ＵＱコミュニケーションズ株式会社

新規事業への参入、残業削減、利益向上を同時に実現！

「1年がかりの粘り強い説得」で社長を動かした人事

ＫＤＤＩ傘下にある、従業員数４７７名のＵＱコミュニケーションズ株式会社。高速モバイルデータ通信サービスの「WiMAX」を全国展開し、２０１５年にはスマートフォンサービスの「UQmobile」事業を開始しました。

同社で働き方改革を検討し始めたのは、２０１４年。人事担当者が講演会を聞き、新しい価値を社会に提供し続けていくためには、「働き方の見直しが必須」との気づきを得たそうです。短時間で効率良く働き、創出した時間をインプットに使い、新たな付加価値を生み出すことが、企業としての競争力強化、個人としてのスキルアップ向上につながることを知り、ぜひ自社にも導入したいとの思いから、同社での挑戦が始まりました。

ＵＱコミュニケーションズで改革を推進する総務・人事部の山田由紀子さんが、働き方改革へのアプローチを開始した２０１４年当時、同社はスマホ事業へ新規参入するための検討を始めた頃で、業務が繁忙を極めていました。**事業拡大と働き方改革は相容れないものだと考えられ、当初は野坂章雄社長からも反対されていた**そうです。

そこから1年かけて他社事例の調査をし、働き方改革の意義と本質について、野坂社長と総務・人事部とで、議論を何度も重ねました。少子高齢化の中で、企業が持続的成長をし続けるには、個人のスキル向上と、組織としてのチームの底上げが不可欠であり、働き方改革はその手段となり得る。「今は市場を攻めている時だから、働き方改革は後回し」ではなく、**「忙しいからこそ、仕事のやり方について思い切った見直しをするしかない」との結論**に行き着きました。**働き方改革はまさに経営戦略そのものだと、社長の判断と、総務・人事部との思いが一致した**瞬間でした。会社として前進するための、大きな決断でした。

図表3-1　ＵＱコミュニケーションズのスマートワーク プロジェクト

「スマートワークプロジェクト」とは？

ＳＭＡＲＴ＝効率的に働くために、

S	**Skill**	**仕事のスキルを磨き、**
M	**Management**	**マネジメント力を強化し、**
A	**Action**	**お互い行動を起こして、**
R	**Recognize**	**認め合い、**
T	**Teamwork**	**チーム力を高める！**

まずは、**働き方改革の社会的意義と、世の中の状況をマクロな視点から、社員に正しく**伝える必要があると考え、働き方改革講演会を実施することになり、**社長や役員が出席**して私が講師を務めました。本書の第1章でも述べた人口ボーナス型・人口オーナス型の成長戦略の内容が響き、同社の働き方改革がスタートしました。活動の名称は、スマートワークプロジェクト（S=Skillスキルを磨き、M=Managementマネジメント力を強化し、A=Action 行動を起こし、R=Recognize認め合い、T=Teamworkチーム力を高める！の意味）」と名づけられました（通称スマワク／図表3－1参照）。

講演会の反響は大きかったものの「社会的意義は分かったが、うちの会社では無理だ」という声が少なからずあり、各部門長を交え議論しました。

２０１６年4月からコンサルティングに入ることになり、**3つのトライアルチーム**が選ばれました。

増やすべき仕事、切るべき仕事を見極める

まずは事業の最前線である営業、建設、技術部門からそれぞれ1チームずつ選出されました。朝・夜メールでは、通常部署ごとに行う業務分析を、同じ業務を担当するチーム単位で項目を分けて分析。チームごとのリーダー主導で朝メールを振り返り、より時間をかけたい業務はないか、もっと効率化できる業務はないかを検討しました。今まで市場データ等は詳細に分析しても、自分たちの働き方のデータ分析はしたことがなく、朝・夜メールはそれを考え直すよいきっかけになりました。

例えば、営業部門のチームでは新規参入のスマホ市場を攻めていることで、**次々と新しい業務が発生し続けていました**。そこで、業務の効率化だけでなく**「新たに発生した業務」を書き出し、「現在の業務を廃止する基準」を独自に作成**することにしました。これはUQコミュニケーションズの取り組みの中で、私が最も注目している点です。業務を廃止する基準を明確にしたことで、**チーム単位で業務を廃止できるようになりました**。具体的には「①獲得数30件／

月未満が3カ月以上継続していたら廃止、②業務廃止による売上減少を他案件の売上増で補える見込みがあれば廃止、③その業務をやめたら本当に困る人（社内／社外）がいなければ廃止、という3点です。

こうして削減できた分を、**本来もっと力を入れるべき「新規事業の施策検討・準備にかける時間」に充《あ》てる**ようにしました。すると、新規事業にかけられる時間が当初は全体の5％だったのが、最終報告会の頃には15％まで増加しました。

また、基地局の設置交渉・建設調整を行う建設チームでは、朝・夜メールで業務を分析。特定のメンバーに集中していた業務を他メンバーがサブとなってサポートしながらチーム一丸となって対応するスタイルに変えたところ、**建物オーナーとの基地局設置交渉の内諾率が、45％から80％に増加**しました。

お互いの業務に興味を持つ「グッジョブ共有会」

さらに、チーム内の関係性の質を高めるために、建設チームでは「グッジョブ共有会」を実施。チームメンバーのよい行動や取り組みについて、「このメンバーのこの仕事／行動に助けられた／よかった／感謝」などの意見を投票してもらう会です（図表3－2参照）。

図表3-2　グッジョブ共有会の様子

投票結果

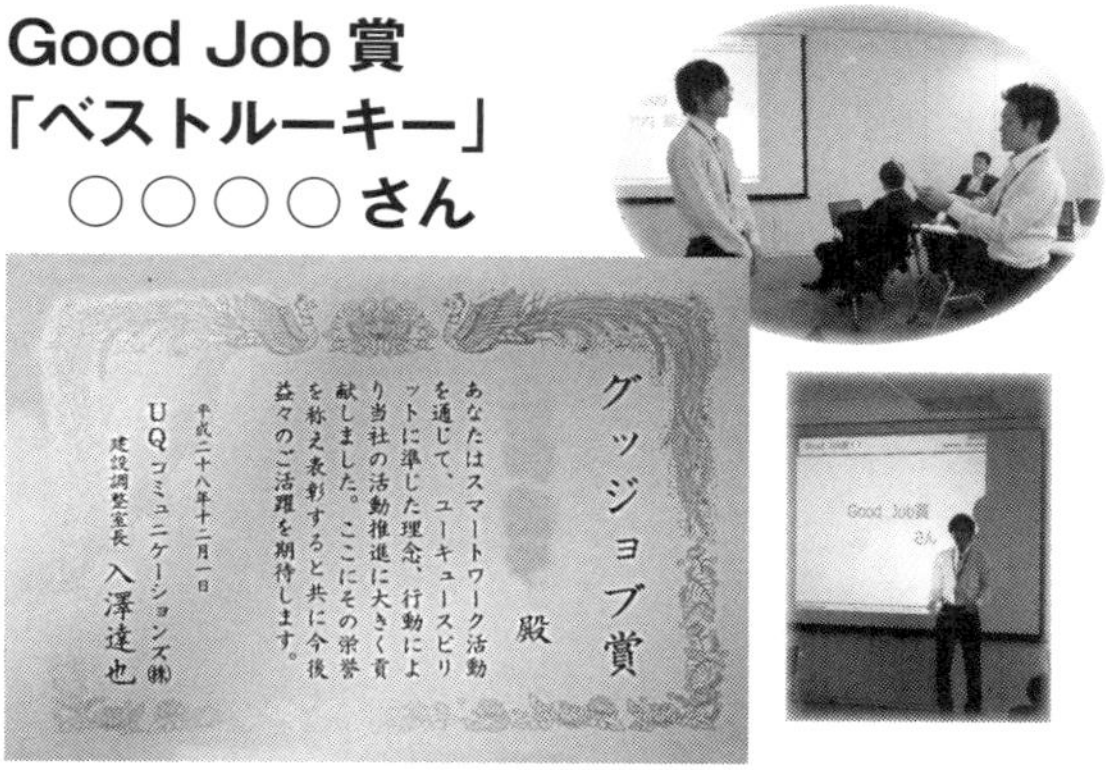

これにより、投票期間にこれまであまり目が向いていなかったチームメンバーの仕事に対しても、「この人はどういう仕事をしているのか」と**お互いに意識が向くきっかけ**となりました。日常では気づきにくい、お互いの「グッジョブ」をチーム内で共有することで、広い視野が養われるとともに、**チーム内の関係性がぐっとよくなった**そうです。

「働き方改革＝マネジメント」との気づきが社内に広がる

取り組み2年目の2017年は、**コンサルタントがサポートする6チーム**に、自走チームというコンサルタントのサポートなしに**自分たちでカエル会議を進めていく18チーム**がさらに加わりました。これで、すでに全社の3分の1が働き方改革に着手していることになります。次年度からは、これを全社に拡大し、ますます加速していく予定です。

取り組みを開始した当初は、「うちの会社で働き方改革は無理だ」とささやかれていましたが、**社内で成功事例ができたことでそれが打ち消されました**。相互の仕事の分担を見直し、会社全体として業務フローを変えるなど、メンバーの視座も上がり「この取り組みはマネジメントそのものだ」との気づきが社内でも広がり始めています。

私たちが同社にアドバイスした今後の重点課題は、トップダウン型で推進してきた企業にありがちな**「結果の質」を重視するコミュニケーションから、「関係の質」を重視するコミュニケーションへと変化させること**です。社員がボトムアップで自律的に行動し、自由に意見が言うことができれば、さらに柔軟にアイデアが出て、働き方改革が加速すると思われます。

こうしたトライアルチームの取り組みと同時に、2016年6月、社長・部門長から「一部だけでなく、全社で取り組む施策があったほうがよいのではないか」との後押しもあり、改革の加速度を高めるために、以下のような形が見える施策も全社的に着手しました。

- 残業は原則20時まで（超える場合は部門長の承認。残業超過者は経営会議で報告）
- 朝型勤務の推奨（8時までの出社で朝食提供。朝型勤務も残業としてカウント）
- 会議運営の効率化（1会議原則30分まで）
- オフィス環境の整備（集中ブース、立ち会議スペースの新設）
- 年休取得率の向上（目標値70％）

これらを4カ月トライアル実施したところ、アンケートでは「今後も継続してほしい」との声が62％で前向きに捉えられていることから、正式導入することになりました。10月からは、社員から要望が高かった「仕事のスキル向上研修」「資料フォーマット・会議ルールの統一」「柔軟な勤務制度の導入」など、次々と新しい取り組みに着手しています。加えて、各部門担当者から成る全社横断WGも月1回実施し、ボトムアップ施策も並行して行い、現場の声に耳を傾けるような活動もしています。

同社の**働き方改革の特徴は、新規事業などで業務が繁忙になる時期に、あえて働き方改革にチャレンジした点**です。

通常なら残業が増えるところを、**全社平均で残業時間を約1割減少**させながら、会社の**利益指標は全項目で計画値を達成しました。**社員には、働き方改革支援金・スキルアップに係る費用を支給することで、還元を行いました。従業員満足度を表すES調査でも、「職場環境（私の組織は、残業、休暇の取得、清潔さや安全などへの配慮があり、心身ともに健康でいられる働きやすい環境になっている）」の項目で、**前年比5ポイントアップとなり、社員の働きやすさがはっきりと向上**しています。

「うちは今、新規事業を展開中だから」と二の足を踏んでいる経営者に、これまでたくさんお会いしてきました。しかしながら、新規事業で勝つためにこそ、働く時間を制限していくことで**決別すべき事業とは決別し、切るべき業務は切ることこそが重要なのです。そこで生み出された時間が従業員にもたらすエネルギーによって、新規事業がより輝くのです。**

UQコミュニケーションズ株式会社の成功ポイント3

・粘り強く改革の必要性を説いた人事パーソンの存在
・新規事業の展開と働き方改革を同時に実施するというトップの経営判断
・スモールスタートで開始し、3年で全社に拡大

具体事例

株式会社シップス

店長研修で残業を25%減らし、売上5億円アップ！ 考える力を引き出したコミュニケーション術

残業するのはお客様思いだから？

自分たちが認識している残業理由と、実際の残業理由では、大きな乖離《かいり》があることがよく見られます。全国に80店舗を構えるアパレル・セレクトショップの株式会社シップスでは当初、「うちのスタッフは皆、**顧客第一なのでお客様にご満足いただく対応のためには残業もいとわないんです**」と認識していました。顧客対応を行う企業では、同様に感じている方も多いのではないでしょうか。

しかし、アパレル業界では販売スタッフの離職率も大きな課題になっています。働きやすい魅力的なショップでなければ、離職率が高くなりスタッフが定着しない。せっかく育てたスタッフが他店へ転職してしまう。その危機感は、本部以上に現場スタッフが肌で強く感じていました。

カエル会議でスタッフが付箋で意見を出し合う

本部、現場、双方が「残業時間の削減、働きやすい職場づくり、離職率の低下」を目標に、働き方改革に挑むことになりました。

トライアルチームにコンサルタントが入るのではなく、約80名の店長を東西に分け、それぞれ一堂に会し、月に1度・全4回の店長研修を実施しました。全国80店舗を一気に変革していくためには、店長が自分たちで考えて実践することが必要でした。そこで研修では、**カエル会議の手法を店長に学んでもらい、各店舗で実施**。各店舗・各スタッフから出た意見や効果があった改善事例などを月に1度、共有してもらう、という手法をとりました。

各店長が、習った手法を持ち帰って店舗でカエル会議を実施し、次の店長研修でそれを共有しました。その結果見えてきたのは、**「お客様のためにやっている」と考えていた残業が、実はまったく違う原因だった**ということです。

カエル会議で「スタッフが働きづらいと感じるポイント」を付箋で出し合いました。すると、**店長と店舗スタッフのコミュニケーション不足、店長のマネジメント力不足が原因の残業のほ**

うが圧倒的に多いと判明したのです。

例えば、スタッフが店舗で接客をしていたら、店長から「バックストック（倉庫）整理に入って」と言われて、ばたばたとバックストックに入る。しばらく作業をしていたら、店舗で接客が足りないから出てと言われる。店長は、店内の来客状況を見て、その都度、機敏に指示を出すのが自分の仕事だと思っていたそうです。ところが、作業途中で声をかけられるスタッフの側からすると、どこまで棚を整理したか分からなくなる。接客もおざなりになる。どちらの仕事も落ち着いてできず中途半端になり、スタッフにとって大きなストレスとなっていたという状況が発生していたのです。

店舗への来店数は、曜日や時間帯、天候等からある程度推測ができます。そこで、いつ何人店舗に配置するか、店長が朝決めたら急に変更しないことを約束したところ、落ち着いて接客できるようになり、**接客の質も上がり、バックストックの整理ミスもなくなった**のです。

今や「飲みニケーション」は通用しない

他にも、カエル会議の付箋から「コミュニケーションの問題」が判明しました。店長からスタッフへのコミュニケーションに、「指示」や「指摘」が多く含まれていたのです。「店長がスタッフに指示や指摘を行うことの何が悪いのか」と思うかもしれませんが、実は大きな問題なのです。一方的に、「○○をして」という指摘は、スタッフの思考力を奪います。また「お客様に、今の○○という伝え方はダメだよ。もっと△△と言わないと」と指摘を行うのも、部下の思考回路を奪うだけでなく、モチベーションを下げていました。

スタッフの能力・モチベーションを引き出したいのであれば、「今のお客様は、○○と言われた時に少し眉間にしわが寄っていたね」など、客観的な事実のみを伝えます。そこから、スタッフ本人が「お客様がそういう表情をされていたのはなぜだろう。どうすれば、よかったのだろう」と考えるきっかけになります。

本人が「こうすればよかったですか？」と考えてきた結果に対して、「なるほど、その言い方なら、お客様も○○と感じるから、とてもいいね」などと**承認することで、「自分が考えたことが認められて褒められた」と、さらに自分で考える意欲が生まれます**。これまでのように「今のやり方はダメ。正解はコレ」とぴしゃりと指摘されると思考が停止し、自ら考える力が育ちにくくなってしまうのです。

実は、取り組み前はほとんどの店長が「スタッフとはよく飲みにも行くし、仲は良く、コミュニケーションは十分取れている」と認識していました。しかし、カエル会議で「モチベーションが上がらない」「アルバイトスタッフへの仕事の任せ方が分からない」など、コミュニケーションの方法に起因する課題が多く挙がったことで、これまでの方法に問題があったことに初めて気がついたのです。

一方、レディースをメインで扱うルミネ新宿の店舗では、飲みニケーションではなく、女性店長が朝の開店前に「おにぎり作ってきたよ！」とみんなで食べながら、その日の戦略を話し合っていたのです。洋服の売れ筋は、その日の気温や天候にも大きく左右されるため、「その日の戦略」は、当日の朝にしか立てることはできません。コミュニケーションを取るなら、朝のほうが仕事の**成果に直結するベストタイミング**なのです。

これに衝撃を受け、「飲み会＝コミュニケーションではなかったのか……」とつぶやく男性店長の姿が印象的でした。

キッズ向け商品をメインで扱う店舗では、店長が**アルバイトも含めた個別面談を実施**して、やってみたい業務をヒアリングするようにしてみました。すると、「以前より何に対しても興味を持つようになった」「社員にしかできないことはないと分かった」と、アルバイト社員のモチベーションが上がり、視野が広がりました。

店長研修の情報交換で話題になり、多くの店舗で展開された事例に「フロアーの掃除方法変更」があります。**これまでは、お客様がいない営業時間外に掃除するのが通例**でした。しかし開店前には、その日の気温や天候に応じた販売戦略を立てる時間にしたほうがいいし、閉店後は、その日の売上から何がよかったのか、何が不足していたのかを振り返ったほうがよいのだから、その時間を掃除に使ってはもったいないと気づき、営業時間内に行うことにしました。店内フロアーを4分割して、お客様が少ない間にワンブロックずつ進めていくのです。この方法を取り入れたことで、効率を大きく上げた店舗もありました。

たかが掃除、と思うかもしれませんが、これまで「掃除は営業時間外に行う」が当たり前のルールだったのが、**「ルールを変えていいんだ」とパラダイムシフトが起きた**のです。このようなさまざまな工夫により、売上成績では関西で常にトップクラスに入るグランフロント大阪店では、なんと残業ゼロを達成する月（営業時間内にすべての業務を完結）も出てきました。

同社では、その後もよく「パラダイムシフト」という言葉が使われていました。これまでの決まったルールは本当に正しいのか。もっと効率的なやり方はないのか。**関係の質を高めてカエル会議を行うことで、そんな試行錯誤をできる風土が生まれました。**

全4回の「店長研修」から大きな成果が生まれた理由

シップスでは、これまで座学スタイルの研修・講演などで、店長同士が顔を合わせる機会はあったものの、お互いの悩みや成功事例を共有・相談する研修というのは、今回が初めてだったそうです。売上に責任を負う店長は、店舗スタッフとどれだけ仲がよくても、時に孤独を感じがちなポジションです。それが今回同じ悩みを分かり合える者同士で集まり、意見を交換できる場ができたことで、店長たちの大きな励みとなったのです。

なんと**近隣エリアの店長が自主的に集まって定期的に勉強会を開催**するところも出てきました。一部の店舗で成果が出た事例が、スピーディに他店舗に展開をしていった背景には、そういった自主的な取り組みも影響したようです。

当初は取り組みにそれほど積極的ではなかった店長たちも、革新的にどんどん成果を上げる店長たちに引っ張られる形で、徐々に全体の熱が高まっていく相乗効果もありました。

全国に展開する80店舗のうち、会社から常に注目をされるのは、どうしても売上規模が大きい店舗です。売上は規模や立地によって大きく左右されるため、注目されやすい店舗と、そうでない店舗が固定化しやすくなります。

しかし「働き方改革」では、規模に関係なく「小さな店舗でも成果を上げれば他店や本部から注目される。頑張れば頑張るほど正当に評価される」ことが、モチベーションになったようです。

シップスでは、取り組みの結果、２０１６年は**前年比で深夜残業38％減、残業25％減を達成しながら、売上５億円増加**。年末年始のセール期間中も前年比８割以下の労働時間に抑えるこ

図表3-3　法定外労働時間の推移

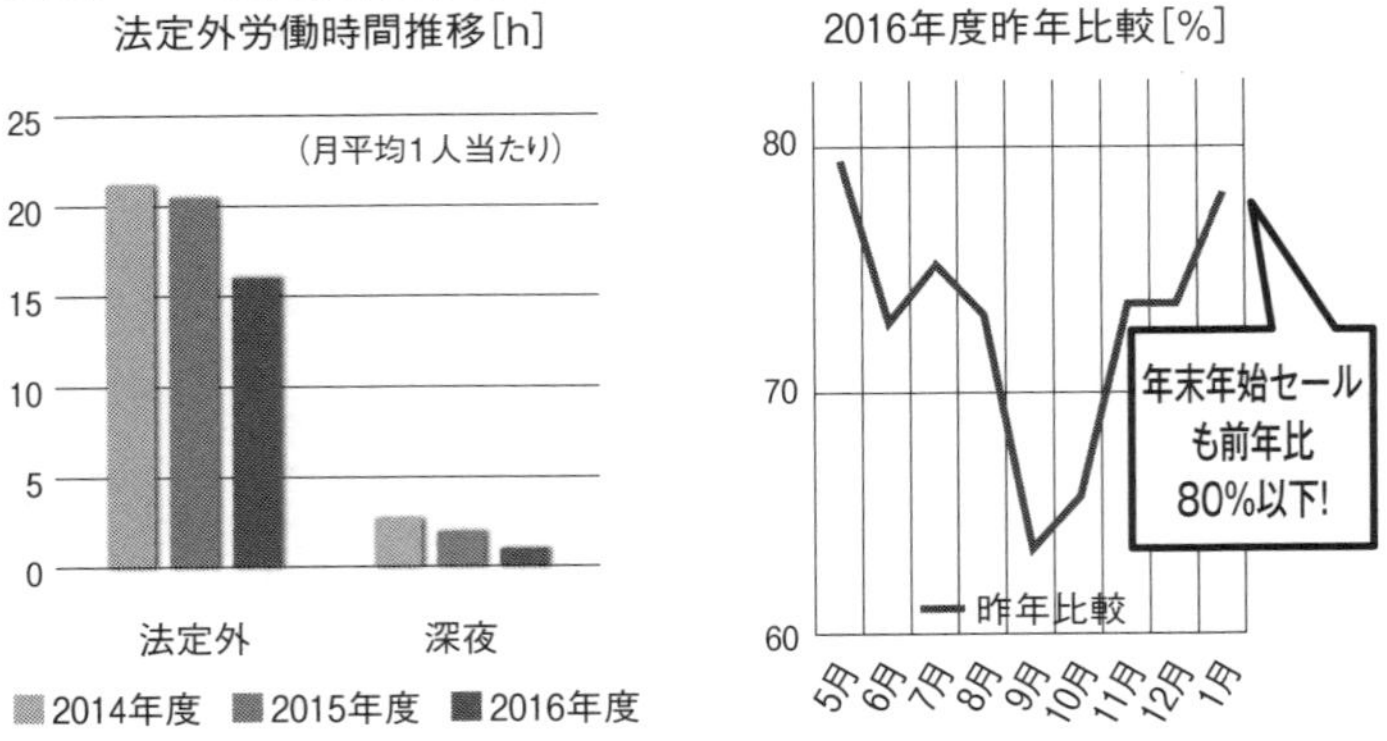

とができました（図表３－３参照）。実は売上５億円増加というのは、昨年比で１０２％のアップに過ぎません。店舗が少し増えた分もありますし、決して高利益を出せているわけではありません。しかし、アパレル業界はまさに冬の時代、国内市場全体での業界売上金額はこの20年で約５兆円下がり、理論上毎年約９００億円ずつ下がっている中で、**残業時間を大幅に減らしながら出した数字としては画期的**なのです。

改めて振り返ると、「残業の発生要因」のほとんどは、店舗スタッフと店長で解決できることばかり。「お客様のための残業」ではありませんでした。

「残業は○○のせいだから仕方がない」と考える企業でも、必ず自社内で何か改善できることがあるのだと、このシップスの事例は教えてくれます。

株式会社シップスの成功ポイント3

・カエル会議で残業理由を正しく把握
・店長研修でお互いにノウハウ・悩みを共有し合う相乗効果が生まれた
・店長のコミュニケーションが変わることで、スタッフのモチベーションがアップ

コラム

株式会社シップス 人事部部長　橋本匡輔氏

「働き方改革に成功した」と言うには、まだまだ程遠い状況ですが、店長たちの頑張りによって、すばらしい成果が出始めています。

改革が順調な店舗と、そうでない店舗では「関係の質」に明らかに差があるように感じています。成果が出ている店舗ほど、店舗内のコミュニケーションがよくなり、働きやすい環境を実現することができています。これまでのフィーリング頼みの働き方から、タイムマネジメントを意識した効率的な働き方を実現しつつあります。「無駄」がある程度排除できてきたので、今後はさらに踏み込んで、短時間でもより高い付加価値を生み出す効率的な働き方を実現させたい。例えば、接客技術を向上させれば、より短時間でお客様の欲しい商品だけ紹介することができるかもしれない。スタッフの時間だけでなく、お客様の時間も無駄に奪わない。

これまで「長時間働くことがお客様のため」と考えていましたが、本当にお客様のことを考えるなら、魅力的な商品開発や販売促進、店舗ごとの適切な商品の配置など、他にできること、やるべきことがたくさんあると気づいたのです。

そのため、本部でもこれまで以上に現場と密にコミュニケーションを取り、現場のニーズを吸

い上げる体制づくりに着手しました。２期目に入ったコンサルティングで進めているのが、まさにその本部の改革です。ワーク・ライフバランス社のコンサルティングでは、どうすれば一番効率的に組織を変革していけるか、先の先まで見通して仕組みを構築してくれていました。

「早番の時、明るい時間に帰ると世界が違う」「就業日にしっかり体を休められるから、今まで寝るだけだった休日に出かけるようになった」「給与が増えるとしても残業が多い働き方には、もう２度と戻りたくない」などの声が、現場から続々と届いています。働き方改革が、会社からの命令や、政府からの圧力でやるものではなく、自分の人生を自らの手でよい方向に変えていく力になっていることを感じます。

今後の人事としての課題は、改革に取り組んで効率を上げた店長、スタッフたちへの給与の還元方法を考えること。昇給・賞与などで、頑張る社員に報いる制度を整えたいです。

これからの時代、服飾業界だけでなく社会全体がこれらの取り組みを加速させる必要があると思っています。優秀な人材が入社し、その人たちが意欲を持って働き続けていただくための大事な会社の戦略だと認識しています。そのためには、日常的な情報収集と学習が必要だと感じており、横のつながりを大切にすることも人事の役目だと考えています。

実はつい先日、私自身が本当の意味の「女性活躍推進」をやっと理解できたところです。今、まさに取り組みの最中ですが、これからもインプットとアウトプットを繰り返し、自分としても会社としても強くなっていきたいです。

具体事例

大東建託株式会社

総労働時間3年連続減少！
売上前年比110％、利益130％を達成

全経営陣が「働き方改革」の必要性を共有

土地オーナーから賃貸建物の建築、管理を請け負い、入居を希望される方々に最適な住まいやサービスを提供することを中核として事業を展開する大東建託株式会社。

全国をカバーする圧倒的な営業力を持ち、賃貸経営受託システムという独自のサービスを提供し、賃貸住宅管理戸数、賃貸仲介件数、賃貸住宅供給実績は業界トップです。戸数や件数といった「数字」に強いこだわりを持ってここまでの実績を築き上げてきた同社にとって、**「残業時間削減」の取り組みは大切な「数字」を失うかもしれない恐怖との闘いでもある**と言えます。

２０１５年、ＨＲのカンファレンスで講演会をきっかけにご相談いただき、労働力人口が減少して採用が難しくなる中、他社比較において働き方の評価が低いことや、それに対して**まだまだ経営陣の危機感が醸成されていない**といった現状をお聞かせいただきました。

そこでまず全経営陣がそろった会議で「経営戦略としての働き方改革」についての講演と、役員が参加するワークショップを行いました。すると、役員は「人口オーナス期に今のままではまずいと気づいた」「今後、**長時間労働を是としていてはビジネスそのものにも勝てないと気づいた**」など、ワークショップ中にも危機感を強く抱く発言が出始め、一歩でも二歩でも、歩み出さなくてはという共通認識ができたのです。その後、全支店長にも同じ研修を受けていただき、全社共通での危機意識を持ったうえでコンサルティングをスタートさせました。

同社の支店には「営業」「設計」「工事」「業務」の4つの部門があります。「営業」は、主に土地所有者を直接訪問し、土地診断から建築計画、税務相談、資金計画、賃貸事業開始後の顧客フォローまでのコンサルティングを担当。「設計」は、主に計画地に最適なプランニングを担当。「工事」は、安全・品質・工程・予算・CS向上など建築現場の施工管理を担当。「業務」は、人事・総務・経理等の事務全般や、「お客様情報の管理」「土地の謄本・公図の取得」「営業車の管理」「勤怠の管理」など、営業職・技術職といった他職種のサポートを幅広く行います。

通常、トライアルチームを選出する時には、その組織の中で最も残業が長いなど、組織全体に与える影響とインパクトが大きい部署を選びます。ですから大東建託で言えば、それはやはり「営業」です。しかし、これまで同社の実績を築き上げてきた営業部門の働き方に初年度からメスを入れることは、**働き方改革に対する全社的な反発や否定的な反応を生む可能性**が高く、段階を踏んで取り組むことにしました。

そこで、同じ拠点内にあり、営業とも密接な関わりがある「設計」と「業務」から、管理職が働き方改革に関心を寄せているチームを3チームずつ、計6チームを選出しました。

チーム内でリーダーを選出し、各リーダーを中心に取り組みが開始されました。「戸惑いもあるけれど、長時間労働や働き方改革に関して、**直接経営陣に声を届けるチャンス**」といった頼もしい声も聞こえてきました。また、同社ならではの取り組みとして、トライアルチームに本社で同じ課の業務を担当する社員が1名ずつサポートにつくことにしました。例えば、高崎支店の設計課には、本社の設計課の社員がカエル会議にも同席して状況をつぶさに把握し、全国の同じ業務内容をつかさどる部門に内容を展開させるなど、**全社的な働き方改革へと接続し**ていきました。これは本社にとっても**「現場で残業が発生する本当の原因」をしっかり把握す**ることができる、とてもよい機会になりました。

朝・夜メール、カエル会議でコミュニケーションの質が向上

トライアルチームで朝・夜メール、カエル会議がスタートすると、各チームでさまざまな課題が見えてきました。営業メンバーがエネルギッシュに組織を引っ張る同社には、トップダウ

ンによる組織統制風土があります。例えばメンバー個々人が取り組みの意義をどう捉えるかはさておき、上司の指示であれば、朝・夜メールなどへの取り組みはしっかりと行ってくれるというようなことが起きます。

成果を出すために有効に働くこともあるのですが、場合によっては**主体性が失われて「何のためにやるのか」というメンバーの思考力が育ちにくくなります**。さらに上意下達が浸透している企業では、初期のカエル会議ではどうしても下位層のメンバーが意見を言いづらくなります。そこで主体性を引き出すために、あえてリーダーがカエル会議を欠席したり、遅れていったりすることによって、部下が話しやすい場にするチームもありました。

あるチームでは、専門分野や年齢、バックグラウンド、社歴が多様で、持ち合わせているOAスキルもさまざまであり、初回から全員で議論をするのは難しい状態だとコンサルタントは判断しました。そこで、初回はお互いを知るために「自分は何のために働くのか。どんな時にやりがいを感じるのか」をペアで話し合いました。その際、聴く側も**傾聴力を鍛えるトレーニングのために**「うなずく」「メモを取る」「質問する」など、反応することの大切さをアドバイスすることで意見を言いやすい環境づくりをしました。

「仕事以外の話をほとんどしない」というチームが多かった中で、「私が朝メールに書いた何気ないプライベートの出来事に、メンバーが反応してくれてうれしかった」と実感を持ち始めると、当初は作成が面倒だと感じていた朝・夜メールが、単なる**業務分析ツールではなく「コミュニケーションツール」**となり、書くのも読むのも楽しみになってきました。

「シュレッダーにかけようとまとめていた書類を、誰かが代わりにやってくれたようでありがとうございます」

誰かが自分のために何かをしてくれていた。お礼を伝えたくても、気がついた時には退社後で、さらに週末をはさみ……となると、改めてお礼を伝えるタイミングを逃してしまうこともあります。そんな何気ないお礼も朝・夜メールで言葉として伝え合うことで、チーム内の「関係の質」を高め、仕事の改善策なども何でも気軽に話し合えるチームへと昇華していき、コミュニケーションの質が徐々に変化する中で、業務改善についても少しずつ意見やアイデアが出るようになってきました。業務部門のあるチームでは、ハードルが高いかもしれないと思いつつも「週2回全員定時退社」をチーム目標に設定。そのためには他部署からの業務依頼が早い時間までにもらえないと実現できないため、**特定業務は受付を夕方4時締切として他部署に依頼**することとしました。すると、完全ではないまでも早い時間帯に業務依頼が回ってくるようになりました。

しかし、今度は「仕事を中途半端に残して帰る気持ち悪さ」が、カエル会議でメンバーの共通意見として出てきました。その頃、別支店の業務チームでも、「月間平均残業マイナス10時間」

を目標に掲げたところ、「仕事を残して帰る気持ち悪さ」が意見として出てきていました。

ＰＤＣＡを効率的に回して業務を改善

これらのチームは、仕事を残して帰らないためには、**時間当たりの生産性を最大にして仕事を終わらせる**ことが大事だと気づき、**「本当にその日の業務を終わらせて帰るための仕組みづくり」「効率的に業務を行う施策のＰＤＣＡを回す」**に力を入れることにしました。

新しい取り組みを始める時には、どうしてもＰ（Plan＝計画）とＤ（Do＝実行）に注力しがちです。本当はＣ（Check＝評価）、Ａ（Act＝改善）を確認しなければ、無駄に仕事を増やしてしまいます。例えば、業務部門が営業部門から仕事の依頼を受ける時に、確認や手戻りが少なく済むように、「業務依頼表」のフォーマットを作成しましたが、「入力項目が細かすぎる」と不評で使われませんでした。そこで営業部門にヒアリングし、入力項目を必要最低限に減らし「お互いの理想形」を追求したところ、営業部門にとっては入力しやすく、業務部門にとっては依頼内容を把握しやすいシンプルなフォーマットになり、運用されるようになりました。

思い切って取りやめた試行もあります。業務依頼表を急ぎレベルに応じて、「赤（本日18時までに完了）」「黄色（翌日正午までに完了）」「青（翌日18時までに完了）」の３つに色分けしたクリアファイルに入れて、専用ボックスに入れておいてもらうよう試みたものの、業務課の席に誰かがいればやはりこれまで同様、手渡しされる。使われるのは、すべて一番急ぎの赤いファイルのみ。これでは効果はない、負担が大きいとして、カエル会議の話し合いのもと、廃止しました。

このようにＰＤＣＡのＣをしっかり行い、「効果の出るやり方に変える」「効果がないものは、ちゃんと話し合って廃止する」ことは、とても重要なポイントです。「やめる」ことは、何も悪いことではありません。それよりも、みんなで**「やる」と決めたことを、なし崩し的にやらなくなるのが大問題**です。繰り返されると、メンバーは意欲を失い、次第に意見が出なくなってしまいます。

そうは言っても、その施策がなんとなく〝見栄え〟もするし、上層部も注目しているし……となると、なかなか現場メンバーが「やめよう」という意見を言いづらくなります。改革に挑むチームでは感じやすいストレスですが、上層部が注目している施策だろうと何だろうと、現場が主体的に考えたうえで、現場に即していないと思えば、思い切ってやり方を変更するなど聖域なく話し合うことが大事です。

柏支店業務課は、当初「**月間残業10時間削減**」としていましたが、なんと目標を上方修正し、最終報告会の時点では「**月間残業10時間以内**」へと変更。残業ゼロを目指すこともできそうでしたが、目に見える成果を急ぎすぎず、むしろ今は**メンバーがスキルアップするための時間を十分に確保することを優先**して、その時間も見込んだ目標設定をしました。

スキルや専門性がメンバー間で差のあった設計チームでは、本社のスペシャリストを講師に迎えて**社内専用のＣＡＤ研修**を実施。ゼロから学ぶメンバーのための研修でしたが、すでに使いこなしているメンバーにも好評でした。また「特注プランの設計」のような高度な設計は、支店ではなかなか経験を積めないので、若手が多い別の設計チームでは、実際に本社で実務を通じてスキルを身につけてもらう「交換留学」を実施。スキルアップの機会となるだけでなく、これまで他部署との連携が少なかった若手・中堅メンバーへの刺激にもなりました。

他にも、ＳＮＳを利用したグループチャットを立ち上げ、「改まって教えてもらったり、相談をしたりするほどではないけれども、疑問に感じたこと」などの仕事の相談を、気軽に共有・回答できる仕組みを構築。これにより行政対応や新しい法律関係、社内ルール・支店内ルールの**質問・確認などが、気軽に行えるようになりました**。

月平均で残業25％削減、売上・利益ともに増加！

８カ月間に及ぶさまざま取り組みの結果、柏支店設計課では８カ月間の取り組みで、**残業時**

間を月平均で25％減少させながら、業務習熟度を計る個人カルテ310項目の達成率が**入社2、3年目の若手スタッフで平均30％アップ**（図表3－4参照）。柏支店業務課でも、**「月間残業10時間以内」「週2回の定時帰り」などを実現しました。**

熊谷支店業務課でも月平均残業時間が前年比38％削減、国分寺支店設計課でも25％削減といった大きな成果を出しました。

私たちが心強かったのは、**トライアルチームが取り組み途中から、だんだんと変革を楽しんでくれるようになった**ことです。成果の面でも大きな変化があったのは、「自分たちのチームが一番楽しくやっていると思う」と書いたチームでした。働き方改革は、**ただの無駄取りではありません。既存にとらわれない新しい発想と実現力が勝負になります。**だからこそ楽しみながら、職場に心理的安全性がある状態で取り組むこと

図表3-4　柏支店設計課の８カ月間にわたる取り組みの結果

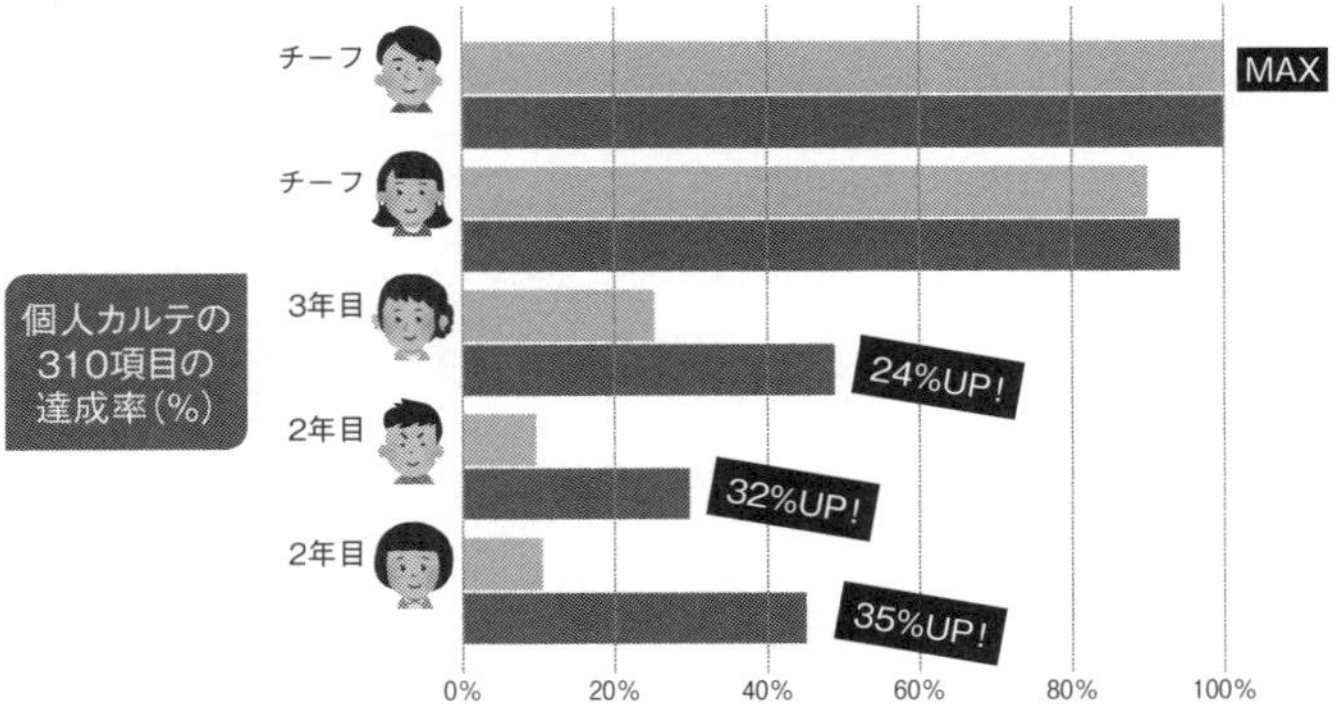

で成果が出るのです。

こうしたトライアルチームでの取り組みに加えて、全社の管理職への意識改革講演も行い、社長と私の対談する様子を社内報でも発信することで経営層の本気度を社員に示しました。その結果、全社の総労働時間は２０１４年から３年連続減少。月４回のノー残業デーは88％の実施率で、売上・利益ともに増加。２０１６年では、売上前年比１１０％、利益１３０％を達成しています。

今回４支店６チームが中心となって取り組んだことで、全社的な課題や解決に向けたヒントも見えてきています。次は、いよいよ本丸である営業部門でも取り組みが始まります。全国47都道府県に２００を超える拠点を持つ同社で、今後も、この「楽しむ」精神を忘れずに、挑戦を続けてほしいと思います。

大東建託株式会社の成功ポイント3

・指示命令型から傾聴型にコミュニケーションを変えた
・本社のサポートで、現場の変革を加速
・「チームがやるべき仕事の本質」を考えながらＰＤＣＡをしっかり回した

具体事例

愛知県警察

成果が出たことで懐疑的だった職員の意識が大きく変化
取り組みは3期目に突入！

全都道府県警に先駆け、2015年度から働き方改革に着手

24時間365日、常に稼働し続けることが求められる警察組織。事件・事故があれば、宿直明けであろうと構わず現場に駆けつけるのが警察です。私たち一般市民が想像する刑事ドラマの世界にあるような連日の聞き込みや張り込みは、「効率」や「生産性」とは一見無縁のように感じるかもしれません。

そんな中で日本全国の都道府県警に先駆け、愛知県警察は2015年度から本格的な働き方改革に着手し、現在すでに3期目を迎えています。

警察組織に所属する警察官・警察職員は、全国で約30万人。愛知県警察だけでも、約1万4000人の巨大組織です。

プロジェクト1期目には、県内45警察署のうち、モデル部署として大規模な2カ所の警察署

から暴力団の取り締まりなどを行う捜査部門と、県内でトップクラスの遺失・拾得物を取り扱う会計部門が選ばれました。

２期目、３期目にはさらなるモデル部署を選定し働き方改革に向けた手厚い支援を提供しながら、管理職層に向けて職場単位での働き方改革の進め方を学んでいただいています。さらに３期目である現在は、なんと全部署でカエル会議が実践されています。

取り組みを開始した当初、「**私たちの仕事は効率を追い求めるばかりでは成り立たない**」と、懐疑的で遠巻きに見ていた人たちも、組織の変化を感じるにつれ徐々に興味と理解を示し、積極的に協力し合う雰囲気が醸成されるようになりました。後述の通り、各部署でさまざまな工夫がなされ多様な成果が導き出されている愛知県警察ですが、一番大きく変化したと感じるのは、**県警全体のワーク・ライフバランスに対する理解度であり、重要性の認識です**。これは巨大組織の中において、メッセージの発信元となる警務課が、ぶれない軸を持ち、正しい情報と必要性を訴え続けているからです。警察にも人事異動があり、働き方改革を主導する警務課も例外ではありませんが、働き方改革に着手しなければならないと判断した経緯や意図、目的だけではなく、その時の思いや情熱も、代々引き継がれていることで、警察官・警察職員の着実な意識改革につながっているのです。

遺失・拾得物を取り扱う部門では、毎週「カエル会議」を実施。回を重ねるごとに議論が活

図表3-5　ゴールイメージの達成度合いをスタンプで可視化することで、モチベーションを維持

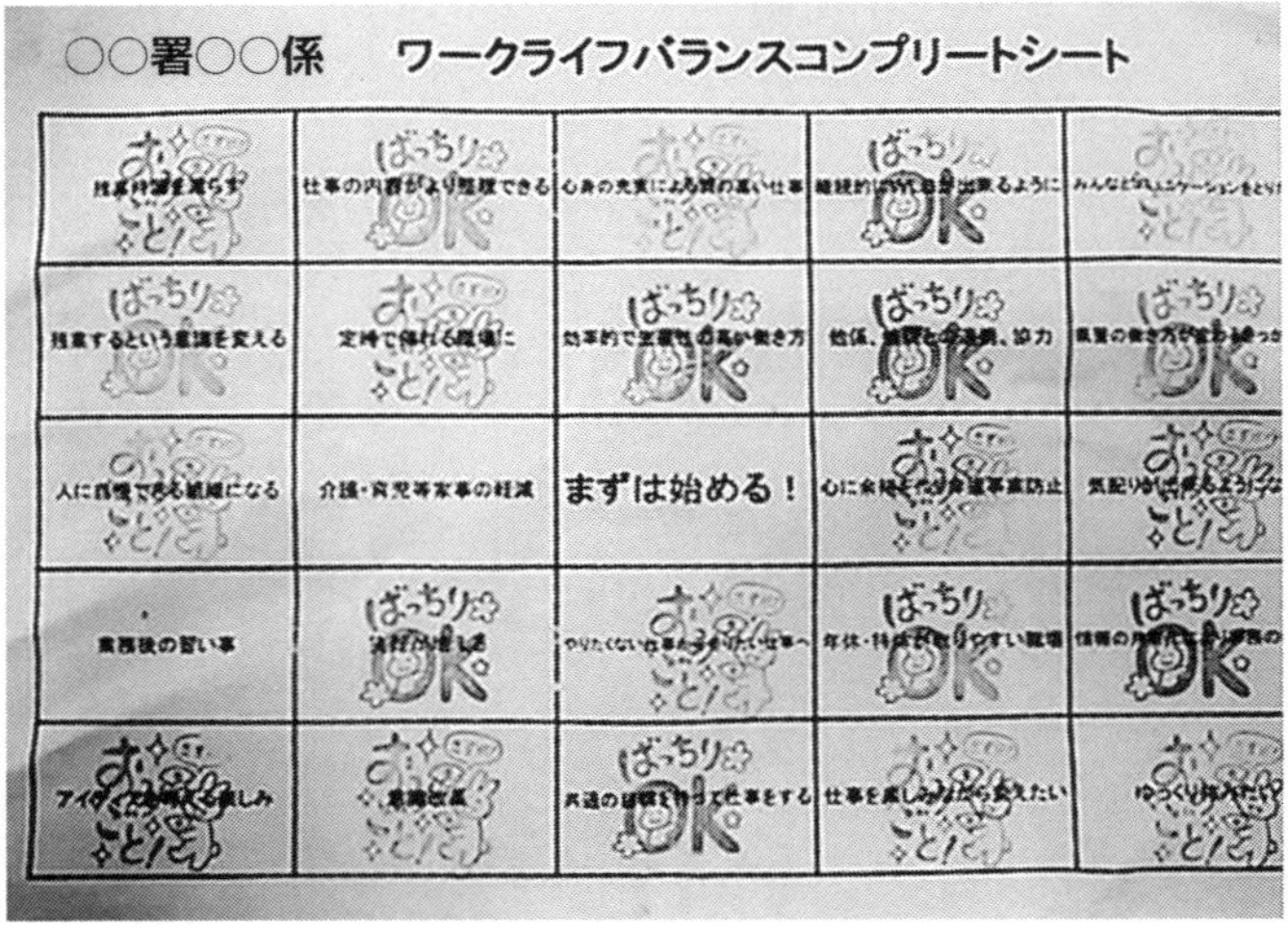

発化し、業務の効率化に向けてメンバー全員がアイデアを出すように。その中で度々議論に出ていた「拾得物の保管方法」の見直しを実行し、拾得物を誰でも簡単に探せるようにしたところ、**探す時間が大幅に短縮**されました。

　チームで達成すべき「残業ゼロ」「笑顔が増える」などのゴールイメージを一覧にした〝コンプリートシート〟をホワイトボードに貼り出し、達成したらスタンプを押すことで、進捗を見える化したところ、モチベーション維持に貢献しました（図表3－5参照）。

残業時間を削減し、事件捜査の成果を上げる

暴力団の取り締まりなどを行う**捜査部門では、「時間当たりの成果を意識し、攻めの捜査ができるチーム」**をゴールイメージに掲げました。

これまでは泊まり勤務となる宿直明けで、そのまま日中の勤務をこなし、さらに定時後の時間外勤務を行ったうえで退庁することがほとんどでした。本来は、宿直明けの勤務は正午に退庁する、という決まりになっています。しかし自分の勤務時間よりも優先して考えなければならない職務もあり、さらに仕事を続けざるを得なくなるという典型的な悪循環に陥っていました。また、周りも誰が宿直明けなのかを意識したり、声をかけたりといったことも少なかったようです。そこで、まずは**「宿直明けは午後3時までには退庁」を目標としてお互いに声をかけることにしました。**また休日も把握できるとよいとの発想から、チームメンバーの休日と宿直者が分かるようホワイトボードで一覧化しました。別の捜査部門では、宿直明けが誰なのか、一目で分かるように、**該当者は宿直明けストラップを着用**することにしました。これらの取り組みによって、いずれの部署においても退庁できるメンバーが増加しました。同時に、休日出勤をするメンバーも激減したと言います。

ゴールイメージにも掲げた「攻めの捜査」の部分では、捜査の進捗状況をパソコン上で共有し、役割の重複などの無駄を排除。古い情報が入り乱れていた資料を整理し、**最新の情報を素早く把握できるようにしました。**

スマートワークプロジェクトの実施期間中、重大事件が発生し、カエル会議などの実施は一時困難になったものの、県警一丸となり捜査に従事する中、情報共有を行ったおかげで、事件の早期解決につながりました。この活動の最終日に幹部から直接「今期の成果は抜群であった」と褒め言葉をもらいました。

1期目のこの2つのモデル部署が、「**残業時間を削減しながらも、事件捜査の成果は抜群の評価を得た**」「業務の効率化で残業の大幅削減」となったおかげで、これまで「警察組織で働き方改革の意味はあるのか」と**懐疑的だった方々の見る目も徐々に変わりました**。

情報共有、マニュアル化で効率アップ

2期目には、非行少年の捜査などを行う部門で働き方改革に取り組みました。この課では地域の少年少女たちの顔を覚え、「仲良くなる」ことも仕事の一つです。ところがベテラン警察官と新人警察官とでは、覚えている少年少女たちの情報量に大きな差があり、いざ家出や対人トラブルなどの事案があった際の捜査力に大きな差が生まれていました。そこで**ベテラン警察官の情報や捜査のノウハウをファイルにまとめるなどの方法で情報を共有**。さらに、各メンバーが得意・不得意な相手の性格をタイプ別に分別したことで担当を割り振る際

の参考資料となるだけでなく、「性格別の接し方」などの情報交換も活発に行えるようにしました。

他にも捜査令状の請求に関し、担当判事から確認のあった内容を書面化して共有し、捜査能力の向上を図るとともに書類作成時に度々参照する必要情報は別紙にメモを作成するなど、効率化を進めました。

同時に、退庁時間を各自がより意識するべく、退庁時に利用するバスの乗車時刻をホワイトボードの予定表に記入。バスの時刻が近づくと声かけが増え、帰れる日には早く帰る雰囲気が醸成されました。

窃盗や傷害事件など日々発生する事件を取り扱う捜査部門でも、２期目に取り組みました。捜査や事務手続きに必要以上の労力と時間がかかっているのではないかと**自分たちの仕事内容や所要時間を分析し、令状請求、捜査計画作成などのタイミングで、準備することと役割分担をあらかじめ取り決め、各自のやるべき仕事を明確に**しました。

取り組んだほぼすべての署において、仕事の効率化や残業削減と合わせて、**「私生活における目標」を掲げてチームで共有**。取り組みの最終報告会では、メンバー各自が実現できたプライベートの写真をスライドにまとめていました。

残業が減り休日が増えたことで、「長男と一緒にサッカーの早朝練習を行う」「健康管理のため、毎日犬の散歩に行く」「魚釣りに行く」「ピアノを練習して発表会に出る」と事前に掲げたプライベートの目標が次々に達成され、**家族を持つ人も独身者も関係なく、プライベートの過ごし方が充実しました**。

多くの企業に好影響、愛知県警察の働き方改革

今回、取り組んだチームの中では、非公式の数値ながらも前年度の**60％以上の残業削減に成功したチームも**あります（図表3－6参照）。医療・消防の分野でもそうですが、警察組織も、**これまで退庁時間を正確に記録する組織ではありませんでした**。ですから、警察署全体での残業削減時間の数値はまだ不明です。しかし警察組織としては画期的なことに、今期取り組んでいるチームでは、正確な退庁時間の記録も開始されています。

規律を重んじる組織の中では、「自分たちだけが他の警察署と違う取り組みを行う」ことのハードルは高く、モデル部署として選定されること自体も、相当なプレッシャーだったのではないだろうかと想像します。「われわれは〝公僕〟であり、市民のために仕える身。寝る間を惜しんで働くのが当たり前」とする考えがあることを教えてくださる職員もいました。使命感と責任感を強く持ち、高い志で日々の職務に当たられている警察官・警察職員の中には、この

図表3-6　残業時間の推移（平均値）

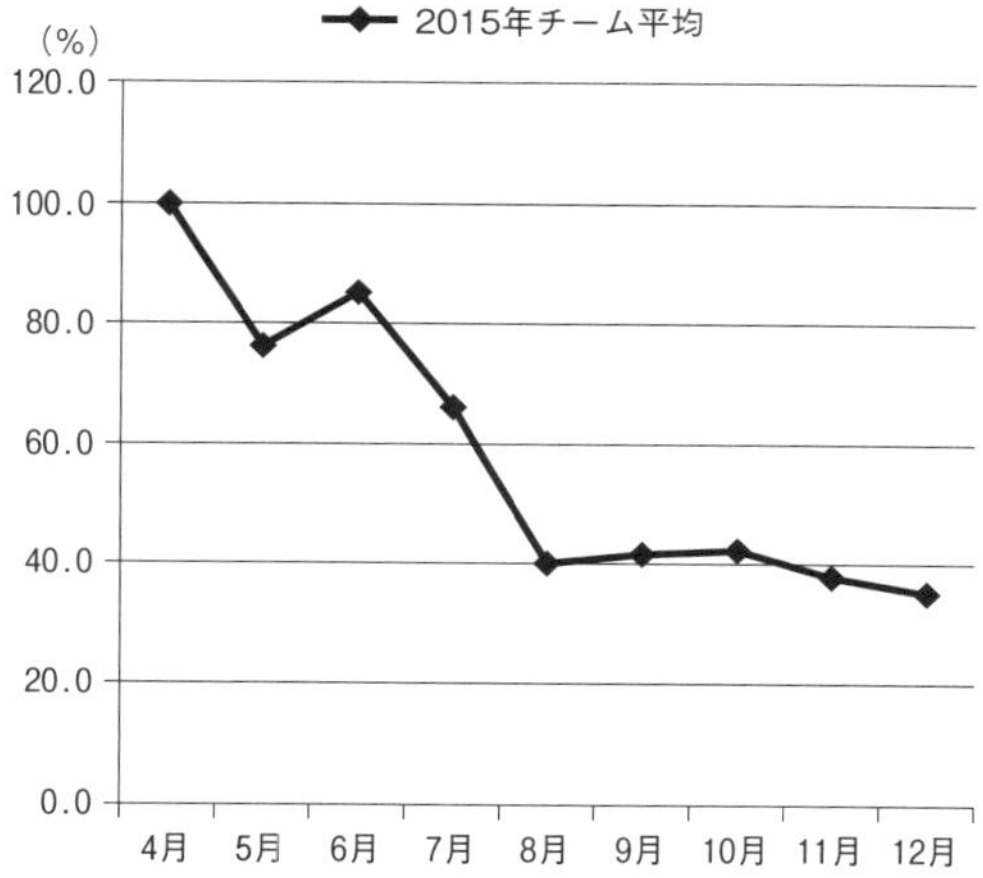

※残業時間は2015年4月の残業時間を100とし、増減をグラフとした。

ような観点から、「市民の目」を気にしている傾向があるということも印象的な出来事の一つです。たとえ自分自身の現在の職務とは直接関係ないことであっても、解決できていない事件が存在する以上、果たすべき職務を完全に全うできているとは言えないととらえ、**警察組織が長時間労働を見直すことへの抵抗感**を抱いていたのです。

そこで、警察官が長時間労働や働き方改革に着手していることをどのように感じるか、実際に私たちが「市民の声」を聞いてみたところ、返ってきたのはこんな声でした。

「もし自分や家族が何かの事件に巻き込まれた時、駆けつけてくれた警察官が目の下にクマを作り、睡眠不足の疲れた顔をしていたらとても不安に思う。警察に『長時間労働の蔓《まん》延《えん》した、疲弊した組織』というイメージがついてしまったら、優秀な人材が警察の仕事を敬遠してしまう。そんな未来のほうがよほど不安」

実際に、警察官採用試験の受験者数は年々減少しており、愛知県警察でも募集時の年齢制限を一部30歳から33歳に引き上げるなどの対応を始めています。現在の法律では、警察官になれるのは日本国籍を持った人だけです。民間企業のように外国人を採用することができない、という制約もあります。

もし仮に、「市民」が自分たちの治安を守ってもらうために警察官に長時間労働を期待するのだとしたら、それは有能な人材が警察に集まらない状況を作り出し、果ては将来の治安悪化にもつながりかねません。ひとりの人間が過重労働に陥ることの悪影響が叫ばれている中、警察組織でもどんな組織でも、長時間労働を絶対に放置してはならないのです。

愛知県警察の取り組みには、いま多くの企業・組織が注目しています。

実は、後ほど事例紹介する有限責任あずさ監査法人でも、改革を推進した事業部長の心を動かしたのは愛知県警察の取り組みだったとのこと。

一見改革が難しそうな組織ほど、働き方改革に挑んだ時の社会への影響が大きく、多くの企業・組織に勇気を与えているのです。

愛知県警察の成功ポイント

・働き方改革を主導する警務課の「絶対に成功させる」という意志の強さ
・取り組みの進捗を見える化し、職員のモチベーションアップにつなげる
・成果が出る→取り組みへの理解が深まる→さらに成果が出る、という好循環

具体事例

株式会社えがお

４カ月で約60時間、開始前の残業時間を１／３削減！
リフレッシュ休暇の取得率１００％

熊本地震の直前にコンサル開始

もし明日大きな地震があり、社員の一部が出社できなくなったとしたら、あなたの会社はどうなるでしょうか。

２０１６年４月、震度７の揺れを２回観測した熊本地震が発生しました。水道や電気、ガス、

道路などのインフラは一時完全にストップし、熊本県内外に大きな被害をもたらしました。

働き方改革に取り組んでいたことで、この震災時にも事業継続ができたのが、株式会社えがおです。えがおは熊本県熊本市にある健康食品・サプリメントの通信販売会社です。〝えがおの黒酢〟や〝えがおの肝油 鮫珠〟、青汁などの販売事業が好調で、過去10年で急成長を遂げました。

かつての働き方は、まさに「モーレツ型」。代表の北野忠男社長は「５つの事業に取り組み１つ成功すればいい。不眠不休で人の３倍働く」ようなタイプだったといいます。

とはいっても健康食品を販売する企業です。従業員の健康には人一倍気を使い、２０１４年に完成した新社屋には、栄養バランスの取れた食事を１日３食提供する社員食堂を開設し、地下には社員ならだれでも利用できるトレーニングジムも完備しました。自社にコールセンター機能を有することもあり、従業員約５００名のうち、約８割が女性です。子どもを持つ女性も多く、新社屋には企業内保育所を開設するなど「女性活躍推進宣言」にも取り組まれています。

ところが、２０１５年までは**恒常的に慢性化している長時間労働や休みの取りづらさがあり、それは「そういうものだから仕方がない」という、どこか諦めた雰囲気が蔓延**していました。

私たちがコンサルティングに入らせていただいたのは、２０１５年11月から２０１６年３月。

まさに熊本地震の直前です。

トライアルチームとして選出されたのは、コールセンターのサポートを行う「ショップサポートチーム」（11名）と、通販WEBサイトの運営・販促を行う「WEBコミュニケーションチーム」（8名）。どちらも、お客様対応や突発的な依頼業務が多く発生するチームです。

「朝メール・夜メール」や「カエル会議」についてのレクチャーを受けた社員たちは、当初チームメンバーだけでなく、リーダーさえも**「日々、突発的なお客様対応や頼まれ仕事が発生するのに、朝メール・夜メールを行うことに本当に効果があるのか」「余計な業務が増え、むしろ残業が増えるのではないか」**と、**とても消極的で懐疑的**でした。

ところが、朝メール・夜メールを通して見えてきたのは、それまで「突発業務だと思っていた」のが、**準備不足やコミュニケーション不足による不備やミスに起因する業務が多かった**ということです。

コールセンターのコミュニケーターに向けた勉強会で講義用のDVDが音割れして使用できず、30人分のスケジュールを再度、調整し直す必要が出てしまったり、業務で関わりがあるのに席が離れているために、コミュニケーション不足でお互いの仕事が空回りしていたり。そこで日々の夜メールに書かれた突発業務を、2週間に一度カエル会議で共有し、突発業務の原因と事前に防ぐ対策「事前準備をしっかり行う」「スケジュールには1日1時間のクッションタイムを設ける」などを書き込み、実践していきました。

もう1つ、残業発生の大きな原因となっていた「**上司の指示による突発業務**」に関しては、「**残**

図表3-7　自部署起因ミスによる突発業務の削減
突発・残業要因シートの活用

カエル会議を通して、日々の突発事項・残業要因になった業務を洗い出していくと
これまで「仕方ないもの」と捉えていた突発業務を視点を変えて見ることができ、
自部署ミスによる突発も多くを占めていることに気づいた。

突発業務分析

★11月の目標★　・夜メールにて日々の突発事項を記載
【突発を無くす】　チームMTGまでに1週間の突発事項・改善策を

記入日	名前	突発・残業原因　内容詳細	改善策	進捗
11/12	[redacted]	朝夜席レイアウト変更（1H）	事前に打ち合わせ、前倒し業務	・12月レイアウト⇒前日SVに確認・配信⇒3日前確認・配信できるようスケジュール設定が必要
		ロイヤルお客様プレゼント対応（3H）※[redacted]取締役より依頼	定期的な意見引き上げ	・消耗品発注前に事前確認 ・お客様センターからの依頼はないが、店長・SV以上からの突発依頼あり
		社長対話会（1.5H）+委員会MTG（2H）	なし	なし
		ミス状況把握・対話・配信（0.5H）	運用開始前の考えられる課題の洗い出しの質向上	その後の新運用なし
11/12	[redacted]	LE勉強会のDVD音割れが発生し、撮影し直し。一度目のコマ30名のスケジュール組み直し（2H）	展開前に確認する	次回の勉強会時に実行予定
		朝夜管理者シフト変更依頼（2H）	配布前にWチェック	事前確認・Wチェック済み
		ショップ分年末調整不備対応（1H）	日々クッションタイムを設ける	突発に対応できるよう日々クッションタイムを設けている
		アセスメント説明会日程調整（2.5H）	日々クッションタイムを設ける	突発に対応できるよう日々クッションタイムを設けている

自部署起因による突発　11月⇒23件、12月⇒14件に!
約40%の削減を実現

業しても今日中にやるべきか」をその都度上司に確認することにしました。他部署や上層部からの依頼など、メンバーから確認が難しい時には、率先してリーダーが確認にあたり**「仕事があるからとりあえず残業する」という姿勢を徐々に改善**していきました。

すると、4カ月目に入る頃には、突発業務とその原因、対策方法を書き出していたシートに記載自体がほとんどなくなりました。**根本原因を解決したことで、突発業務が発生しにくい職場になった**のです（図表3－7参照）。

また、**思わぬ改善効果をもたらしたのは、なんと「席替え」**です。それまで業務で関わりがあっても2つの島に

分かれ、互いに行き来していたものを、より関わりが深いメンバー同士で近くに座ってもらうように。それだけでコミュニケーションが、かなりスムーズに行えるようになりました。

働き方改革で災害時でも業務を遂行

さまざまな取り組みの結果、WEBコミュニケーションチームでは**残業時間55％削減に成功**。ショップサポートチームでも、**残業時間34％削減**、自分たちの**ミスや不備による突発業務の発生は80％減少**しました。

ショップサポートチームでは、異なったチームが統合されたという経緯もあり、互いの業務を把握しきれておらず、突発業務が発生した際に、ルーチン業務であっても代わることができない状況でした。そこで、**属人化していた業務のシェアを推進し、不在のメンバーがいても、ちゃんと仕事が回る体制**を整えていきました。「朝メール・夜メール」でお互いの業務を可視化し、属人化していた業務のシェアを推進したことで、「長期の休みは取りづらい」とあきらめていたメンバーたちの**リフレッシュ休暇の取得率も、なんと100％**になったのです。

そんな時、2016年4月に熊本地震が起きました。

震源地に程近い熊本市東区の新社屋は、破損等の被害が発生する中、ビル1階は急遽《きゅうきょ》緊急の避難所として開放しました。そんな中でも、「えがおの黒酢」を代表とする健康食品のお客様は全国にいて、中にはえがおが熊本の企業であるという認識がない方もいらっしゃるので、次々に注文は入ってきます。しかし、働き方改革に取り組んできた同社では、それまで属人化していた業務を徹底して見える化・共有化していたことが功を奏しました。

「一時的に避難所生活を余儀なくされたスタッフもいた中で、**もし働き方が以前のままの属人化した状態だったら、業務が滞りお客様にも多大な迷惑をかけていました**。両親の世話が必要になり、急遽1週間の休みが必要なスタッフもいたが、快く休んでもらうことができ、かつ業務を成し遂げることができました」と北野社長は当時を振り返ります。

震災発生後の半年間は復興に注力し、２０１６年10月からは再度、本格的に働き方改革の取り組みを再開しました。２０１７年1月には、北野社長の思い切った決断により、**執務室への入室を朝8時から夜8時までに制限**しました。深夜早朝には仕事をさせない仕組みを作ったのです。

この改革について、全社員にその意義を直接伝えるため、人事部長自ら10回にわたり説明会を開催。〝時間の制限を行う〟と同時に〝無駄な仕事はやめよう〟ということを丁寧に説明し、「もしもこの説明会に欠席したり、遅刻や途中退室をしたりした従業員には再度参加してもらう」ということまで徹底されました。

仕事を持ち帰るようになるだけでは、と不安を感じる社員に対しては、「仕事の持ち帰りは正しくない。セキュリティ上も望ましくない。働き方を変えてほしい」と何度も繰り返し伝え、持ち帰り仕事を行う社員が出ないよう、執務室への入退室のログだけでなく、**パソコンやシステムへのログイン・ログオフ時間のデータも取れるようにしました。**

〝無駄な業務をやめる〟ために、**人事担当役員・部長立ち会いのもと、**各部署全員が出席しての**「業務棚卸会議」を実施。**「その仕事はいらないのでは？」「それはやめてもいいのでは？」と**一緒に判断しながら、仕事を整理されていきました。**

放っておくと仕事はいつの間にかどんどん増え、現場レベルではやめる判断が難しいものですが、**上層部や部署外の視点を入れることで、業務を一気に削減できる**のです。

最初は、どよ〜んとした雰囲気だったカエル会議も、回を重ねるごとに明るく積極的な雰囲気に変わり、働き方改革の成果として皆さんが一番実感されたのは「社内の雰囲気がよくなった」でした。朝メール・夜メールでお互いの仕事やプライベートを無理なく徐々に把握することができ、ライフの充実度を表彰したり、業務シェアでコミュニケーションを取ったりする機会が増える。**休日の予定について、みんなで楽しく話せることによって社内の雰囲気がぐっと明るくなった**そうです（図表3－8参照）。

執務室への入室時間を制限すると、ビル内のトレーニングジムやヨガ・ピラティスなどがで

図表3-8　残業の削減…合わせてますますスピードアップ！
ライフ充実表と表彰システム

◆ライフ充実表
「これができたら
充実感を感じられる！」を一覧化。
できたらシールを貼る

◆表彰システム
月間で最もシールが多い、
No.1 ライフ充実賞を表彰！
スムージーをプレゼント！

互いのリストへのコミュニケーションが生まれ、楽しみながら実行
4ヵ月で約60時間、開始前の残業時間を1/3削減！ライフの質も高まった
（10月末時点で約180時間/月間→1月末度時点で約120時間/月間）

きるスタジオの利用者が倍増しました。

　えがおが、コンサルティングを受けることになったそもそものきっかけは、2015年に熊本県が推進する「働きやすい職場改善促進事業」に参加されたことでした。県下の企業で**育児や介護・治療などと両立して仕事ができる環境を作ることが地方創生**になる、と考えて熊本県は取り組みを始めましたが、結果として**熊本地震を乗り越えられる強い企業体質を作ることにもつながった**わけです。また、こうした県の事業では通常、県は依託した企業（今回の場合はワーク・ライフバランス社）に任せっきりにしてしまうことが多いのですが、とても印象的だったのは、同社の最終報告会に、熊本県副知事の小野泰輔さんが自主的に参加されていたことです。小野さんは2015年の11月、当時41歳で肺がんが見つかり、手術と療養で3週間公務を休んだ経験があります。こういった経験もあってか、副知事自ら働き方改革に強い関心を持って現場に足を運ばれました。そういった空気が、熊本県下の企業の働き方改革をより促進させるのでしょう。

株式会社えがおの成功ポイント3

・「突発業務」はその都度原因を解明することで削減できる
・「持ち帰り仕事NG」をシステム面でもサポート
・業務の属人化排除が災害時にも強い組織を作った

具体事例

有限責任あずさ監査法人

組織風土を根底から変化させながら改革に挑む！

監査法人にも蔓延する長時間労働

「うちの業界は、どこも長時間労働だから。働き方改革なんて、まだまだ先の話だね」

そんな話をされる企業経営者は多くいらっしゃいます。問題意識がないわけではないけれども、最初の一歩が踏み出せないのです。

上場企業に義務づけられた会計監査を行う監査法人も、長時間労働が顕著な業界です。そんな中で、いち早く本格的な働き方改革に取り組んでいるのが有限責任あずさ監査法人。約３２００名の公認会計士を抱える、４大監査法人の一つです。

２０１６年2月に、ダイバーシティ推進室からご依頼をいただき、理事長をはじめ上層部の方々に向けて講演を行ったのがきっかけとなり、コンサルティングを開始しました。当時、大塚敏弘事業部長は**新人採用と中途採用で優秀な人材を獲得することに大きな課題を感じて**おり、「事業部の課題解決にはこれだ！」と確信したそうです。特に、愛知県警察の事例を聞いて、「警察のような困難な業界でもやっているなら」と思ったそうです。

業界を取り巻く３つの大きな課題がありました。１つは、**慢性的な長時間労働**です。監査業務とは、企業が公表する財務諸表が適正に作成されているかを確認するため、勘定科目ごとに細かな伝票や根拠資料、仕訳データを逐一確認するなど大変地道で根気のいる作業です。四半期や本決算の監査業務時には、過重労働で体調を崩してしまうメンバーも出るほど。それでも「日本の企業は決算時期が集中しているから仕方がない」とされていました。

２つ目は、監査業界を取り巻く**社会情勢の変化**です。近年の会計不祥事を契機として、会計監査の信頼性に対する社会的な問題意識が高まっています。クライアント企業が恣意《しい》的に不正会計を行っている場合は、決算資料や帳簿上の数字から見抜くのが難しくなります。会計士には、高度な会計知識だけでなく、クライアント企業の事業内容の深い理解とリスクの的確な把握、密なコミュニケーションを通じた「不正を見抜く力」が求められています。**経験を通じて少しずつ身につけていく知識の習得が追いつかなくなっている**のです。

さらに3つ目の課題は、**公認会計士の不足**です。監査証明業務は、公認会計士の資格を持つ人だけが独占的に行える業務です。会計士を採用できなければ、組織の維持・拡大はできません。しかし、2008年のリーマンショック以後、監査法人の人員削減や合格者の就職難が注目され、公認会計士の志願者は、ここ数年は回復の兆しが見られるものの2010年のピーク時と比べ著しく減少しています。

近年ではベンチャー企業などのIPO申請も増え、業界業績は好調で業務量は増加している一方、公認会計士合格者が増えないので、監査法人や上場企業間での熾烈《しれつ》な人材争奪戦が行われています。**「このままでは優秀な人材の確保が難しくなる。人材育成の仕組みも根本から変えなければいけない」**と強烈な危機感を持っていました。

カエル会議で長時間労働を誘発する原因を探る

まず監査業務を行う2部門と、会計関連アドバイザリーサービスを行う部門の計3部門でトライアルチームを結成しました。同社では、クライアント企業ごとに「担当チーム」はあるものの、メンバーはそれぞれ別のクライアントを複数社、兼務で担当しています。「チームワーク」という概念が弱いのです。

1人が複数のチームに属しているため、事業部全体の改革が進まないと働き方改革の恩恵を受けにくい。そこでトライアルチームは、**事業部長が推進に熱心**な組織から選抜しました。

「カエル会議」に取り組む中ですぐに気がついたのは、**気軽なコミュニケーションの不足**でした。監査業務を行うチームの場合、会計士のメンバーは上からパートナー、マネージャー、シニアスタッフ、スタッフの4階層に役職が分かれます。

会計論点等の専門領域は、同じプロフェッショナルとして、上司が若手スタッフに意見を求めることは少なくありません。しかしチームによっては、役職を超えて気軽に質問・相談できる雰囲気ではありませんでした。そもそも「成長するためには、個人が努力する」のが暗黙の了解。分からないことはまずは自分で調べ、見解をまとめたうえで、上司に報告・相談する風土ですから「相談する」ことへのハードルが高いのです。意見を促さない上司の姿勢や、意見を言わない若手の遠慮は、本当にもったいない状況でした。

そこで**カエル会議では、勤務形態や役職を問わず、**付箋に一斉に意見を書き出し、貼り出してもらいました。出た意見をいきなり否定しないなどの配慮をし、ファシリテーションを丁寧に行う中で、少しずつスタッフやシニアスタッフから意見が出てくると、**コミュニケーション不足に起因する余計な業務が多々発生している**ことが見えてきました。

「上司への相談は、対面でないと失礼に当たる」と、相談を行うための〝アポイント依頼〟をメールで行うのが慣例となっているチームも。大手企業の監査では、海外子会社や海外工場の監査、視察も多いため、パートナーやマネージャーは出張も多く国内にいないため、メンバーが監査の方向性に悩んで2週間後にやっとアポイントを取りつけて相談をすると「方向性から見直したほうがいい」となり、2週間の仕事が無駄になるようなケースも目立ちました。

そこで、迷ったメンバーが時間を置かずに相談できるよう「対面にこだわらず、メールやSkypeなどのツールも有効活用する」「困った時に誰に相談するかを決めておく」としたところ、シニアスタッフ以下の仕事が格段にはかどるように。実はSkypeは以前から導入されていたものの**「対面」を重視する風土の中では活用されていませんでした。**働き方改革の中で、システムへの投資は経営者に求められる非常に重要な戦略ですが、**組織風土を変えることなくシステムだけに投資しても、効率化にはつながりません。**

まずは**長時間労働を誘発している本当の原因を探り、その根本解決を目指す**ことが、遠回りのようで、成功する働き方改革への一番の近道です。

また、クライアント企業に出向いて会議室を借り切って作業を行う「往査」では、これまで役職者ごとに作業部屋が分かれていて、相談するために気軽にパートナーの部屋に入っていけるような雰囲気がありませんでした。そこで、役職で分けずにミックスさせることで「ちょっとした不明点を聞きやすい雰囲気」ができ、作業がはかどりました。

「あいまいな指示による業務のやり直し問題」もありました。正確に言えば「同じ単語からイメージする成果物」の違いです。例えば、同社で最もズレが多かったのは「調書」です。調書には目的・手続き・結論の3点が必要という部分は共通認識ですが、勘定や企業の論点によってパートナーと若いスタッフの間で認識が違うと、調書のレビュー（上司のチェック）に時間がかかります。また、監査が進捗する中で状況が変わり調書の方向性が変わっても、情報共有が行き届かないために、レビューの段階で〝ちゃぶ台返し〟的な結果となりモチベーションを下げるケースもありました。カエル会議では、こうした「同じ単語からイメージする成果物の違い」を発見することができ、指示を明確化してすり合わせていきました。

各社の決算が重なる繁忙期には、取り組みスピードを緩めざるを得ないという壁もありましたが、約10カ月間に及ぶ取り組みを継続した結果、あるチームでは**四半期レビューの時間が約**

15%削減、期中往査の時間は約21%削減に成功しました。事業部全体でも、これまで**年々増加していた残業時間が昨年比6%削減し、特にスタッフで11・4%の削減**という成果につながりました。

取り組みに最も熱心だった第4事業部の事業部長は、法人全体のHR統括の専務理事に昇格し、働き方改革にますます注力しています。**長時間労働が蔓延する業界でこそ、他社に先んじて働き方改革に着手・成功すれば、人材獲得に有利**です。「うちの業界はまだまだ」という経営者が多い業界であればあるほど、一歩を踏み出すチャンスなのではないでしょうか。

有限責任あずさ監査法人の成功ポイント3

- 「長時間労働」の原因は組織内にも必ずあると認識する
- 若手スタッフとベテランが相談しやすい風土・環境を整える
- 〝共有言語〟を確認し、指示の明確化で効率化アップ

具体事例

大塚倉庫株式会社

外部パートナーのドライバーの残業削減にスマホアプリを独自開発
「業界の風習」を見直し、BtoB物流業界全体の発展・向上を目指す

「力強さ」と「スピード感」でトップダウンの改革を推進

自分の庭だけきれいに掃除して、そこにあったごみは庭の外へ——。社会のプレッシャーにより、表面上の労働時間削減だけを目標にすると、下請け会社に仕事を押しつけて帰るようなやり方が多発します。

そんな中で、いわゆる上流工程にいるお客様も、下流工程にいるパートナー企業も巻き込んで、**業界全体の効率アップ、残業削減に取り組んでいる**のが、大塚グループの物流事業会社、大塚倉庫株式会社です。

全国26カ所に拠点を持ち、ポカリスエットやオロナミンC、カロリーメイトなど、グループ内の食品飲料・医薬品・日用品だけでなく、グループ企業外との取引も拡大しグループ製品以外の販売比率は約60%にも上ります。

大塚倉庫は「本社オフィスの仕切りを外し、コミュニケーションをフラット化」「全国26拠点がまるで1つの大きなオフィスにいるように、常にオフィス同士が画面でつながっているシステム」「取扱品目を医薬品・食品飲料・日用品の3領域に絞って強化」などにより、すでに業務の効率化やコミュニケーションアップに意欲的に取り組んでいます。

しかし、解決が難しかったのが、荷物を運ぶトラックドライバー不足の深刻化です。大塚倉庫にとってドライバーは自社の従業員ではありませんが、「ドライバーが長時間労働で疲弊して辞めてしまえば**ドライバー不足によって物流業界全体が成り立たなくなる」という強い危機感**がありました。運輸業界のひっ迫する現場については近年何度もニュースになっていますし、取引荷物の制限を打ち出す企業も出てきています。ドライバーの平均年齢（47・3歳）が全産業平均（42・3歳）以上に高齢化しているので、今後ますます人材不足が深刻化することも予測されています。

「発注元（荷主）である各メーカー、配送パートナー、その先にいる卸業者や小売店という一帯のサプライチェーンの中で、中間地点にいる大塚倉庫ができることは何か」。そんな問題意識をお持ちの経営陣から相談いただき、２０１５年から経営陣の相談役としてのコンサルティングを継続しています。

大塚倉庫で印象的だったのは、**良いと思うものをすぐに取り入れるスピード感**、必要な時は

トップダウンでシステムを変革していくマネジメント力、そして**業界の未来を見据えて改革に挑む、経営マインドの目線の高さ**です。

まず2015年6月に、「これからはワーク・ライフバランスに本格的に取り組む」という必要性や方針を全社員に伝えるために全国の地方拠点もオンラインで全員参加し、私の講演会と大塚太郎会長とのトップ対談を実施しました。この対談の中で、他社で効果のあった事例として各部署の最終退出者が記入する「最終退出表」の話をしたところ、「いいですね、やりましょう」と、その場で決断。実際、翌日にはイントラネット上に各拠点の最終退出者の名前と退出時間を書き入れるシステムを立ち上げ、運用を開始しました。これにより「全社に退社の遅いチームであると知れ渡るのは嫌だ！」と早く帰る空気を醸成し、部下を遅くまで働かせている上司の管理能力不足にも目が向けられるように。するとそれまでの**「周囲に残っている人がいると帰りづらい」という空気は見事に一変**しました。社員アンケートでも、「メリハリを持って働けている」の数値が上昇しました。

チームワークを強化すべく仕事の複数担当制も推進。2015年11月からは各社員のスキルや繁忙期を見える化し、**業務で困っている時や繁忙期には、部署を超えて助け合いができる「応召《おうしょう》制度」を構築**しました。全国の拠点の繁忙期が一目で分かる表が共有され、倉庫内での作業がピークになる月末最終日には、前年の物量と比較した本年の物量予測指数に基づいて、支店や東京本部などから、各倉庫へ人員を充てています。

応召制度は労働時間を平準化できるだけでなく、**部署間の業務理解が進むという効果**もありました。内勤メンバーが倉庫のヘルプに行けば、「いつもは数字だけでしか見えていなかった倉庫の〝繁忙〟が体感できた」など、**お互いの業務への理解が深まり、その後の円滑で良好なコミュニケーションの土台が築かれました。**最終退出表に頻繁にチーム名が出たり退出時間が著しく遅かったりする部署は、応召制度をうまく活用するよう促されるなど新たな制度を形骸化させないようにし、組織にうまく浸透させていきました。

こうして社員の**10日以上の有給取得率は30％増加**。現在は、物流業では敬遠されがちなテレワークに役員が率先して試行しています。

独自のスマホアプリでドライバーの待ち時間が大幅削減、売上アップ！

社内の改革は順調でしたが、「業界全体の効率アップ、残業削減」を考えた時、配送パートナーであるドライバーたちの荷積み・荷下ろしのための待ち時間で長時間労働になる実態に、ますます問題意識を高めました。大塚会長が、ある朝ドライバーに「朝一番の荷下ろしのために、いつから並んでいるか」を聞いたところ、なんと「昨夜から」との答え。通常「物流センターについた順番」で荷下ろしできるため、前日仕事を終えたらすぐに倉庫に順番待ちのために車体を停め、車中泊で翌朝まで並ぶのが常態化していたのです。荷積み・荷下ろしで時間をロスすると、1日の配送件数が減り、その分収入が減る切実な問題です。

大塚倉庫では、この**無駄で非効率な待機時間を軽減するため独自のスマホアプリ「トラックヤード予約システム」を開発しました**。前日仕事を終えたら、スマホのアプリから翌朝の「9時〜9時10分」などの枠を予約しておけば、一度家に帰って家族と一緒に寝て、翌朝の9時までに着けば順番通りに荷積み荷下ろしができるわけです。これはドライバーにとって大変画期的でした。スマホアプリで納品手続きが完結できる「e-伝票」のシステムも開発。入庫時の検品を廃止し、納品伝票と受領印を電子化する代わりに、納品した商品写真を撮影しておくことで、数量の過不足や瑕疵《かし》をあとから確認できるシステムを構築しました。「紙の伝票がないと困る」という取引先、配送先には「紙の伝票も発行するので」と協力を取りつけるなどして導入を進め、上流・下流どちらの側にも丁寧に協力要請を行いました。

これらの取り組みにより、システム導入前に比べ、**物流センターへのトラック滞留時間は約55%も削減。e-伝票を利用するドライバーではなんと70%も短縮**できたのです。

当初は伝票の電子化に難色を示していた取引先も、実際に活用が進むと、「納品情報のトレースが簡単にできるようになった」「伝票処理・保管の事務処理から解放された」と評判は上々

です。そしてなんと、こうした本社・ドライバーをあげての労働時間短縮を実現しながら、大塚倉庫の**売上は改革以降毎年10％以上増加しています**。

これらの革新的な取り組みは業界内でも高く評価され、同社は①創造性②成果度③経営革新度④技術革新度⑤社会性⑥努力度を持って表彰される「ロジスティクス大賞」（日本ロジスティクスシステム協会主催）を２０１５年度・２０１６年度の２年間受賞。１９８４年の協会設立以来、**２年連続で受賞した企業は史上初**です。

実のところ、ｅ－伝票の導入にあたっては、当初お客様からは歓迎の声よりも「大塚倉庫だけ特別扱いはできない」と、むしろ批判的な声のほうが多かったそうです。それでも**業界の慣習を打ち破り、まずはグループ内企業へ導入し**、地道に協力先を広げています。実際にサプライチェーン全体の効率化、残業削減などの成果につなげられている姿勢は、本当にすばらしいと思います。

大塚倉庫株式会社の成功ポイント3

・経営トップによる力強い変革、適切なＩＴ投資による生産性向上
・「最終退出表」の活用で、早く帰りやすい雰囲気を醸成
・自社だけでなく、業界の未来を見据えて改革に挑む目線の高さ

具体事例

新菱冷熱工業株式会社

長時間労働が大きな課題の建設業界で、いち早く改革に着手「業務の効率化」と「スキルアップ」でさわやかな職場を目指す！

建設業界にも高まる人手不足の危機感

オフィスや商業施設、公共インフラをつかさどる建設業は、街をつくるうえで欠かせません。大きな建造物を作る様子はダイナミックなイメージがある反面、建設現場は、暑い・寒い・きついなどハードな労働環境が目立ち、建設業で働きたいという若者は減少傾向。現在の建設業界は高齢化が進み、次世代の担い手が不足しています。

建設業の担い手を確保するためには、長時間労働の是正が大きなカギです。この建設業の長時間労働は、現在の労働基準法の影響でもあります。2018年現在、**建設業は、36協定による時間外労働上限規制の適用除外の業種となっている**のです。2020年の東京オリンピックに向けて建設需要が増えるのに人手不足という状態は、安全な労働環境が保てない事態を引き起こすことさえあり、働く環境の改善は喫緊《きっきん》の課題です。

新菱冷熱工業株式会社（従業員数２１３３名）は、大型ビルなどの建設において、空調や給排水、電気設備の設計・施工を担っています。〝さわやかな世界をつくる〟という経営ビジョンのもと、国内ではオフィスビル、スポーツ施設、水族館、地域冷暖房施設など、海外では空港や地下鉄の空調・換気設備、エネルギー関連施設などの施工実績を持つ、環境エンジニアリング企業です。

大型案件を同時進行でいくつも手がける同社ですから、建設現場の繁忙は容易に想像ができます。しかし、建設現場の仕事は複数の会社が連携して工事を進めていくもの。１社の工事が遅れてしまうと他の工事も遅れ、「連帯」で工事が進むため、土曜も稼動する現場が多い。「**１社だけでは労働時間を調整できない。建設業の働き方改革は簡単ではない**」と言われてきました。そんな建設業において、働き方の現状に強い危機感を持った新菱冷熱は、改革に向けていち早く踏み出しました。

２０１６年４月、社内に「働き方改革担当役員」を設け、ノー残業デーの取り組みなどを開始。同年９月に経営層71名を集めた講演会に、講師として私が招かれました。「日本は先進国の中で最も長時間労働なのに、生産性は最も低い」といった話に、世の中の変化、働き方を変えなくてはと危機感を高められ、コンサルティングの依頼をいただきました。

実は講演前、「働き方改革にはまだまだ懐疑的な声が多い。コンサルを正式に依頼できるかは、小室さんが経営層を説得できるかどうかにかかっているからね」と言われ、いつも以上に身の引き締まる思いで臨みました。

数日後、「講演を聴いて経営層の議論が白熱しました。働き方改革に社内の注目が集まってきた。ぜひ、コンサルティングをお願いします」と正式に依頼をいただき、肩の力が一瞬抜けました。とはいえ、大変なのはここからです。

社内では「建設業界で働き方改革が行えるのか。うちだけが改革だなんて言っても、どうにもならない。できるわけがない」といった懐疑的な声も当然ありました。実は以前にも、ノー残業デーを導入しようとして定着しなかったという背景があったそうです。

「働き方さわやかProject」が本格スタート

そんな中、いよいよ本格的な新菱冷熱の働き方改革「働き方さわやかProject」が立ち上がりました。通称「さわP」です（図表3－9参照）。

コンサルティングは、現在の働き方を把握することからスタートしました。まず、全社員に「働き方」に関するアンケートを行い、組織診断を実施。浮かび上がってきたのは、**現場の各社連帯構造による長時間労働の状況**と、**技術的に追いつこうとする若い世代の労働時間が長く**

図表3-9　働き方さわやかProjectの推進体制と3つのPDCAサイクル

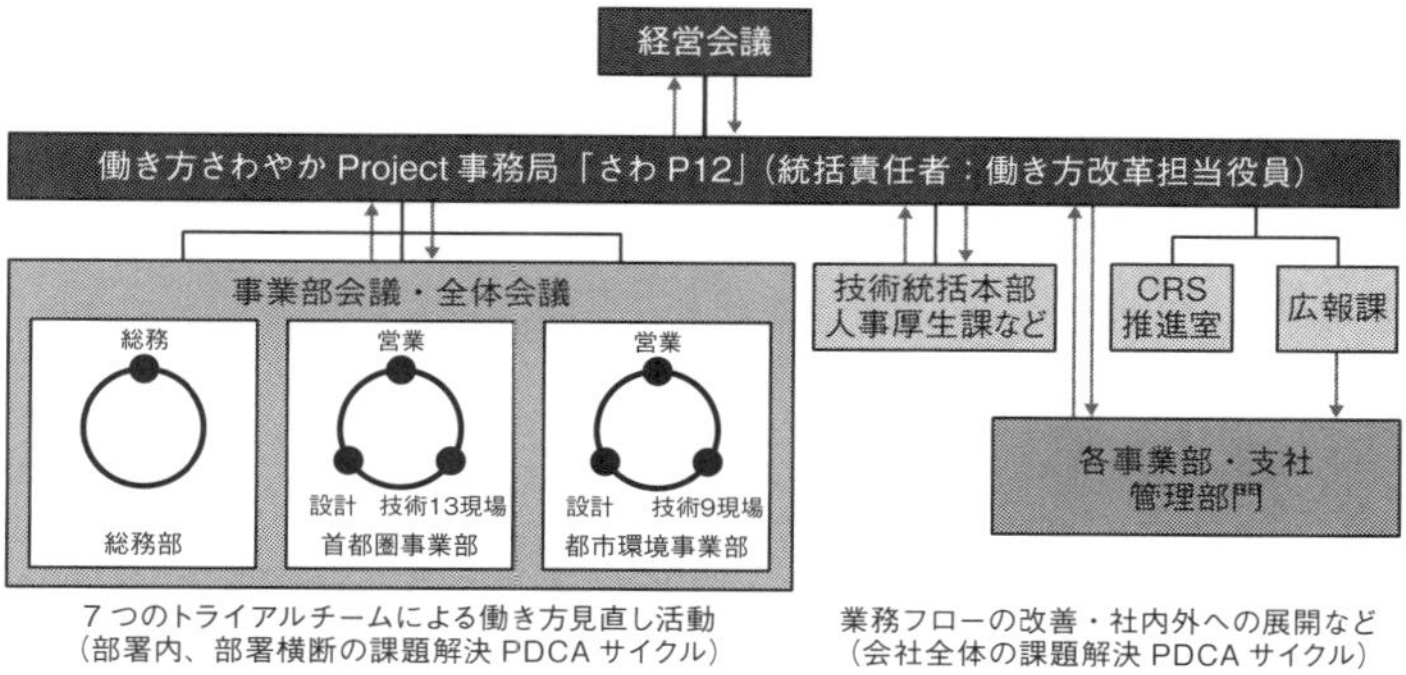

なりがちな傾向でした。

次に、働き方改革にチャンレンジするトライアルチームの編成を検討していきました。通常、技術（現場）は事業の中核となるからこそ繁忙を考慮され、「現場は難しいから外そう」とトライアルチームを設けないことが多いのですが、「現場」を大事にする同社らしく、「技術（現場）」「設計」「営業」の部署からそれぞれ2チーム、バックオフィスの中核となる総務部門から1チームの計7チームを選出。技術チームには、各現場のリーダー（現場代理人）が集まり、改革に積極的でポジティブなリーダーやメンバーのいるチームが選ばれました。

また、プロジェクトを進めていく事務局機能を、組織を代表する気鋭のメンバーに担ってもらうことにしたのは同社の本気度の表れです。「さわP12」と呼ばれる12名のリーダーが、7つのトライアルチームとともに働き方改革を進めながら、組織横断的な課題を抽出し、解決策を会社に提案していく仕組みを作ったのです。

2017年3月のキックオフでは、トライアルチームのメンバー全員に再度、私の講演を実施。会社の本気度を伝え、やる気を高めてもらいました。働き方改革担当役員の阿部靖則常務執行役員は「**社員の皆さんの不満や、やるせなさ、猜疑心《さいぎしん》みたいなものを全部拾って、その解決にメスを入れないことには働き方改革は進まない**。どうせできないと思考を停止させず、一緒に改革しましょう」と語り、メンバーを勇気づけました。

トライアルチームは、2週間に一度実施するカエル会議でそれぞれが抱える課題を共有。月に一度、メンバーが集まる定例会（コンサルタント同席）でも情報を共有しながら議論を重ねていきました。その頃のカエル会議では、メンバーに働き方改革といっても何から始めたらよいのか、という戸惑いが見られ、会議では「こんなことやっても意味ない。この時間に仕事をさせてほしい」という意見がメンバーから出て、やらされ感、あきらめ、メンバーの温度差が感じられました。

それでもリーダーがあきらめずに目標を掲げ、目標達成に向け、何から始めようかと議論を続けました。その結果、見えてきたのは「業務効率化」と「スキルアップ」の必要性です。特に若い世代がスキルアップを強く望んでおり、「技術力を高めれば、仕事が速くなる」「もっといい仕事がしたい」という声が上がり、仕事時間を圧縮するだけではなく、仕事の質を上げていくための議論へと深まっていったのです。

一見、働き方改革の定石とも言える目標に思えるかもしれません。しかし、当たり前の課題であっても、誰かに指摘されて取り組むのと、自分たちで考え、気づいたうえで、難しさを熟知しながらも勇気を持って取り組むのとでは、大きな違いがあります。**トライアルチームは、自分たちの力で「業務効率化」「スキルアップ」の目標を掲げたのです。**

時間管理でスキルアップ・コミュニケーションの活性化を実現

時間の使い方を棚卸ししてみると、多くのトライアルチームで、突発業務の発生でスケジュール管理が困難になっている現状が浮き彫りとなりました。そこで、朝・夜メールやスケジューラーを活用し、計画と結果とを比較しながら、無駄をなくし、平準化を図っていきました。

その結果、開始当初は１カ月の業務の**計画と実際にかかった時間との差が37時間もあった設計のメンバーが、半年後には7時間にまで減少**し、ほぼ計画通りの業務ができるように変わったのです。

現場でも開始当初と６カ月後の平均帰社時間を比較したところ、**メンバー6名合計で1日当たり1時間43分、残業時間が短く**なりました。１カ月換算で約34時間の残業時間が削減されたのです。このチームは、仕事分類ボードを作成し、各メンバーの仕事内容を書き出して仕事を見える化したことで、バランスのよい仕事の振り分けにつながり効果を発揮しました。振り分けの見直しは、一部のメンバーに頼るマネジメントからの脱却にもなりました。

外出の多い営業チームは、時間を上手に使うために、出先での待ち時間や移動中にはモバイルＰＣ・携帯電話を有効活用して事務処理を進め、事務所に戻らずに作業ができるようにしました。お客様から資料や見積もり依頼があった時も、タイムリーに対応できる体制を整えたのです。他にも、本社と現場をつないだテレビ会議システムを活用。現場・営業・設計が同じ場所に集まらずに打ち合わせができることで、**移動時間が大幅に削減され、出席者の調整に時間を取られる状況も改善**しました。

総務チームは社内の問い合わせを効率化するためにＦＡＱデータベース（よくある質問に対する回答を掲載したデータベース）を作成し、全社にリリース。問い合わせに対する時間を削減し、社内の業務効率の改善に寄与しました。

現場や設計など技術系のチームでは、若手のメンバーから「業務効率化のためにスキルアップしたい」という声が多く出ました。自分たち若手がもっと仕事ができるようになれば、さらに生産性は上がると言うのです。当初に実施した「組織診断」の結果でも、技術的に追いつこうとする若い世代の労働時間がより長くなってしまう傾向が見られました。「いまの状態を改善するには、積極的に勉強し、技術力を身につけて、忙しい現場代理人をサポートできるようになるしかない」。これが、若手メンバーが考えた答えだったのです。

そこから、数多くのスキルアップアイデアが出ました。例えば、各自が**自分に足りないスキルを見える化しチーム内で共有**。ベテランが持つ知識を継承するために勉強会やＯＪＴの機会を増やす。中でも特筆すべきは、スケジューラーを活用し、**日々の業務の中に「スキルアップタイム」を導入**した点です。１人当たり週１・７時間をスキルアップに充てられるようになり、身につけたスキルを普段の業務に活用することで、技術力向上を図りました。若手の中に、日々の業務で学んだことをまとめるノート術に優れたメンバーがいることも分かり、学ぶプロセスを共有することで取り組みが加速しました。

カエル会議で、スキルアップタイムの成果について確認したところ、仕事の量や質の向上に加えて、職場環境やモチベーションの向上などが挙げられました。**仕事に対する満足度は74％まで高まりました**。

一方、ベテランには、技術は先輩の背中を見て覚えるものという意識が強く、具体的な**若手の育成方法が分からない**という状況が見られました。もしくは、いろいろと**教えたいのだけれど、若手が聞いてこない**からという声も。そこで、事務局である「さわＰ12」が「若手の意見を聞く会」を開催。すると、そこで出てきたのは、ベテランのメンバーと同じように、会社に貢献したい、モノづくりで活躍したいという若手からの真摯な声でした。

さらに、若手からベテランへの要望も出てきました。スピード感を持って成長したいし、仕事に貢献したいからこそ「見て覚えろ」だけでなく「指導」もしてほしい。こうした声を聞いたトライアルチームのリーダーたちは、ベテランと若手が目指す方向性は一緒だったことに安心するとともに、育成の「やり方」の問題であると改めて認識したのです。

若手からは、ベテラン層に向けて「ほうれんそうのおひたし」という要望が上がりました。「報告・連絡・相談」という「ほうれんそう」はもちろん実施します。でも**「（お）怒らないで・（ひ）否定しないで・（た）助けて・（し）指導して」という要望**です。これは、部内の全体会議で発表され、今や部内に広まっています。

「コミュニケーションは取っている。育成もしている」そう思っていたけれど、スピード感の増すビジネス環境にあっては従来の踏襲だけではなく、まだまだ改善できる余地があったという点に気づいたのも、カエル会議の効果と言えます。

「もっとコミュニケーションを取る」ために、朝メールのコメント欄を使って、気軽に相談できる雰囲気を作りました。「仕事で不明な点があれば遠慮せず、すぐにいつでも聞くこと」とリーダーが宣言した現場もありました。困って問題を抱えている時間は、非効率でもったいない。そう考えての「すぐ聞いて宣言」です。

こうした取り組みで、「上司や先輩は忙しそうだから、なかなか聞けない」「今さら恥ずかしくて聞けない」「こんなことを言ったら怒られるかも」「言わなくても分かるだろう」「若手は何を考えているのか分からない」といったコミュニケーションの課題を乗り越えることができたのです。**若手が気軽に質問でき、ベテランが答える・伝える環境に変化し、若手の発言や意見が増えた**ことも実感できるようになりました。

働き方改革は「なりたい自分」を実現する取り組み

働き方さわやかProjectは、常態的な長時間労働の改善を念頭にスタートしました。しかし、実際に開始してみると、時間短縮・効率化だけでなく、やりがいや満足度、技術力やチームワークの向上といった自主的な目標が数多く上がってきました。**働き方改革は、長時間労働の改善だけではなく「自分たちのなりたい姿」を実現する取り組みだったと気づいた**のです。トライアルチームの取り組みが進むとともに、事務局「さわP12」のリーダーたちの話し合いは、本質的になっていきました。会社の強みである誠実さ、まじめさ、確かな技術、行動力、創造力、そうしたものを最大限発揮するために、新菱冷熱の働き方を今一度、議論していったのです。限られた時間で最大の成果を出すことはもちろん、やりがいを感じ、成長し続けることも目指すべき姿。そして、風通しの良い職場でありたい。働き方改革の意義は、どんどん厚みを増していきました。

プロジェクトと並行して、会社では、半日単位での有休取得、有休積立制度の適用拡大、キャリア採用の推進といった柔軟な働き方を支援する制度の導入も推進。その結果、ノー残業デーモデル現場142カ所における**ノー残業デーの実施率は97％**。それまでなかなか減少することのなかった**全社の残業時間も3・3％減。有給休暇取得率は、全社で前年比プラス3・7ポイント上昇の60・0％**になりました。

10月に開催したトライアルチームの取り組み報告会では、メンバーから「この取り組みを社内に広めていきたい」という声が上がりました。自主的に部内で展開を開始したというリーダーも出てきました。さらには「働き方をもっと良くするために、業務改革を進めてほしい」と会社への提言も出しました。プロジェクト開始当初は「こんな取り組みは無駄」という声が上がっていましたが、この数カ月で大きく意識が変わったのです。

同社の取り組みで印象的なのが、**「業界への働きかけ」も強く意識している**ところです。トライアルチームの成果は確実に現れているものの、複数社の「連帯」で取り組む大きな現場では、1社での改善に限界があることも分かってきました。

ある現場では、リーダーが「この現場は働き方改革に本気で取り組む！」と宣言し、情報共有、現場のコミュニケーション改善と、繁忙期に備えてできる限り業務の前倒しを行うなどの工夫をしていましたが、急な仕様変更や工事工程の再調整など大きな繁忙の波に呑まれ、計画通りに進まない、と悔しい思いをしたのです。これもプロジェクトの結果の一つです。よい成果だけを報告しても、きれいごと。現場のトライアルチームでは、うまくいかなかった事例も発信していこう、という意見が出ました。

2017年9月には、**建設業界の複数の団体が集まり、建設業の働き方改革をめぐって初の意見交換が行われました。業界全体で働き方改革に対応する動きが加速しています。**

今後、予定されている法改正では5年間の猶予が設けられるものの、建設業でも「法律による上限が罰則付きで設けられる」ことになります。適用除外でなくなるインパクトは大きく、週休2日制の徹底や長時間労働の是正に、業界全体が動き始めています。

こうした業界の動きに呼応し、新菱冷熱は**トライアルチームから出た現場改善への意見を吸い上げ、業界団体への意見申し入れ**を行いました。トライアルチームの取り組みが、会社全体の業務改善に発展する。この取り組みを建設業界にも届け、広げていきたい。さわやかで風通しのよい職場を本気で作りたいとのマインドが、確実に浸透しつつあります。

新菱冷熱工業株式会社の成功ポイント3

・リーダーが本気を示し、カエル会議で意識改革
・スキルアップとコミュニケーションの活性化を実現
・働き方をもっと良くするために、100人を超えるメンバーの意見を会社に提言

第4章

「働き方改革」の全体設計
経営者の果たす役割
（企業のスケジュール設計と取り組みの事例）

リバウンドしない組織改革 6つのスケジュール設計

第2章では、トライアルチームで朝メール・夜メールやカエル会議をどのように進めるのか4つのステップで解説しました。

本章では、この4つのステップに、研修や制度まわりをどう連携させるとより変革のスピードを上げることができるのか、全体像も解説しておきたいと思います。働き方改革を最も効果的に力強く進める提案を求められた際は、いつも次の6つを3期にわたって取り組むプランをアドバイスしています（図表4－1参照）。

1　全役員研修
2　トップメッセージ発信
3　全管理職研修
4　1期目

図表4-1　6つのスケジュール設計

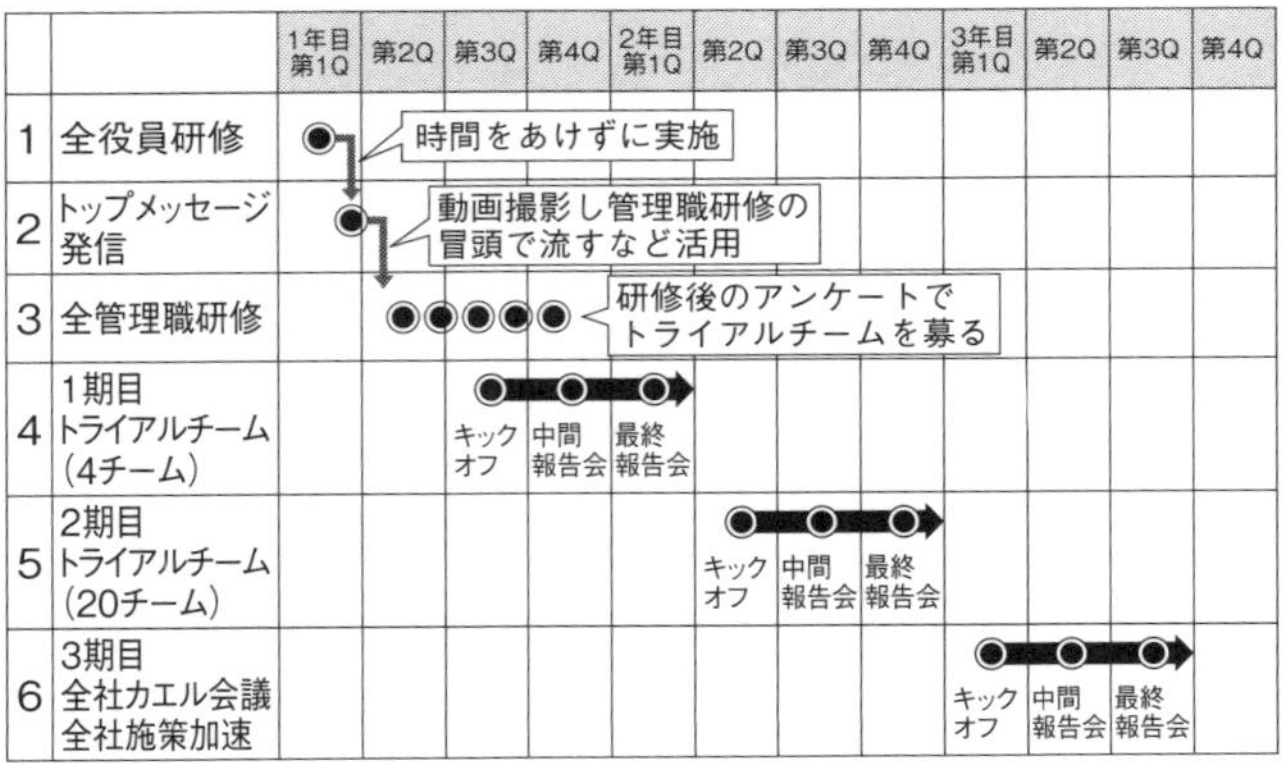

・４チーム程度のトライアルチームが４ステップの取り組み（８カ月間）
・４カ月目で中間報告会開催（役員出席）
・８カ月目で最終報告会（役員と社員誰でも参加可）

5

２期目
・１期目と同じ手法を４チームに実施
・16チームは、リーダーだけがカエル会議の手法を学んで取り組む**自走チーム**（１期目で取り組んだチームや人事部が指導役となる）
合計20チームで中間報告会・最終報告会、ともにオープンスタイルで実施

6

３期目
全社のチームでカエル会議を行いながら、１期目と２期目の取り組みから浮かび上がってきた全社的な課題にも手を打ち、全社施策を加速させる（設備投資や評価制度の見直しインセンティブ設計など）

まずは現場でできることから、と考えて４番からスタートさせようとする企業も多いのですが、やはり変化のスピードが鈍るので、**早期に経営陣を巻き込んでいく建付けにするのが重要**です。

というのも、コンサル中に対話を繰り返して気づいたことは、なかなか従来のやり方を変えようとしないメンバーの心の底には、「働き方改革の時代だからと真に受けて行動しても、突然上層部の方針が変わったら梯子が外されるかもしれない」という恐怖感があるのです。今まででも同様の経験を重ねてきた世代ほど、**トップの本気度や、継続性を鋭く見抜いてきます。**「似たような取り組みが4、5年前にもあったけど、あれは労基署に入られて慌ててやっただけだから、ほとぼりが冷めたら消えたよ。そのあとも、早く帰り続けていたら怒られた部署もあったらしいからな」とか、「うちの昭和魂の経営陣が働き方改革なんて本気で言う訳ないだろう。20時に帰れなんていうのは、本当はいよいよ残業代を削減しないと利益がまずいっていうことだよ」といった穿《うが》った憶測がまことしやかに展開されます。

それを聞いた若手社員は、「外向けにはいいことばかり言って、うちの会社は不誠実だ」と**組織に対する不信感でモチベーションを下げてしまいます。**

人事部がどんなに躍起になって、働き方改革の意義を社内を飛び回って伝えても、こうした憶測の広まる速度にはかなわず、火消しにばかりに労力を取られます。改革に着手する時は、トップと中間管理職が部下から突き上げられた時に、「俺は本気だ。会社が経営戦略として取り組みむ意義は……」と自社の理念とからめて、自らの言葉で話せることが重要です。だからこそ、なるべく早い段階に**社長以下全役員で経営戦略としての働き方改革の意義について勉強**

会を実施することが大事です。そしてその後、全管理職を対象に経営陣と同じ内容の研修を実施していきます。

２０１７年だけでも日立製作所株式会社、東京ガス株式会社、日本電気株式会社、関西電力株式会社、東日本旅客鉄道株式会社、株式会社大和総研、アクサ生命保険株式会社、セイノーホールディングス株式会社、ミサワホーム株式会社、ＪＳＲ株式会社などで、役員が揃った場で講演会の講師を務めました。そこでは、本書でも詳しく解説している人口ボーナス期・人口オーナス期などについて丁寧に説明した後に、他社事例と具体的な取り組み方を解説するのですが、アンケートには驚くほど率直に「まず自分の考えと行動を転換させていきたい」という宣言が書かれます。アンケートを読んだ人事部が一番驚くようです。経営陣が納得していると確信できると、人事部もぐんと動きやすくなるものです。

１と３の研修は、中小企業ではまとめて実施することもあります。大切なのは「改革の意義・重要性を自分の言葉で話せない管理職」をゼロにすること。１と３では、聞きっぱなしで終わらないようディスカッションもできるだけセットで実施します（経験上、介護を題材にするなどして、「我が身ごと意識」を高めるディスカッションが有効です）。

１の場を上手に活用した企業では、**研修後に間髪入れずにトップのメッセージ動画を作成**していました。働き方改革に向けた熱意あるメッセージを語っていただき、それを３の全管理職研修の冒頭5分で流すと、研修に参加する管理職の参加態度が変わります。

3は、人事部や組織内の推進キーパーソンが主導し、部長や課長クラスも含む、全管理職に必ず参加してもらいます。前出のえがお社では、遅刻や途中退出があったメンバーには再度の出席を義務づけ、会社の本気度を強く印象づけていました。

3で特に強調しているのは、改革の「推進者・盛り上げ役」になってほしいということ。**取り組みに疑問や不満があっても、部下やメンバーの前では口にせず、**コンサルタントや人事部に直接話してもらいます。**上司が取り組みに否定的、懐疑的だと感じた瞬間に、部下の改革に向けた意欲は一気に下がってしまう**からです。本章で後ほど事例としてご紹介する三菱地所プロパティマネジメント株式会社では、この点を社長自ら管理職に徹底して伝えたことで、一丸となって取り組む風土を醸成していました。

こうして土壌を耕した後、実際に取り組みに入る際には、どうやってトライアルチームを選んだらよいのか？　というご質問もよくいただきます。私たちは、

A：恒常的に長時間労働のチーム

B：働き方改革のトライアルをぜひやってみたいという意欲の高いチーム

C：組織内で横展開しやすい業務を行うチーム

の3パターンからバランスを考えて選定していただいています。

Ａのチームが成功すれば、「あの部署でもできるのなら」と成果が出た際に他部署へのインパクトが大きくなりますが、Ａばかりではチーム同士で「いや〜難しいよね」と傷の舐め合いになって刺激になりません。Ｂのようなチームが少し入ることで、早期に大きな成果を上げてくれて、他チームを焦らせてくれます。Ｃのチームは、小さな成功でもその手法を組織全体に横展開しやすいので、長期的に見た業務効率化のインパクトは非常に大きくなります。

１期目のカエル会議には、人事部などの事務局メンバーにも出席してもらい、私たちのファシリテーションを見ておいてもらいます。こうして、いつのまにか人事部がコンサルティングノウハウを蓄積し、社内に「プチコンサルタント」が養成されていきます。しかも**現場のカエル会議に事務局が頻度高く出席していた企業**では、チーム内では解決しきれない課題を拾い上げ、他部署と調整の場を設定するなどのサポートをしたことで**改革のスピードは加速**していきました。

取り組み４カ月目、中間報告会への役員参加がカギ

トライアルチームの取り組み開始後、折り返し地点となる４カ月目の**中間報告会には必ず役員に参加**してもらいます。開始４カ月目頃は「変革痛」のようなものが一番溜まりやすい時期。

新しいやり方にまだ慣れきれずストレスが蓄積し、取り組みに対する意欲も低下しがちです。

中間報告会に役員が参加して、チームの取り組みを熱くねぎらったり、現場では解決できない予算確保やＩＴ機器の導入などの決断をしてくれたりした企業では、**再び熱意がぐっと高まっていました。**

最終報告会は、役員だけでなく興味のある社員は申し込めば参加できるようなオープンスタイルで実施。「うちの会社でも本当に働き方改革が実現できるんだ」と全社の熱意を高めることができます。

その熱意が冷めないうちに、２期目のトライアルチームをスタート。２期目では１期目と同じ手法を４チームに展開し、16チームはリーダーだけが集まり、自らがカエル会議の手法を学んで自走して取り組む形にします。ここで「プチコンサルタント」となっている人事部や、１期目で積極的に取り組んで成果をあげたリーダーなどが指導役として活躍するケースが多いです。この合計20チームで中間報告会・最終報告会、ともにオープンスタイルで実施。

こうやって**１期、２期の間で蓄積された成功事例や、組織への要望の声をしっかり取りまとめたうえで、３期目はさらに全社でカエル会議**を行っていきながら、人事制度の改定や社内インフラ改定、設備投資、大規模なオフィスのレイアウト変更などを伴う全社展開を実施します。

ＩＴ投資やオフィスのレイアウト変更などを改革の冒頭で華々しく発表して取り組む企業が

ありますが、その後の実態を見ると、いきなり人事部主導で実施された施策のため、「現場を分かってない人事からまた何か降ってきた」と反発されて、頓挫していることが多いようです。経営層が外面、見栄えばかりを重視してやっていると捉えた社員が不信感を持つと、社員も表面的に従うだけという行動を取るので、結果として持ち帰り仕事、隠れ残業を増やしているようです。

１期目、２期目と徐々に広げてから３期目で全社展開というやり方は、一見遠回りのように思えます。しかし、「現場からの発案で出てきたもので、かつ実際に効果も上がった施策だから皆でやろう」と展開していくほうが、「現場の声を聞いてくれた」と社員が強く感じることができ、その施策を積極的に活用しようとするので、投資が無駄になりません。３期それぞれが８カ月ですので、**スムーズに連結していけば24カ月、つまり２年間でこのトータルスケジュールを終えることができます。リバウンドをしない仕組みを作るためには、むしろ近道だと言えるでしょう。**

ここからは、経営トップの強いコミットや発信が特徴的な企業や、経営陣・管理職を巻き込んで１～６のスケジュールを非常に戦略的に進めた企業、自社独自の風土に合わせてアレンジして成果を出した事例を見ていきたいと思います。

具体事例

三菱地所プロパティマネジメント株式会社

全社平均16％残業削減しながら、中期経営計画を前倒しで実現！
削減した残業代8000万円は「全額」社員に還元

「売上日本一を実現しても社員を疲弊させては無意味」とコンサルを開始

働き方改革が進み、長時間労働体質が改善されていくと、多かれ少なかれ必ず出てくるのが**「頑張って効率化を図り、残業削減すればするほど給料が減る」**という不満です。

そんな声に対して、「削減した残業代は、全額社員に還元する」と宣言したのが三菱地所プロパティマネジメント株式会社（従業員人数1072名）です。実際に2016年、全社平均で**16％削減に成功した残業時間代約8000万円全額を、翌年の夏冬の賞与に上乗せして社員に還元**しました。

丸の内ビルディング（通称・丸ビル）や横浜ランドマークタワーなど、首都圏や全国主要都市の大型オフィスビルや商業施設の運営・管理や工事・修繕などを行う同社は、旧・三菱地所ビルマネジメント（東京・丸の内エリアを中心とした、主に三菱地所の保有する物件を担当）と、旧・三菱地所プロパティマネジメント（主に、他オーナーの物件を担当）が２０１４年に合併。業態・業務は同じような内容でも、業務の進め方は部署や担当物件によってそれぞれ違い、会社として、２社のよいところを残しながら「理想とする効率的な業務手法や働き方」を考えることが急務でした。さらに、物件受託に合わせた人事異動や中途採用等も頻繁にあるため、チームワークの強化も課題となっていました。

同社の千葉太社長が、三菱地所グループの全経営者が集まる会議で私の講演を聞き、その直後にコンサルティングの依頼をいただきました。「売上日本一のプロパティマネジメント会社を目標としているが、それが実現できたとしても、社員を疲弊させてしまったのでは意味がないし続かない。このままでは健全な発展が見込めない」と強く懸念されていました。全管理職向け研修の冒頭で、**千葉社長が「私は人口オーナス山に飛び移る決意をしました」とスピーチし、その本気度を伝えた**のが非常に印象的でした。

トライアルチームは、日本のビジネス街の中枢、大手町や丸の内の物件を担当するユニットを含めた４チームを選出し、取り組みをスタートさせました。各チームで何度もカエル会議を繰り返し、残業は事前申請制を徹底して退社時刻にはアラームを鳴らしたり、「定時退社強化週間の設定」を行ったりしたチームや、執務環境を改善するため、部内ＢＧＭをかけたり、打ち合わせ机に砂時計を設置して残り時間を意識して議論したりしたチームなど、トライ＆エラーを繰り返しながら、着実に改善を進めていきました。

全員が月1回以上の有休を取得できるように**メンバーの休暇予定を掲示したチームでは、**休みを「取っていい」ではなく**「取るのが当たり前」の雰囲気が生まれました。**

全社導入を計画していた**フレックスタイム制度**を試験的に導入したチームでは、始業時刻にいったん出社するもののすぐに外出時間になり非効率なことが多かった営業職が、客先に直行できるようになり、残業時間は大きく削減。あるケースでは**1日に3時間15分の時間削減に成功**し、プライベートにも余裕が生まれました（図表4－2参照）。

成功したチームの表面的な手法だけを真似して、取り組みが行き詰まりかけたこともありました。「朝メール・夜メールの補足として、夕礼を導入したら、仕事の見える化が進み、チームワークがよくなった」というチームの事例がありました。これは、**「各人の仕事が共有されることで、助け合って効率よく働けるようになる」**ところがポイントなのですが、「夕礼をすると、すぐ残業が減るらしい」と本質を押さえずに取り入れたチームは、取り組みが形骸化しました。責任感が強く、残業削減に熱心なリーダーほど焦り過ぎてしまい、「あの事例を取り入れよう」と指示してしまうことがありますが、**メンバーが自ら考えて実行しなければ、かえって残業を増やしてしまうので要注意です。**

あるチームからは、「効率的に頑張れば頑張るほど、残業代が減り給料が下がる」という不

図表4-2　直行・直帰とフレックスを併用することで無駄な時間を削減（営業職の場合）

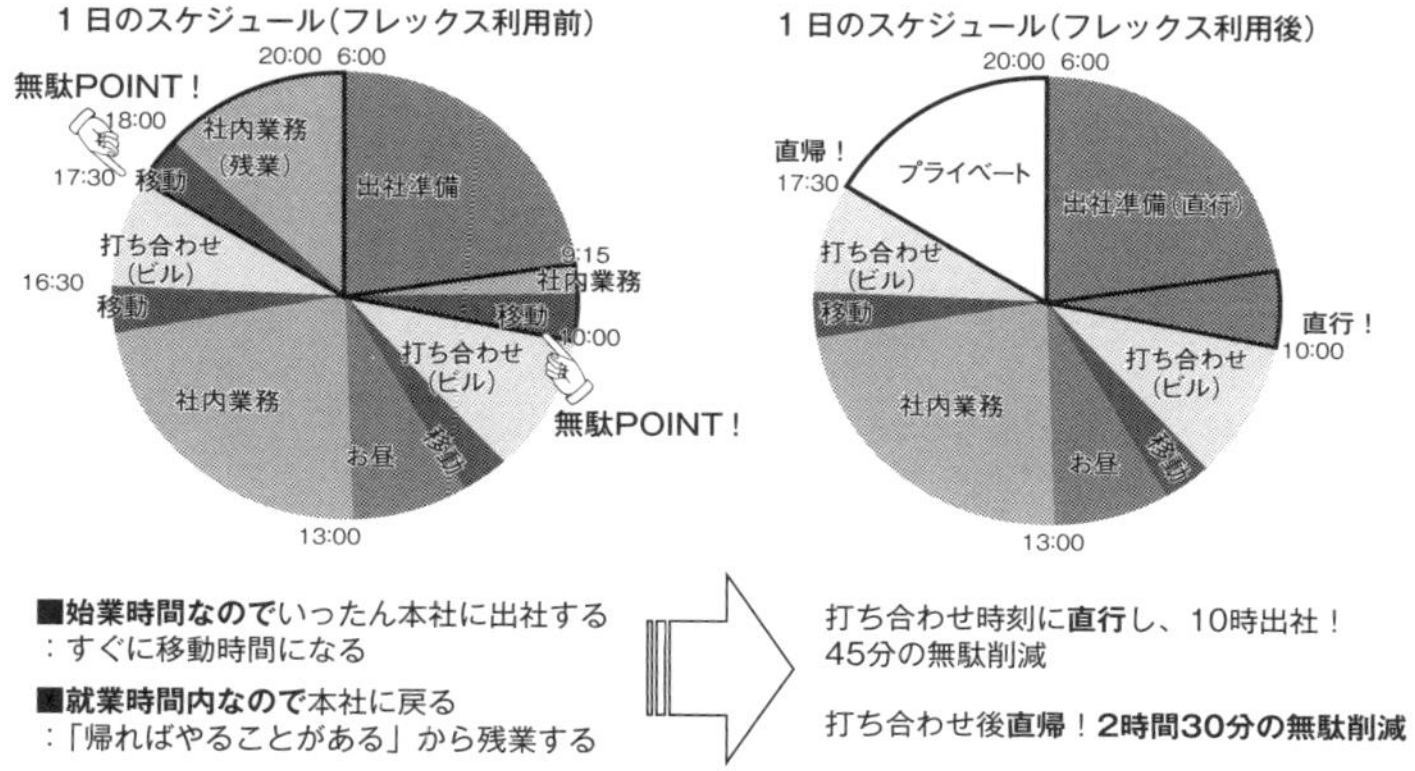

満も出てきました。今回の取り組みは、千葉社長が**全社員に発信した全社プロジェクト**であったはずです。しかし、集中的に働き方改革に取り組んでいたトライアルチーム４チームと、それ以外の部署では温度差がありました。その結果、工夫せず**効率悪く残業する部署のほうが給料が高い**という理不尽な状態になり、働き方改革へのモチベーションが保てなくなった社員もいました。

そんな頃、FFTが開催されました。これは千葉太社長と自由に意見交換できる少人数ランチ会のことで、「太《ふとし》とフリートーク」の頭文字だそうです。**その会で社長が自ら社員の不安や不満に耳を傾けたり、働き方改革に対する思いを伝えたりして、**地道な活動を行っていきました。

もともと千葉社長には「削減した残業代は社員に還元する」という意向はあったものの、それが社員にはうまく伝わっていませんでした。経営トップの言葉は、得てして階層を経ていくごとに少しずつ変化していくものです。「こういう方法を試してみたら」と社長がアドバイスのつもりで発した言葉が、下に行くにつれ「社長がこうしろと言っている」と誤変換され、現場に正確に伝わらない。**「社長は現場のことも分からず、むやみに仕事を増やす存在」**だと思っている社員も少なくないはずです。ですからトップが「残業を削減しろ」とメッセージを発信すると、「仕事はどんどん増やすのに、残業を減らせ（＝給料は減らす）だなんて」と社員は不満を募らせます。

同社では、ＦＦＴで千葉社長と社員がざっくばらんに話すことで、社員と会社の未来のために働き方改革に取り組むのだという社長の熱意が社員に率直に伝わり、改革を勢いづけることができました。社長のほうも、やはり金銭面でのインセンティブがないと取り組みは行き詰まるのではと実感するきっかけとなり、削減した残業代を「全額」還元する施策に踏み切ることができたのです。多くの企業のコンサルティングをしてきて実感するのは、**事務局の重要な役割は、トップと現場がざっくばらんに意見交換する場の設定と、トップと現場の信頼関係の構築です。**

その後、トライアルチームの成果がぐっと加速していき、それを見た他の部署からも「もっと本格的に取り組みたい。ノウハウを教えてほしい」という声も増えてきました。

表彰制度を創設、最高６万円の報奨金を支給

同社は**中期経営計画に掲げた業績目標を前倒しで達成**しながら、**残業時間は全社平均で前年度から16％削減**に成功しました。また、**月間残業時間が前年比63％減を達成**したチームもありました（図表４－３参照）。

さらに、より熱心に取り組んだ部署に厚く配分するために**「ワークスタイルチャレンジ」表彰制度を創設し、「月平均残業時間が20時間以内、有休取得率が80％以上」かつ「年間平均残業60時間超えや有休取得60％以下のメンバーがいない」**部門には、**メンバーに１人当たり最高６万円の報奨金を支給することを決定**しました。個人でなく、部門一丸となって取り組むことへの表彰・インセンティブを設計した点がとても秀逸です。

また、女性社員の採用も強化し、新入社員の５割は女性を採用する方針を掲げ、登用も進めています。加えて、出産育

図表4-3　所定外労働時間の推移

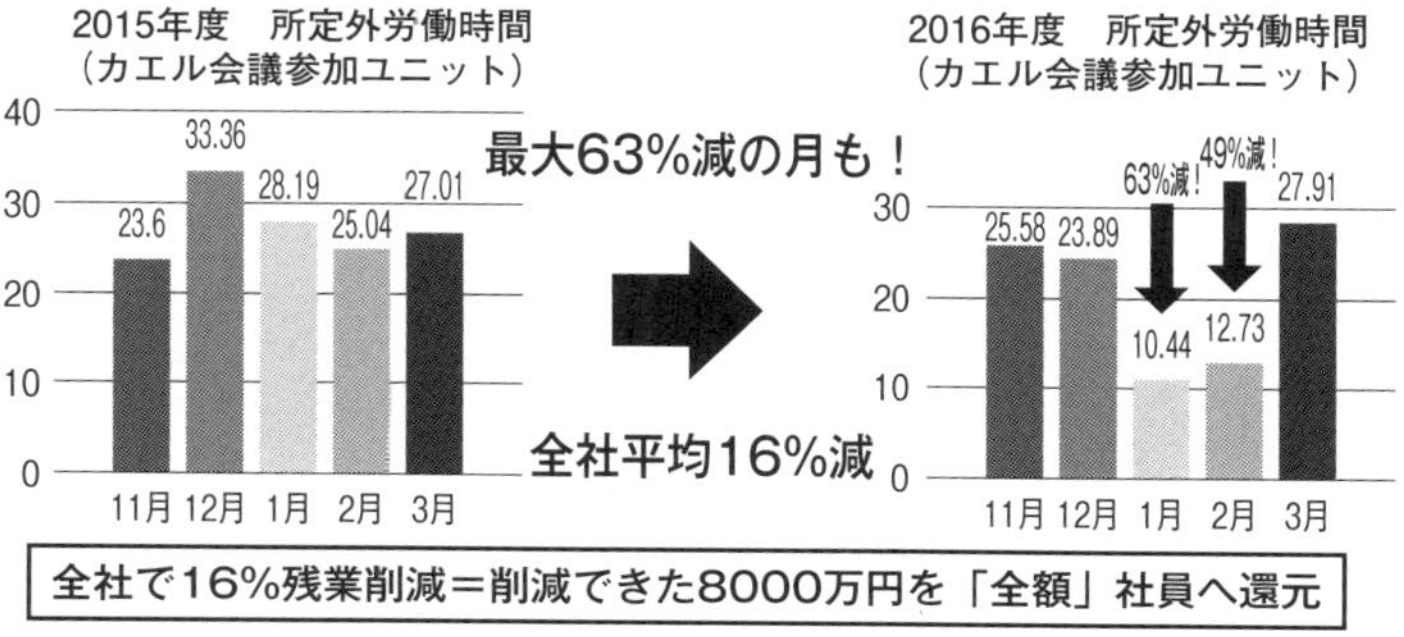

児・介護等を抱えていても離職しなくて済む、多様な働き方ができる人事制度の検証や社風変革等を推進中です。

「働き方改革とは、時代を先取りする先進的なものだと考えていたが、そうではなかった。**生き残るための必須の取り組み**であり、この流れに乗れなければ、われわれは取り残されてしまう」と、同社では引き続き改革を進めています。

働き方改革のきっかけとなった講演会には、三菱地所グループの経営陣が多数出席されていたので、**同社の取り組みはグループ企業からも大きく注目**されています。成功事例も失敗事例も含め、そのノウハウが広がり、グループ内に働き方改革が広がることも期待できるでしょう。

三菱地所プロパティマネジメント株式会社の成功ポイント3

・社長の強い熱意と継続的な発信
・営業職もフレックスタイム等の活用で大きな変化
・社長と社員の率直な語り合いから「生産性を上げれば報われる」報酬制度へ

コラム

三菱地所プロパティマネジメント株式会社
代表取締役　社長執行役員　千葉太氏

働き方改革を約2年前にスタートしてから、人事制度の見直しや、インフラ・オフィス環境の整備、啓発研修の実施など、よいと考えたことは何でもやってきました。その結果、最初は戸惑っていた社員も、徐々に意識が変わってきて、着実に成果を上げ始めています。

その成果の中でも特にうれしく感じているのは、「前例にとらわれない発想・想像力」が生まれてきたことです。数年前は業務に追われ、その余裕さえなかったのですが、オフィスビルの付加価値を高める施策として、託児スペース付きオフィス「コトフィス」を企画するなど、新たな発想から生まれたサービスを事業化できるまでになりました。

現在も現場レベルでの業務効率化や啓発活動をはじめ、全社的にさまざまな施策に取り組んでおりますが、スタート時から働き方改革を進めるうえで大きなハードルになると考えていたのが、現実的に生活費の一部となっている残業代が減ることで、社員の生活に影響が出てしまうことでした。そこで、削減できた残業代は社員に全額還元することとし、社員のモチベーションを下げないための施策にも合わせて取り組んでいます。

このように徐々に形になってきましたが、ここまでやってこられたのは、役員や部長等の幹部たちが本気になって取り組んでくれたおかげです。彼らには「働き方改革に関する不満や疑問は、すべて私にぶつけてもらい、そこで解決する。社員の前では絶対にそんな素振りは見せてほしくない。幹部層が一丸となって取り組んでいる姿勢を社員に見せていきたい」と繰り返しお願いしてきました。当社の働き方改革は、まだまだ道半ばです。これからもさまざまな問題が出てくると思いますが、チャレンジ精神で乗り越えていきたいと考えています。

具体事例

株式会社かんぽ生命保険

足元の業務改革から人事評価の見直し、自己研さんサポート策やＡＩ活用を実施
人材育成を重視し、３年連続残業削減を達成

長時間労働をよしとする文化の変革に着手

前身となる簡易生命保険制度の誕生から１００年の歴史があり、従業員人数約７４００名、保険料等収入約５兆円、総資産は約80兆円。２００７年に日本郵政公社の民営・分社化により誕生した日本郵政グループの生命保険会社が、株式会社かんぽ生命保険です。

たった10年前までは霞が関の官僚だったので、**長時間労働をよしとする文化が残っており、休日にも多くの社員が出社している部署も**ありました。一部の社員に業務が集中し、月間の残業時間は過労死ラインの80時間を超える社員も存在していました。メンタル疾患の増加だけでなく、今後介護を担う可能性がある社員が３割以上見込まれるなど、まさに働き方改革が必要な状況でした。

２０１２年に着任された石井雅実社長（当時）は、「本来５日でやるべき仕事を６日、７日

かけてやるような状況。このままでは絶対にいけない」と、組織マネジメントの抜本改革に着手。**「社員一人ひとりの生産性向上」「管理者の意識改革」「チームワーク向上」「残業削減」**などのさまざまな課題が立ちはだかる中、石井社長の**「すべての責任は私が取る」**という強いメッセージのもと、改革がスタートしました。女性社員の比率も高まっていて、結婚・育児による一時的な労働力不足や、女性活躍推進法への対応としても、働き方改革は非常にタイムリーな取り組みだったのです。

2015年のコンサルティング開始時は、一気に、かつ丁寧に、役員・管理者層から順番に**全社員に対して意識改革の研修を実施しました。**初回の研修は全役員も出席し、私が講師を担当しました。後半には必ずディスカッションを入れ、管理職自身が自分の親の介護の可能性などを書き出してみて、お互いの情報を共有して議論してもらいました。また、**研修の最後には各自に「取り組み宣言シート」を記入してもらい、管理職が自らの行動をどう変えていくのか宣言するシートを、自席近くに貼り出してもらいました。**

その後、**社員全員にも同様の研修を実施。**丁寧な〝ローラー作戦〟を3カ月間で一気に行い、組織全体の意識変革からスタートさせました。

社内コンサルタントを養成し、改革をスピードアップ

同社の特徴は、当社が主催するワーク・ライフバランスコンサルタント養成講座を、これまで40名以上の社員が受講されていることです。他の企業でも、事務局の方が2、3名受講されることはありますが、同社はなんとトライアルチームのリーダーも受講し、自費で参加する社員まで。講座の定員30名のうち7、8名が同社から参加されることもありました。これほど多数の社員が受講してくださった企業は初めてです。

「外部のコンサルタントに任せてやってもらう」のではなく、ノウハウをしっかり学び、**簡単な改革は内製化し、スピードアップできるための人材育成に注力される姿勢の表れ**でした。その成果もあってか、同社では**トライアルチームの成功事例を、全社へ横展開させるスピードが圧倒的に速かった**のです。通常、改革のスピードは組織が大きいほど遅い傾向がありますが、それを感じさせないほどでした。

現在3年目を迎えた同社の取り組みにおいて注目すべき点はたくさんありますが、中でもすばらしかったのはトライアルチームにおける**現場内部の改革**を進めていくのと同時に、**「人事評価の見直し」「AIを用いたシステム投資」「勤務間インターバル制度の試行」**など、**大胆な制度改編にも次々と着手**されたことです。

業務の属人化度を数値化

かんぽ生命の本社では、**「毎日原則19時半までの退社」**を取り組み初年度から始めました。かつ水曜日はノー残業デーです。19時半までに帰れない場合、なんと部長承認が必要です。さらに承認申請時に残業する理由を入力する必要があり、それが全社にイントラネットで公開される仕組みなので、安易な理由で残業を命じづらくなり、真に必要な場合に限られるようになりました。

こうした強制的な時間削減と同時に、**各部署で業務の棚卸しと削減を進行**。特にトライアルチーム6チームでは、朝メール・夜メールに着手しました。

昼の時点で朝メールの進捗を確認するチームも出てくるなど、**独自に運用を発展させ**、徐々に時間単位の業務量の把握や優先順位づけの共有、無駄な業務の排除が進みました。

民営化以降、特定のベテラン社員に依存した業務運行をしてきたことで、各部において業務の属人化が発生していました。**朝メール・夜メールを通して、お互いの業務を可視化**したことで、業務繁忙が一部のハイパフォーマーメンバーに偏り、メンバー間のスキルにばらつきがあることが顕著に表れました。そこで、保険金部請求案内企画担当チーム（当時）では、独自に**「属人化度」**（単独で案件を処理している割合）を算出しスコア化する試みを行いました（図表

図表4-4　取り組みの結果、属人化度は大きく低下
（保険金部請求案内企画担当チーム）

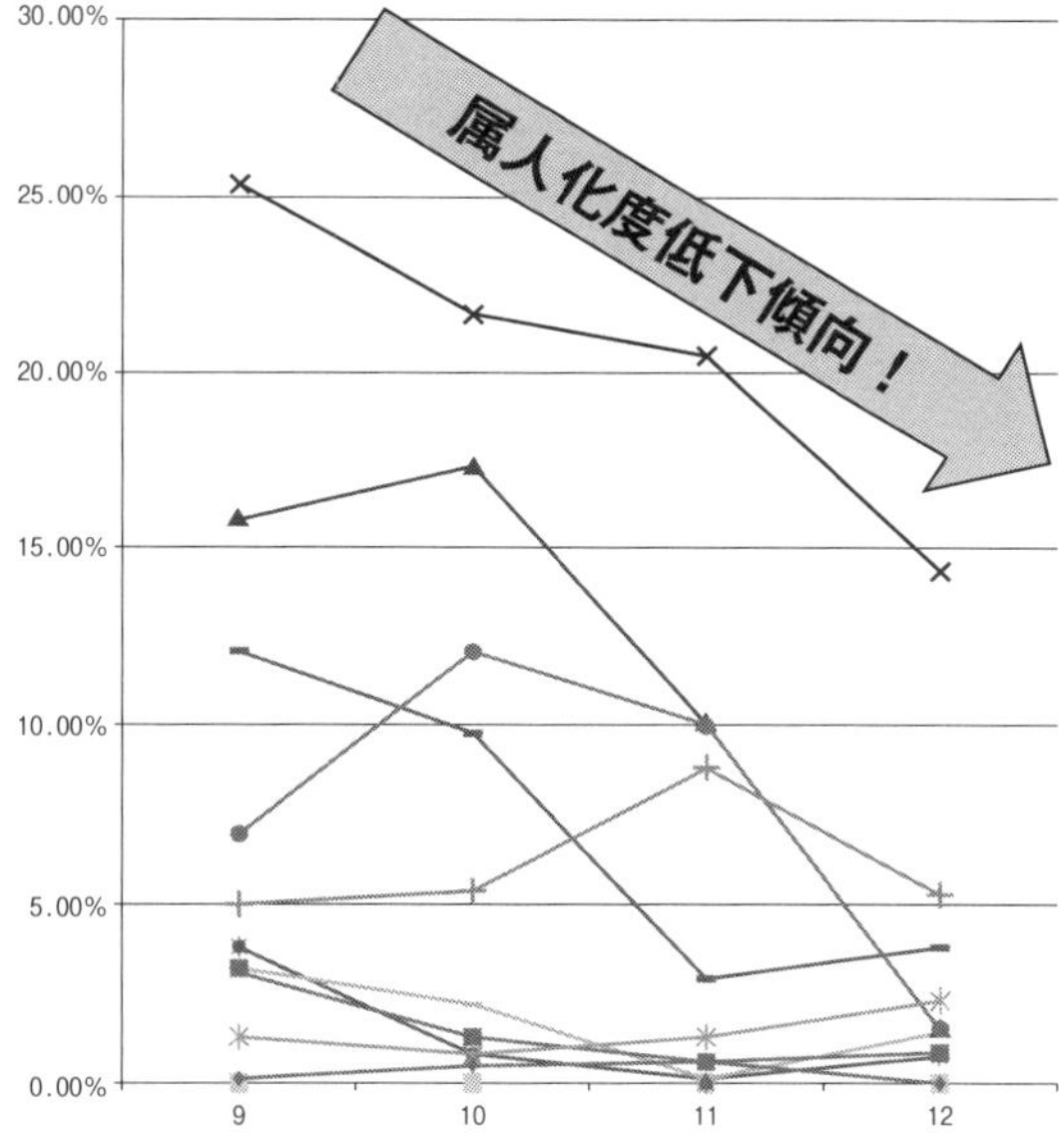

4－4参照）。すると、有能で仕事が速いKさん（30代前半・女性）のスコアが一番高くなっていました。本人は「後輩はスキルが浅いため、任せられない。仕事は自分で片づけなければ」と**仕事を抱え込み、彼女を頼りにする上司からどんどん仕事を振られ、残業は増える一方**。自分がここで踏ん張って大量の仕事を片づけなくては、と業務時間中は深くマスクをして「話かけないで」オーラを全開にし、無表情に仕事に取り組んでいました。

　しかし、カエル会議でコンサルタントの経験談を聞く中で、よかれと思ってやっている自分の属人化した

仕事ぶりにより、チーム連携を取らない悪影響、後輩の指導育成ができていない自身を改めて思い知らされ、Kさんは大きな衝撃を受けたそうです。

その後、Kさんの考え方は大きく変化し、積極的にチームで仕事を分担するようになったのです。今では**「後輩育成が最大のモチベーションになりました。この取り組みで仕事に対する価値観と人生観が変わった！」**と輝く笑顔で発言し、担当コンサルタントも感激しています。

Kさんはその後、**「全社的な働き方改革をもっと推進する立場になりたい」**と、働き方改革を推進する「ダイバーシティ推進室」へ自ら手を挙げて、現在兼務しています。

AIなど最新技術の導入で業務を効率化

働き方改革で一気に効率化アップを実現するのが、システム投資です。中でもAIなどの最新技術の導入は、うまく活用できれば**定量的な効率化が期待できる**として、注目されています。

かんぽ生命では、まだAIに対する注目度が低かった2014年に〝学習するほど賢くなる〟というIBM社のコグニティブ・コンピューティング「Watson」に注目しました。

保険会社の事業で最も重要な業務、かつ複雑な知識を要するのが、保険金の支払業務です。支払業務には、契約者が加入する保険の約款、病気や障がいに関する医学知識から、各種法律

図表4-5　AIの活用（IBM社Watsonによる業務支援）

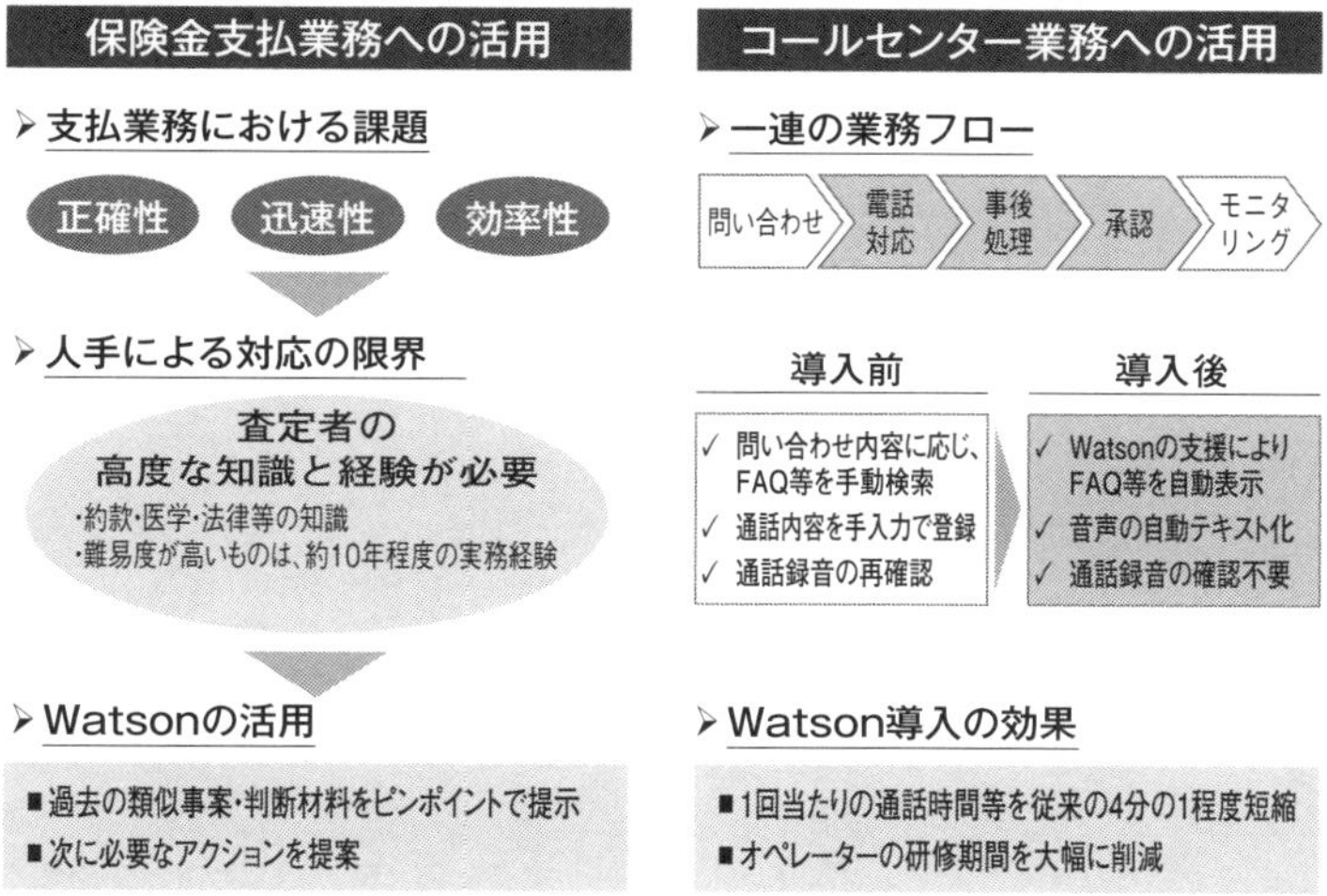
保険金支払業務への活用
支払業務における課題
正確性
迅速性
効率性
人手による対応の限界
査定者の
高度な知識と経験が必要
・約款・医学・法律等の知識
・難易度が高いものは、約10年程度の実務経験
Watsonの活用
■過去の類似事案・判断材料をピンポイントで提示
■次に必要なアクションを提案
コールセンター業務への活用
一連の業務フロー
問い合わせ
電話対応
事後処理
承認
モニタリング
導入前
✓ 問い合わせ内容に応じ、FAQ等を手動検索
✓ 通話内容を手入力で登録
✓ 通話録音の再確認
導入後
✓ Watsonの支援によりFAQ等を自動表示
✓ 音声の自動テキスト化
✓ 通話録音の確認不要
Watson導入の効果
■1回当たりの通話時間等を従来の4分の1程度短縮
■オペレーターの研修期間を大幅に削減

の知識が必要です。万が一にも支払い漏れがないよう正確性を重視する必要があり、**難易度が高い査定を判断するには、10年程度の実務経験が必要**でした。ベテラン社員の確保や育成が課題になると考えた同社では、ＡＩにより保険金支払業務の効率性、正確性、迅速性をアップすべく、ＩＢＭ社と共同で研究を開始。１年半をかけ約５００万件の過去の支払い事例をWatsonに〝学習〟させ、人による検証を繰り返してきました。

ついに２０１７年３月には、保険金支払業務で活用開始。請求があった案件情報を入力すると、類似する過去の案件がピンポイントで提示され、次に必要なアクション（確認事項等）も提示されます。これまで10年程度の経験のあるベテラン社員しか対応できなかった事案でも、Watsonの支援により比較的経験の浅い社員でも対応できるように。翌4月には、コールセンター業務でも活用をスタート。**お客様との会話を自動テキスト化**するとともに、**該当するFAQなどをリアルタイムで表示**。複雑な案件でも、先輩社員に聞きに行くためにお客様を待たせる「保留時間」等が削減され、**1回の通話時間等を4分の1程度短縮**するなど、業務の効率化が見込まれています（図表4-5参照）。

最終的な支払いや回答は人が判断しますが、途中業務に割いていた時間と人手をAIが代替。AIの導入は、**ベテラン社員の負担を削減する**と同時に、**スキルの浅い社員たちの人材育成の迅速化、即戦力化に貢献**が期待されています。

IT人材の採用・育成、システム刷新でコストを削減

もう一つ、同社が民営化後に注力したのが「IT人材の採用・育成」です。外部企業への「システム開発発注」の仕組みを大きく変革させました。実は、霞が関の官公庁と取引のある企業は、総じて長時間労働に陥りがちです。その原因の一つが、要件定義も含めて取引先にシステム開発工程の多くを依存する「ITシステムの外部発注方法」でした。

かんぽ生命にも、システム発注時に要件定義を策定し、仕様書を作成する人材はいましたが、

部分的に一部の有識者に依存する体制となっており、**時に曖昧で取引先に依存するシステム開発**になってしまうこともありました。しかし、基幹系システムの更改をきっかけに、かんぽ生命、システム子会社のかんぽシステムソリューションズ、取引先の各社が、それぞれの役割を明確にして業務を遂行するとともに、共通する課題は双方パートナーとして、一体となって取り組む態勢とすることで、**取引先を含めた働き方の問題は大きく改善されました。**

また、稼働中の基幹系システムには事務プロセスと連動した仕様書が存在しなかったため、暗黙知となっている部分が多く、要件定義に非常に時間がかかり、成果物の精度が不十分な状態でした。このままでは社内の生産性も上がらない、人材育成も進まない、取引先も含めた働き方改革はできないということで、基幹系システムの更改のタイミングで、開発態勢改革（事務・システムドキュメントの整備及び開発プロセスの確立）に取り組むことになりました。社内でＩＴ人材の育成に着手し、教師役となる外部経験者の中途採用も進め、自社内で要件定義、仕様書作成についても勉強を重ねて内製化を推進できるようになりました。

基幹系システムの更改では、すっきりとしたシステムに生まれ変わったことに加え、こうした**開発態勢改革を進めることで、システムの品質の向上や確実なリリースができるようにな**ったただけでなく、**開発・運用（運営コスト）も、これまでの４分の１程度が削減**されました。国営企業から民営化された企業の中で、ＡＩ投資も含め、ここまで大胆なシステム投資・システムの抜本改革を敢行されている企業はなかなかなく、組織の根本課題に着手していることが印象的です。

管理職の評価制度を見直し、生産性・人材育成を重視

大きな課題となっていたマネジメント層の「人材育成スキルのノウハウ不足」に対しては、本社管理者の**評価制度の見直し**を行いました。

これまでの同社では、プレイヤーとして優秀な人材が役職に就く傾向にあり、特に本社の管理職メンバーに「人材を教育する」「部下の時間管理を行う」といった意識がそもそも希薄でした。そこで、**「管理職の最も重要な仕事は、部下の育成である」**とメッセージを発信し、マネジメントや人材育成に関する評価ウェイトを高めるとともに、評価項目に**超勤時間の削減、年休取得の促進、朝メール・夜メールの活用等を追加**しました。

また、多面観察診断（360度評価）項目を、社員管理、社員育成を重視した内容に見直すとともに、ワーク・ライフバランスの推進に関する項目を追加しました。さらに生産性を重視した評価体系への抜本見直しを進めています。これまで評価されてきた**「長時間労働に耐えられる体力、仕事一筋、上司の指示に忠実」**といった社員モデルから、今後は**「短時間で成果を**

出せるスキル、ライフの活用によるワークへのシナジー、高い目標への積極的チャレンジ」といった社員モデルが評価されるように。リーダーには当然、自らもモデル人材の働き方を実践することが求められています。

プレイヤーとしては優秀でも、人材育成を苦手とする社員には、無理に部下を持たせず専門職として活躍してもらうよう制度を改めました。

勤務間インターバル制度（11時間）の試行など次々と改革を推進

数々の取り組みの結果、同社では「**3年連続・全社平均残業時間の削減**」「**月間80時間以上の超過勤務者の激減**」などを実現されています（図表４－６参照）。現在では、さらに一歩進めて**月間60時間以上の超過勤務者を5％以内**にするという厳しい目標をＫＰＩに設定しています。

非常に難しいことに着手していると感じるのが**36協定の特別条項の上限を年々削減**している点です。労基法改正に間に合わせて日本企業の大多数が36協定の上限時間を一気に引き下げざるを得ない中、同社は**時間をかけて段階を踏んで実態のある形で変革**しています。また、もう１つ、法改正を先取りしていると感じるのが、２０１７年10月から本社社員に**勤務間インターバル制度（インターバル11時間）を試行**している点です。インターバル規制を現時点で導入し

図表4-6　3年連続・全社平均残業時間の削減

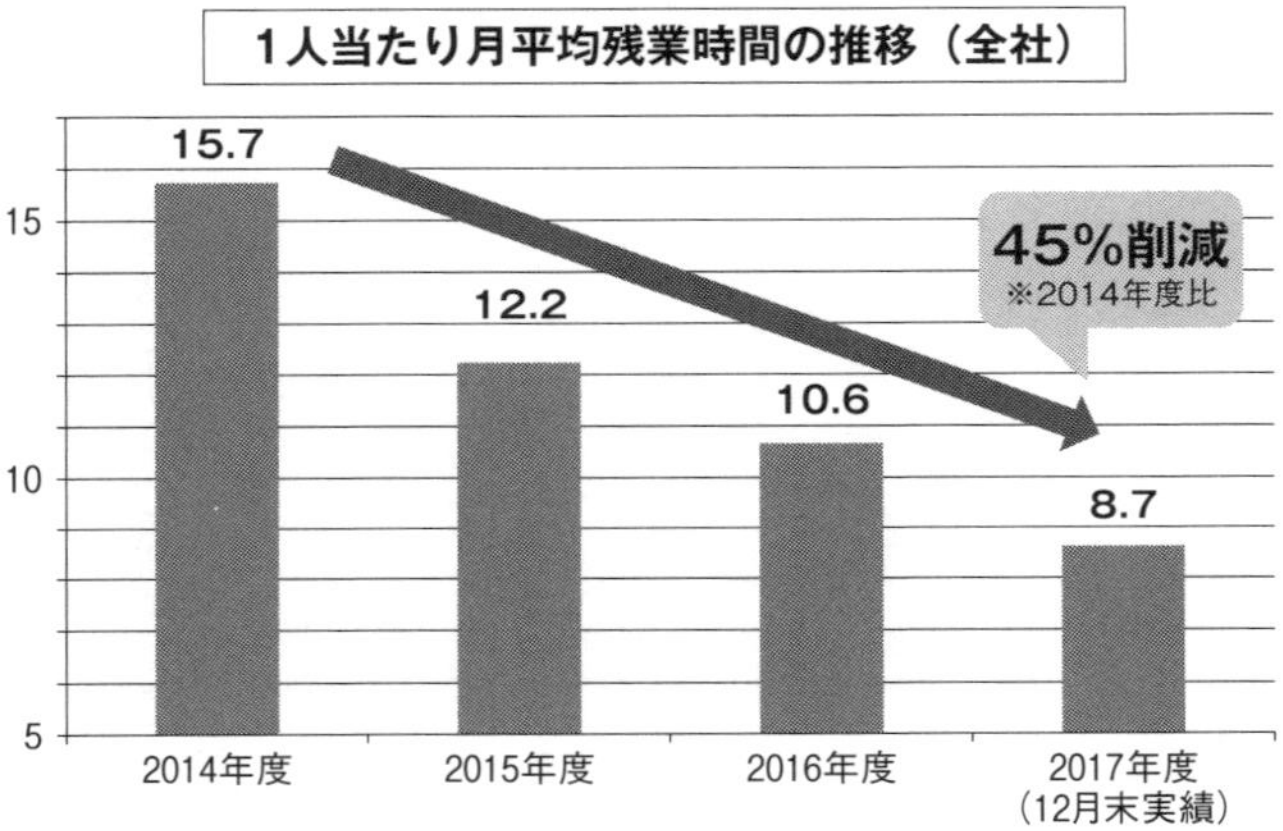

ている企業は、図表4－7のようにまだまだ少数です。しかし、労基法改正でインターバル規制が努力義務になる見込みです。さらにその5年後の法改正では、義務化になるでしょう。こうした法対応への先取りは、人材奪い合い時代に非常に大きな強みになると思います。

さらに、同社では**削減できた残業時間分の手当を活用し、社員に対してe－ラーニングの有料コースを期間限定で無料提供**しました。社員の自己研さんへのサポートに投資することで、「ライフとワークのシナジー」を高めていったのです。

取り組み前は、仕事に対する責任ややりがいは感じながらも、組織に不満を抱えていた社員は少なくありませんでした。その「組織への不満」が働き方改革の中で解消されれば、Kさんのように**「人生観が変わった」と思えるほどのやりがいと満足感を仕**

図表4-7　勤務間インターバル制度の導入事例（2018年2月1日時点）

KDDI株式会社（通信業　従業員数35,032人〈2018年1月現在〉　東京都）
（日経情報ストラテジー　2016/4/6）
安全衛生管理規程で**11時間のインターバルを制定**。月に11時間未満が月11回以上になると産業医との面談。就業規則で**8時間のインターバルを設け強い拘束力を持たせた**。

ユニ・チャーム株式会社（卸売業、小売業　グループ合計15,843名〈2016年12月現在〉本店：愛知県本店　本社事務所：東京都港区）
（時事通信社　2017/01/31）
2016年１月から、インターバル制度を導入。**８時間以上空け**、働き過ぎを防ぐ。

ヤマト運輸株式会社（宅配業　従業員数161,081名　東京都中央区）
（日本経済新聞　2017/9/21）
2017年９月から、**10時間以上空ける「勤務間インターバル制度」を導入**。

株式会社常陽銀行（銀行業　従業員数3,437名　茨城県水戸市）
（日本経済新聞　2017/12/1）
2017年12月１日から、全従業員向けに**勤務終了から翌日の始業まで連続11時間以上の休息を与える勤務間インターバルを導入**する。

ＡＧＳ株式会社（情報処理業　従業員数936名　さいたま市）
（日本経済新聞　2017/12/19）
2021年度末までの目標として、①有休取得率を16年度の83％から100％に引き上げ、②**勤務間インターバル制度の完全実施**、③残業ゼロ――などを掲げる。これに先立ち、2017年度末までに在宅勤務制度の利用者を200人以上にするほか、2018年度にはフレックス勤務制度のコアタイムを廃止する方針。

株式会社北洋銀行（銀行業　従業員数3,129名　札幌市中央区）
（日本経済新聞　2017/12/26）
過度の長時間労働を防ぐため、全職員を対象に**「勤務間インターバル制度」を2018年２月から導入**すると発表した。前日の終業時刻から翌日の始業時刻の勤務の間、**原則として11時間の休息時間を確保**する。仕事と家庭生活を両立しやすくし優秀な人材の離職を防ぐ。

株式会社岩田屋三越（百貨店業　従業員数1,429名〈2017年4月現在〉福岡市）
（日本経済新聞　2018/1/30）
時間外労働を防ぐため、一定の時間になると**社内のパソコンが自動的にシャットダウンするシステムを導入**。終業時間から翌日の始業時間までのインターバルも、**10時間から11時間**に延ばした。

図表4-8　働き方に関するアセスメント結果

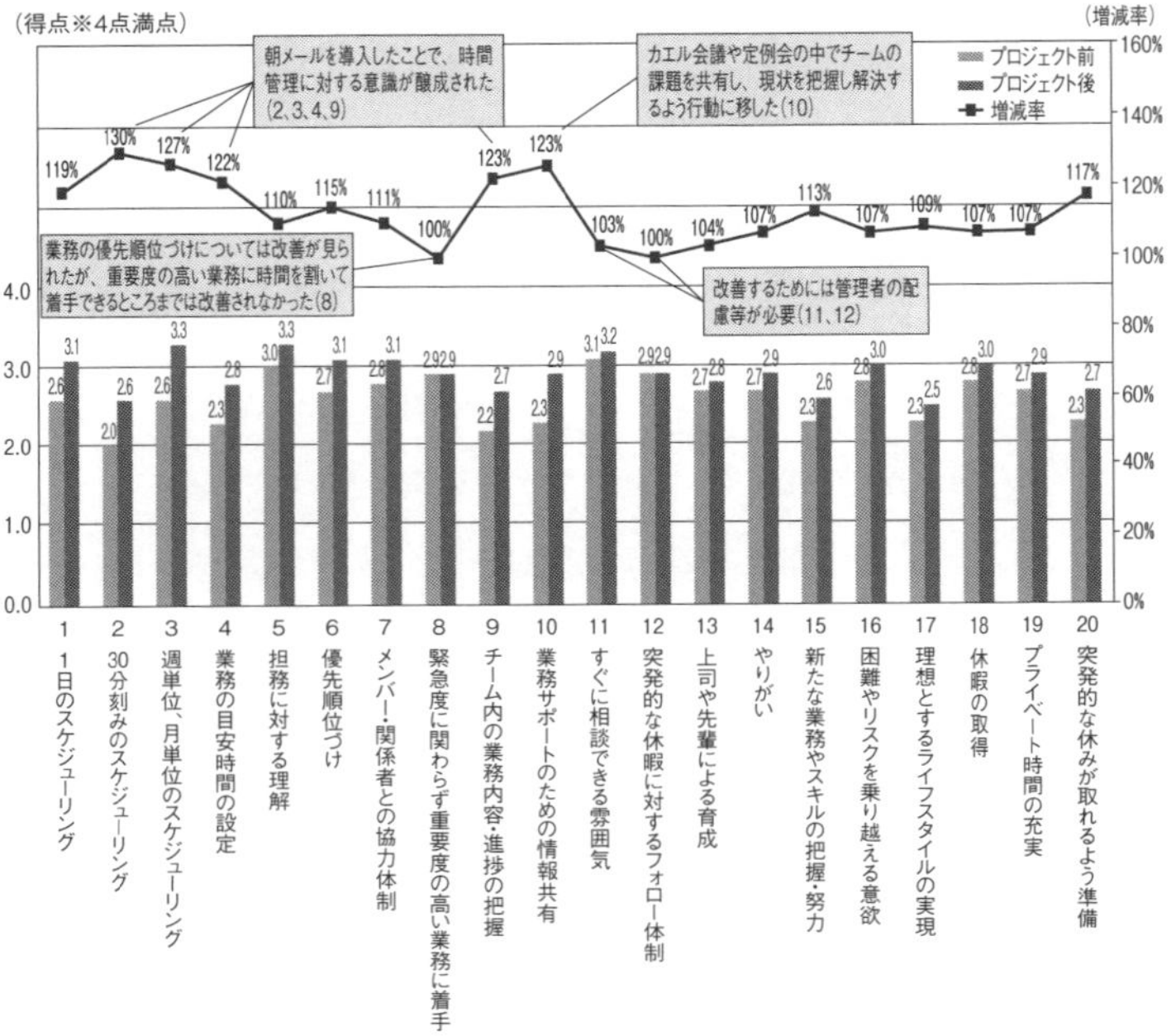

最終報告会の様子

事から得ることができます。こうした変革を遂げていくことにより、トライアルチームにおいて**働き方に関する満足度の改善がデータとして出ています**（図表４－８参照）。

コンサルティングに入る前は、お聞きした課題は山積みだった同社ですが、この3年間で残業を減らし、従業員満足度を向上させています。今後も「継続が大事」としている同社の変革には、私たちも注目しています。

また、２０１８年秋に本社組織のオフィスを現在の霞が関から大手町へと移転する予定で、その移転と併せて、無線ＬＡＮ、ＷＥＢ会議システム、電子稟議システム、スマートフォン、プロジェクターの導入、キャビネットの削減及びミーティング・リフレッシュエリアの設置等の環境整備を行う予定だそうです。こうしたワークシーンに変化を生じさせることで、業務の効率化やペーパーレスを推進し、働き方をさらに見直そうとしています。

株式会社かんぽ生命保険の成功ポイント３

- 徹底した管理職研修による意識改革と評価軸の見直し
- 早期からワーク・ライフバランスコンサルタントのノウハウを内製化し、改革をスピードアップ
- 削減した残業手当を社員の自己研さん支援施策へ活用

具体事例

日本通運株式会社 海運事業部門

物流業界でも挑戦！
「女性活躍」を超えた、正しい「働き方改革」への一歩

「女性活躍推進診断」をきっかけに改革スタート

２０１７年に創立80周年を迎えた日本通運株式会社。社員数は単体で約3万２０００人、売上高は約1兆１０００億円、国内のみならずグローバルな物流ネットワークを持つ世界最大級の総合物流企業です。陸・海・空をはじめとしたあらゆる輸送モードに対応する事業を展開している日本通運の中で、国内外の海上輸送や海外引越事業を行い、２７００人の社員を抱える海運事業部門の事例をご紹介します。

日本通運では、２０１６年まで陸上輸送、航空事業、海運事業と部門別に新卒採用活動を行っており、中でも海運事業部門は、他の部門に比べて女性の応募者が多いことから、これからの女性社員の働き方を摸索していた中で、私たちが提供するサービス「女性活躍推進診断」に申し込んでくださいました。

図表4-9　海運事業部門の性別年齢別戦力構造

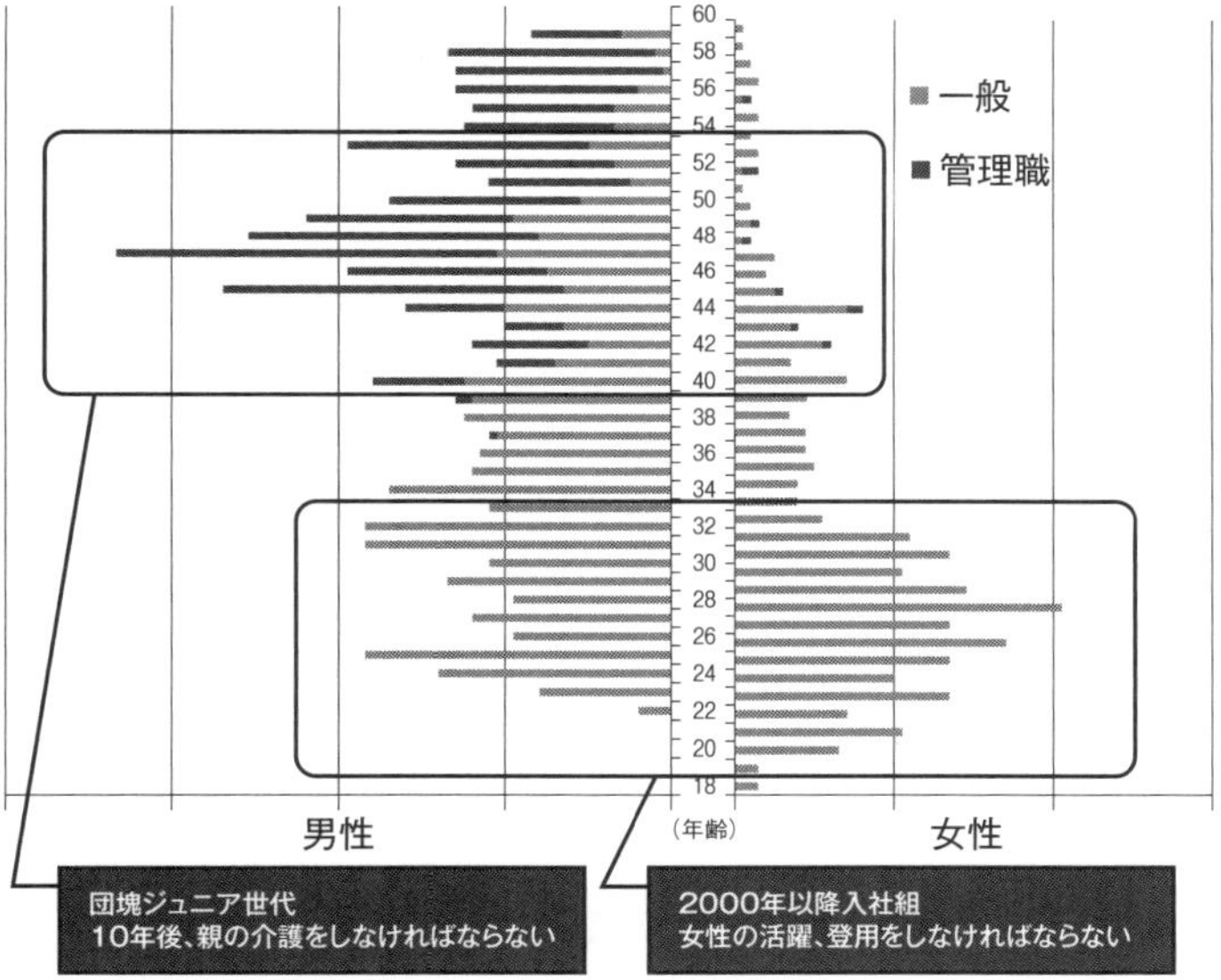

「女性活躍推進診断」とは、「採用」「継続就業」「労働時間等の働き方」「管理職比率」「多様なキャリアコース」の5つの分析から、組織における女性の活躍レベルを診断するサービスです。

診断の結果、まさに日本社会が抱える課題をそのまま表したような問題が、はっきりと浮かび上がってきました（図表4－9、4－10参照）。30代で減少する女性社員、女性管理職の少なさ、今後親の介護が必要になるであろう団塊ジュニア世代の管理職の長時間労働など。特に、「結婚や出産では退職しないけれども、**実際に子育てをしながら働く中で、仕事と生活が両立できないと感じ、退職してしまう**」という人々

図表4-10　「女性活躍推進診断」の診断結果

■女性社員のライフイベント後の継続就業意志

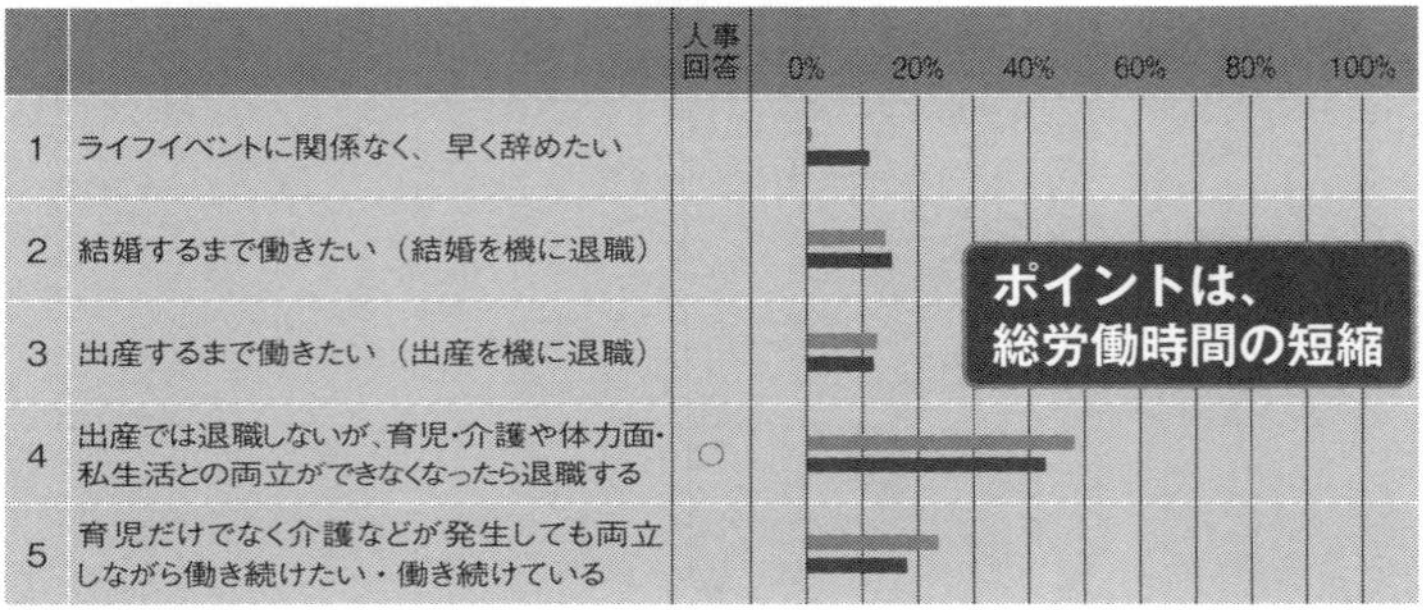

の割合の高さが顕著でした。

２０００年代以降に採用した女性社員たちが、今後も出産や育児を機に退職してしまうようでは、組織としての競争力が保てない。創立１００周年を迎えることができない。そんな強い危機感をお持ちでした。

こうした結果から、**女性社員に対して配慮するだけでは真の女性活躍は進まないのだから、職場全体の長時間労働部分を改善し、復帰した女性たちも両立ができる職場に変えよう**という課題認識に至りました。そして海運事業部門は「これからは**残業時間が月20時間を超えるような会社では採用競争の世界で勝ち残れない**」と、本格的に脱・長時間労働とワーク・ライフバランスの実現に向けた働き方改革へのチャレンジが始まったのです。

属人化排除でメンタルストレスが大きく減少

まず２０１６年４月に、海運事業部門の支店長、部長全員を集めました。冒頭40分で、なぜ今働き方改革が必要なのか、私が講演させていただきました。その後30分ほど、寺井克宏常務（現在は専務）と私が対談しながらトップの決意を発信しました。寺井常務は「いい企業、と評判の企業は月間残業時間20時間を切っている。目標は20時間以内だ」と高い目標を発信されて、私たちも驚きました。

その後、海運事業部門の中から「一般雑貨担当グループ」「設備輸送担当グループ」「海外引越担当グループ」の３チーム、計34名をトライアルチームに選出しました。講演会からトライアルチームの選定までの道のりで半年かかってしまうほど、船出はかなり困難でした。「海外とのやり取りで24時間業務が動く」など、どのチームも多くの課題を抱えていました。当初「なぜ私たちだけがやるんですか？」と、ネガティブな反発も強くありました。しかし各チームのリーダーたちとこの取り組みの意義を議論し、特にこの**働き方改革こそが人材育成につながるのだ**と腹落ちすると、メンバーから積極的に意見が出るようになりました。

ゴールイメージを設定する際には、徹底的に**本人たちが納得して目指せる目標を考えてもらいました。**「①チームのすばらしいところ、②チームのもったいないところ」を書き出しても

図表4-11　設備輸送担当グループの取り組み

課題	個人商店状態からの脱却
取り組み	担当顧客を再配分、常に２人１組のペア仕事体制を確立
効果	複数人の業務共有相互理解が進んだ 全員が月一《いち》の有給休暇を取得（トラブルなし！）

顧客	担当
A社	Aさん、Bさん
B社	Cさん
C社	Dさん
D社	Cさん
D'社	Cさん
E社	Fさん
H社	Fさん

➡

担当
Aさん、Bさん
Cさん、Bさん
Dさん、Eさん
Cさん、Dさん、Eさん
Cさん、Dさん、Eさん
Fさん、Eさん
Fさん、Dさん、Eさん

複数担当化
主・副明確化
バックアップ体制

≪チームでルールを策定≫
引継用フォーマット作成
該当する資料をBOXに収納

らったところ、②のところで、本当はもう少し休めたほうがよい、テレワークなどもできたほうがよい、などの声が上がりました。そこで、チームが理想の状態に近づくために必要なことは、どんどん目標に入れて取り組んでいきましょう、と背中を押していきました。

設備輸送担当グループでは、当初「担当クライアントの業務が滞ってしまうので休みは取れない」といった雰囲気でした。そこで、1クライアントごとに2人以上で担当する**複数担当制**に変更し、**主・副担当を明確化しました。**図のように、人数は増やさずに、他の人の担当のサポートにそれぞれが入るようにしたのです。その結果、**全員が月に1日以上の有給休暇を取得**できるようになり、**トラブルは何も発生しませんでした**（図表4－11参照）。

日本通運株式会社 海運事業部門

海外引越担当グループでは毎朝、最小単位のユニットごとに、5～10分のミーティングを実施することにしました。「その日のスケジュール」「優先順位」「抱えている課題・トラブル」「業務終了時刻の目標」など**口頭で共有**することに。

この取り組みにより、優先順位やタイムマネジメントを考えながら効率よく仕事を進めるトレーニングになりました。トラブルも素早く共有し、メンバー間で知恵を出し合いサポートできるようになり、**ストレスは大きく減少しました**。1人で抱え込むことのない、**チームワークの良い働きやすい職場**に生まれ変わったのです。

電話の取り次ぎや話しかけるのを控えてもらう「集中タイム」の札を活用中の社員

さらに、集中したい時には、電話の取り次ぎや話しかけるのを控えてもらう**「集中タイム」の札を活用**して、メリハリをつけました。

一方、コミュニケーションをより増やすための工夫もしました。それまでパソコン画面が大きな「壁」となって向かいの席の人ともほとんど会話がなかったのに対して、**パソコン画面を机に斜めに配置して互いの顔が見えるようにしました**。すると、コミュニケーション量が増え、「若手の指導が行いやすくなった」「報告、連絡、相談がスムーズになった」などの声が上がりました。

幹部の「机、購入したら？」発言で改革が加速

取り組みが少しずつ熱意を帯びる中、さらにチームの背中を押す出来事がありました。4カ月目の中間報告会で、メンバーから経営陣に向けて、先ほどのパソコンを斜めに配置する施策を報告していた時のことでした。ある経営幹部が「パソコンが斜めだと仕事がしにくい、腰が痛いと言っていたね。それなら新しいタイプの机を購入したらいいじゃない。買っていいよ」とおっしゃったのです。この発言は、改革の勢いが急速に増すきっかけとなりました。

なぜでしょうか。実は、これまでも日本通運海運事業部門では「ＭＫＲ（もう帰ろう）」運動など、残業削減に向けてさまざまな取り組みを行っていました。

しかし、一時的に残業削減の機運は高まっても、社員は**「どうせ会社がコスト削減を目的にしている活動なのだ」という冷めた気持ちを持っていた**ので、なかなか成果は上がらず、いつの間にか忘れ去られている。そんなことの繰り返しでした。

それが、経営幹部の「机を買ってもいい」という発言から、「コストをかけてでも今回の取り組みは実現すべき。よい提案はバックアップする。もちろん残業代削減が目的ではない」と

いうことが伝わったのです。そして「今回の取り組みは**経営陣がかなり本気だ。それほど本気で後押しされている活動なのであれば自分たちも根本から仕事のやり方を見直そう**」と、社員のスタンスを変える大きなきっかけになったのです。

海外引越担当グループでは、フリーアドレスにもトライしました。各自が机を徹底的に整理して私物を置かないようにし、どの席でも仕事ができるようにしました。物を探す時間が削減されて生産性が高まっただけでなく、ある女性社員からは「いつも**課長が座っていた位置に座ってみたら出世意欲が上がりました**（笑）」という声も上がって、活性化につながりました。

このチームは、**対予算比１３０％の営業利益を達成し、残業時間はなんと月間平均20時間以内**を達成しました。当初、20時間を切る目標は高すぎるのではと思っていたので、達成したことに驚きました（図表４‐12参照）。

ある管理職のメンバーは、長時間労働を脱した女性社員たちがいきいきと活躍する姿を見て、これまで**「女性社員には〝配慮〟をしなければ」と及び腰だった**のが、**「活躍できる社員に性別は関係ない」**と、姿勢を改められたそうです。

取り組んだメンバーからは「食事をきちんと作り、食べるようになって健康になった」「自分の人生を考え、働くことと人生を楽しむことの調和を考えるようになった」「家族を大事にできるようになった」など、**ライフを充実させたという声が続々と**報告されました。

図表4-12　取り組み前後の労働時間の変化

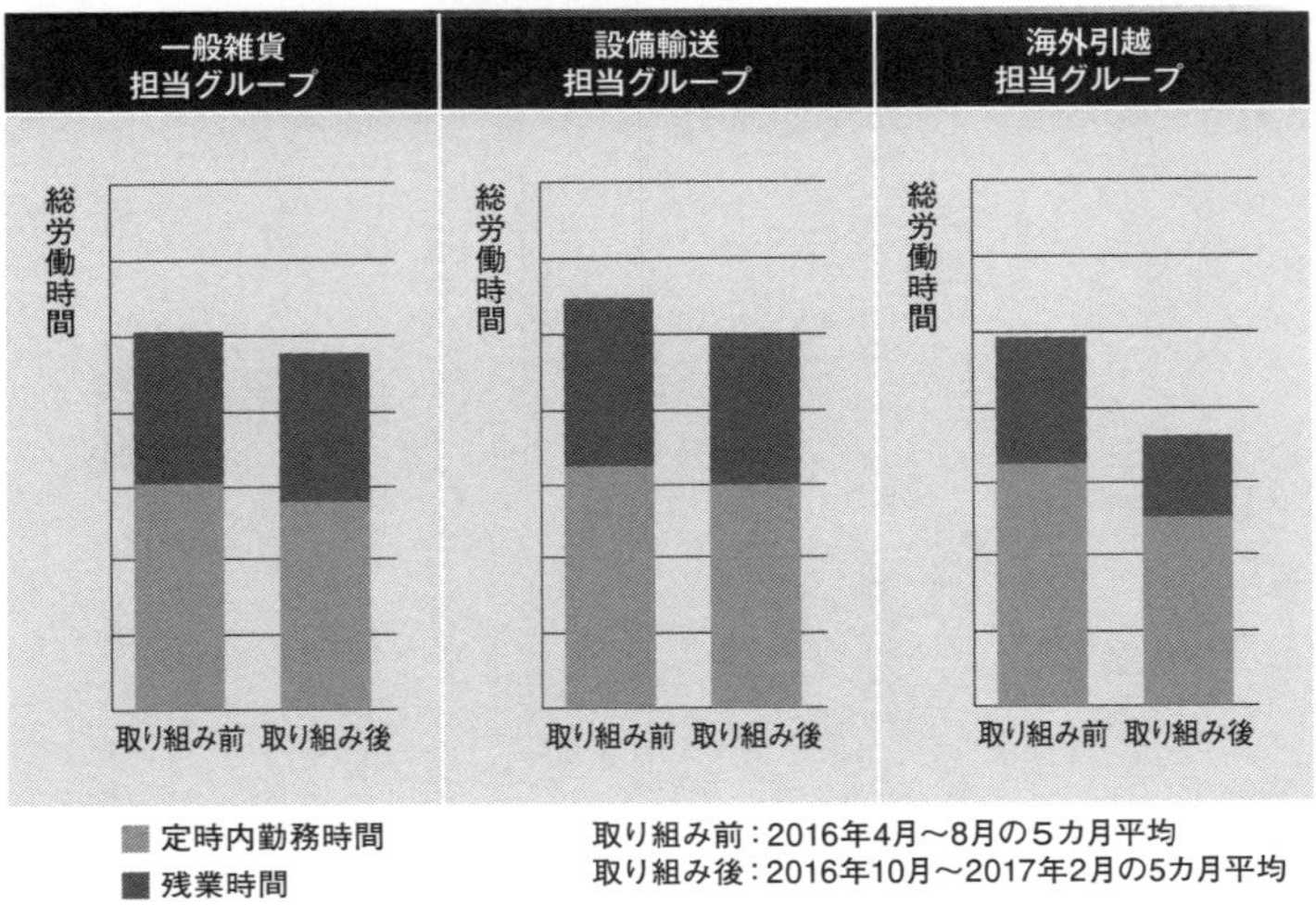

取り組み前：2016年4月～8月の5カ月平均
取り組み後：2016年10月～2017年2月の5カ月平均

２０１７年度には取り組みを30チームに拡大し、それぞれの目指す働き方の実現に向かって意見を出し合っています。

これらの取り組みの成果によって、人材採用面にも良い影響が出始めています。２０１７年卒の新入社員は、海運事業部門の最終面接時に志望理由を以下のように語ったそうです。

「会社説明会の時に、子育て中の人事担当社員の方が夕方になると自然に退席されていた姿が印象的でした。ポーズではなく、子育て中の社員でも負い目を感じずに本当に活躍できる風土がある。そこにひかれて入社したいと思いました」

学生たちは、採用パンフレットや会社ＷＥＢサイトに並ぶ、きれいに〝お化粧された言葉〟ではなく、その会社の実態を冷静によく見ています。

日本通運株式会社の成功ポイント3

- 「女性活躍」から、組織全体の脱・長時間労働へ舵を切った
- 残業時間月20時間以内という具体的かつ明確な目標設定
- 経営陣の本気と後押しを感じて、社員も根本から仕事のやり方を見直した

具体事例

マニュライフ生命保険株式会社

成功する「働き方改革の王道パターン」がさらに進化！残業16％削減、売上12％アップを実現した「リーダーカエル会議」

組織への貢献意欲の向上を目指し、改革スタート

取り組み規模の拡大が早かったのが、カナダに本社を置くマニュライフの日本法人、マニュライフ生命保険株式会社です。日本での従業員数は約４０００名、保険料等収入は２０１６年

度決算より８８００億円を超す巨大企業です。

多くのグローバル企業において「〝日本支社〟だけが突出してエンゲージメント（組織への貢献意欲）スコアの数値が低い」ケースがよくあります。

マニュライフでも、**北米・アジア圏を中心とする世界14カ国の拠点の中で、日本拠点のエンゲージメントスコアが最下位でした。**この数値をなんとか改善したいと、強い使命感を持っていた取締役代表執行役社長兼ＣＥＯのギャビン・ロビンソンさんに初めてお会いしたのは、２０１４年の国際女性ビジネス会議で、私が基調講演を務めた時のことでした。

講演が終わると、会場にいたギャビン社長から「女性活躍と働き方改革の相談に乗ってほしい」と話しかけられました。当初は「女性の働き方」の改革を検討されていましたが、お話しするうちに「**エンゲージメントスコア全体の底上げを図るためには、社員全体のワーク・ライフバランスを実現すべきではないか**」と気づいてくださり、２０１５年から本格的に働き方改革のコンサルティングを実施させていただくことになりました。

プロジェクトの見える化、ライフの目標の共有が改革を促進

最初に、全社員に向けた私の講演会と、ギャビン社長から改革の必要性を発信しました。一

度や二度ではなかなか全体に届かず浸透しないので、社長は改革に向けたメッセージを繰り返し社内に発信されています。

１期目はトライアルチーム６つを選出しました。とにかく業務が多いと悲鳴が上がるＩＴ部門、官公庁とのやり取りが多く多様な書類形式と完璧な正確性を求められる経理部門、売上数値目標が高い営業部門、エンゲージメントスコアが低いチームなどが選出されました。

プロジェクト数が多いと悲鳴を上げていたＩＴ部門では、「チーム全体、及び各メンバーの業務量」が把握されておらず、「すべての案件が急ぎ対応」という状態になっていました。そこで、まずは**全員の担当プロジェクトを書き出し見える化**することからスタート。膨大な量のプロジェクトを抱えていることが明らかになり、新たに発生する**業務を割り振る責任者を決め、**メンバーの状況を見ながら戦略的に新規プロジェクトを割り振るようにしました。責任者を置くことで、**案件を依頼する部署とＩＴ部門で、納期交渉が行えるようになった**のです。

また、仕様書を作成する際にも設計者目線なのかユーザー目線なのか、メンバーの認識が揃っていないことが分かりました。目線を合わせた結果、「悩む時間」がなくなり、仕様書作成時間が削減されました。

こうして業務を見直して生み出した時間で、社内からニーズがあった「テレワーク」環境を整備しました。自分たちでも積極的にテレワークを試して小さな改善を積み重ねたことで、社員の多くがテレワークを使いやすくなり、全社の生産性向上に寄与しました。

経理部門では、当初は官公庁とのやり取りも多く、様式も多様で煩雑なため、「自分たちでは業務は変えられない」という意識がありました。カエル会議の中で、その意識を乗り越えて、改めて業務フローを見直すと「最後にダブルチェックするならば、途中時点でのダブルチェックは不要ではないか」などの細かな改善が進みました。

経理部門やカスタマーサポート部門で全体の意識が大きく変わり始めたのは、**「ライフで実現したいこと」の目標を共有**してからでした。リーダーも、当初はライフの話をどう扱えばよいか迷っていましたが、朝メール・夜メールによってチームのコミュニケーション量が増えてから、ライフの目標をお互い公開してみることに。普段、プライベートを詳しく知らないメンバーが**「仕事が早く終わったら、〇〇をしたい」と意外な一面を共有し合うことで**、誰かに偏っているスキル・仕事を見える化して共有化し、協力して**「早く帰ろう」という意識が強く根づき始めた**のです。念願の免許取得や洋服を作るなど、夢を実現する人も出てきました。

すでに残業削減に成功していたコンプライアンス部門では、他の部署の残業を減らす貢献をしました。「法律改正時に営業部署が勉強するeーラーニングが受講しにくく時間を取っている」と考え、eーラーニングシステムを再構築し、**必要なクリック数を5分の1まで削減したのです**。おかげで営業部署は残業を削減し、営業活動は増やすことができたので、このシステム改善は会社利益に貢献するアクションとなりました。

「リーダーカエル会議」で全社の改革が一気に進む

２期目は、一気に全社展開へとスピードを上げました。

１期目は６チームでカエル会議を進めていきましたが、２期目は**カエル会議の手法を全リーダーに学んでもらう「リーダーカエル会議」研修を約80名の全管理者に実施**したのです。各リーダーがカエル会議の進行方法を習得し、それをチームに持ち帰ってカエル会議を開催。そして、翌月のリーダーカエル会議で、効果があった方法、難航している問題などを共有し、お互いにアドバイスします。他のチームでうまくいった方法が自チームの困りごとの解決ヒントになったり、成果を聞きうらやましくなって同じ手法を取り入れたり、という**競争意識で取り組みが加速し、全社の働き方改革が一気に進みました。**

中でも営業サポート部門では、それまで希薄だったチーム内のコミュニケーションを活性化するために独自の「エクセル振り返りシート（通称夕方メールYou've got a mail.）」を使用しました。メンバーはその日の業務内容を中心に振り返りを入力し、リーダーは必ず全員にコメントを返しました。するとシートを通じて、メンバーから業務効率化のアイデアが多数寄せら

図表4-13　残業時間（所定外）の推移

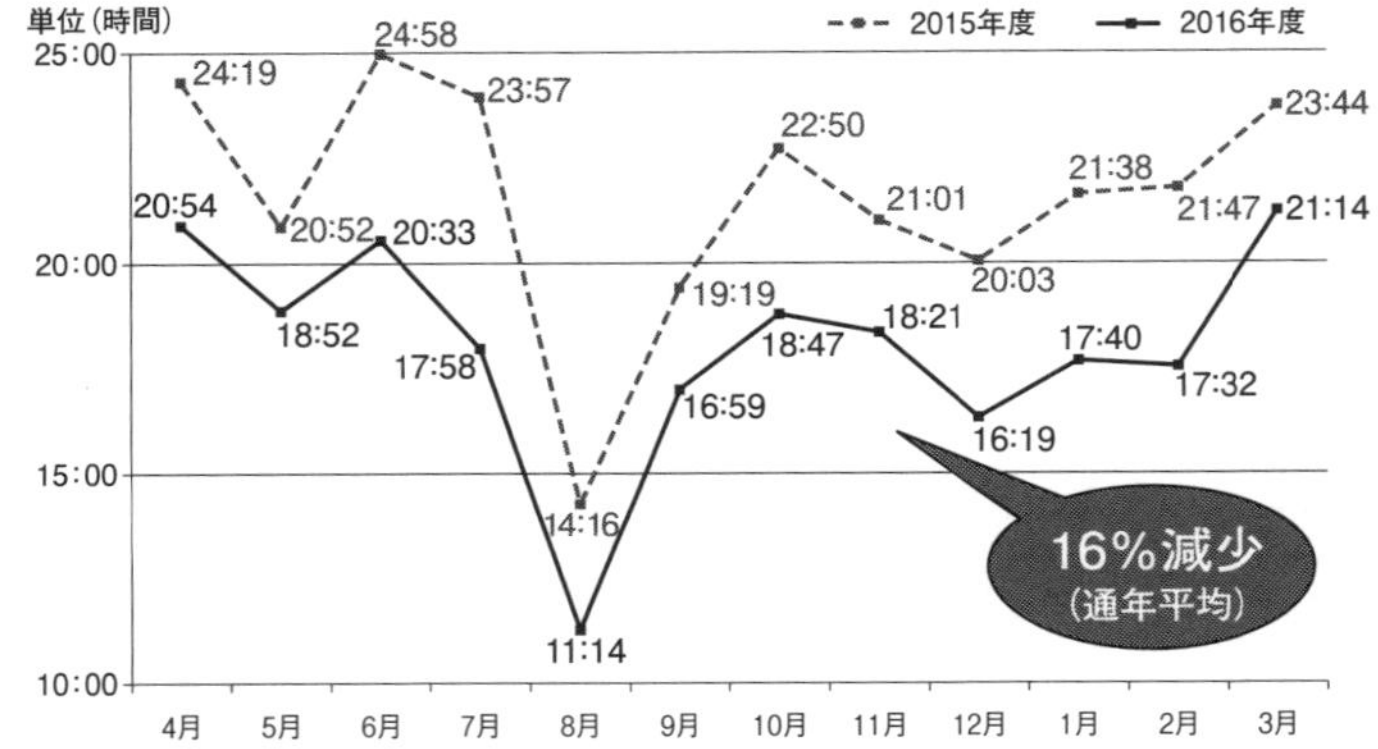

れ、メンバー同士の意見交換も行われ、会議を開催せずとも働き方の見直しが進むようになりました。その結果、２０１６年下期は１人当たりの月間残業時間が約１時間減少しました。

お客様コールセンターの部門では、オペレーターがそのまま請求書作成をする等の工夫を重ね、年間の**対応件数が前年比９０００件増加にもかかわらず、スタッフの数はそのままで、かつ有給取得率を20％向上**させることに成功しました。**応対品質の向上施策にも着手し**、国際基準に基づきサポートサービスのランク付けを行う「ＨＤＩ格付けベンチマーク」（２０１６年）で**最高評価の三つ星を獲得**しています。

このように、社内で一気に全チームが**「本来担うべき業務」**や**「会社に貢献できること」「生産性向上のためにできること」**を足元から見つめ直し改革が進んだ結果、２０１６年度は**全社平均で残業（所定外）が**

16％減少したにもかかわらず、**保有契約残高は12％アップ。テレワーク利用者も前年比で76％アップ**という、すばらしい成果となりました（図表４－13参照）。

スコアカードで目標設定しつつ、仕事の質とライフも重視

同社では今回の取り組み時に、**「残業時間」「月間45時間超え勤務者人数」「有給取得日数」「在宅勤務利用者率」「エンゲージメントスコア」等の目標値を記入する「スコアカード」を作成。**同時に「これらを達成するだけでなく、**社員一人ひとりが仕事の質を高め、ライフも大事にするための目安にしてほしい**」というメッセージを繰り返し発信しました。

目標数値は達成度合いを測るよい目安にはなりますが、「数値の達成だけ」を目標にすると、本来理想とすべきチームワークやコミュニケーションの妨げとなるので、このような丁寧な進め方はとてもすばらしいと思いました。

コンサルティング２期目の最終日は、リーダーカエル会議にギャビン社長も出席され、通訳を介して各テーブルの議論を興味深く聞き、どんどん質問されている姿が印象的でした。感動したのは、約80人のリーダーが「それぞれの働き方改革」を自分の言葉で語れることでした。**各リーダーが「何のために」働き方改革をやるのかをぶれずに語れる**からこそ、全社に広げて

も薄まることなく成果を出せているのです。

2期目から全社展開というのは、異例の速さでした。2016年秋以降、**「働き方改革」の実現を求める時代の追い風がどんどん強まっていった**こともやはり大きく影響しているでしょう。

現在はコンサルティング3期目です。この取り組みを一過性のものではなく「文化にしていく」という強い意志のもと、今までリーダーの担ってきた役割を、管理職候補のサブリーダーが引き継いでカエル会議をし、次世代の育成にも取り組んでいます。

マニュライフ生命保険株式会社の成功ポイント3

・「全社員のエンゲージメントを底上げしたい」というトップの強い意志
・スコアカードで目標設定しつつ、仕事の質とライフも重視
・リーダーカエル会議で全社員の取り組みを一気に進めた

具体事例

パナソニック ヘルスケア株式会社（※2018年4月よりPHC株式会社へ社名変更）

攻めのアフターフォローで製造工程管理部門の業務の平準化を実現
従業員満足度を向上させた「働き方改革」

ゴールイメージの設定や関係の質向上で着実な成果

「残業削減」を主軸に置く企業ばかりではなく、**「従業員満足度を向上させたい」**という目的の働き方改革も増えています。パナソニック ヘルスケア株式会社は、医療機器メーカーであるパナソニック ヘルスケアホールディングス株式会社（従業員数約５５００人、年間売上額約１９００億円）傘下の事業会社です。同社は、成長に応じて業務量が増え続ける中、従業員満足度（ＥＳ）の向上を目指して２０１４年にご依頼いただき、現在４期目です。２０１７年７月には、**女性活躍推進法の「えるぼし」最高段階の三つ星企業として認定されました。**

積極的な研究開発（Ｒ＆Ｄ）がもたらす高い技術力に定評があり、血糖値測定システムに代表される体外診断機器や超低温フリーザーをはじめとする研究・医療支援機器、電子カルテなどの医療ＩＴシステムの開発・製造・販売を行い、世界１２５カ国以上で商品が使われています。

図表4-14　各期における取り組み内容

	取り組み範囲	選出方法	サポート形態	イベント	セミナー・研修・勉強会
1期目	重点8チーム	重点チームは役員の担当職制中から役員が1チームを選出	4チームはコンサルタントがサポート、4チームは自走	キックオフ、中間報告会、最終報告会	・セミナー(講師:小室淑恵)全役員も出席 ・トライアルチームリーダー向け研修
2期目	重点8チーム		4チームはコンサルタントがサポート、4チームは自走	キックオフ、中間報告会、最終報告会	・トライアルチームリーダー向け研修 ・拠点別セミナー×3回
3期目	重点7チーム及び全社展開（任意）		7チームはコンサルタント及び事務局がサポート	キックオフ、中間報告会、最終報告会	・トライアルチームリーダー向け研修 ・定期勉強会×4回
4期目	全社展開	—	事務局によるサポート	中間活動共有会、最終活動共有会	・リーダー向け研修 ・事務局へのサポート

1〜2期目は、「コンサルタントがサポートする4チーム」と「自走する4チーム」の計8チームずつが働き方改革に挑戦。3期目から全社展開をスタート。**4期目となる現在では、コンサルタントの関わりを薄めながら、自走できる体制を強めています**（図表4－14参照）。

同社では、優秀なエース人材を中心に「残業は苦ではない」「この取り組み自体に時間を取られては、本末転倒ではないか」とネガティブな意見もありましたが、カエル会議の冒頭でゴールイメージを話し合っていくうちに、あるチームのゴールイメージは「生き生き元気よく、積極性と協調性を持って、情報共有・スキルアップ・無駄の排除、業務分散して、突発業務もなんのその！と片づける。自己研さんのWednesday、家族と自分のためのFriday」と決まりました。また別のチームでは、「一人ひとりが自立し、助け合える強い集団へ。効率的な仕事で、新規技術・商品の着実な創出と時間的余裕を見出し、生活の充実を目指す」

といったように、独自の目標を自分たちの言葉で個別に立てることで各自が腹落ちし、活動が本格化しました。

「ありがとうカード」で社員のやる気に火をつける

「効果が高かった」と評判だった取り組みの一つに「ありがとうカード」があります。正方形の手のひらサイズの付箋などに、メンバーに対する感謝の気持ちを書いて渡します。カードを書く相手がＡさんだとすると、

「いつもチームを楽しく盛り上げてくれるＡさん、ありがとうございます」

「仕事でミスをした時、さりげなくフォローしてくれて、うれしかったです」

「Ａさんが率先して取りまとめてくれる資料に、いつも助けられています」

など、チームメンバー全員からＡさんに「ありがとう」を伝えるのです。このカードの交換により、「オフィス内の雰囲気が柔らかくなる」といった声や、渡される側のメンバーからは「仕事に前向きになる」などの声が上がりました。

このカード交換を続けるうちに、定年間際で仕事への意欲やチャレンジ精神を失いかけていたベテラン社員のＣさんが「残された会社生活の中で、自分がチームに貢献して感謝される行

動を取りたい」と意欲を高め、積み重ねてきた人脈や知識を後進育成のために伝える行動を増やしました。後日、このCさんのノウハウが必要だという他部署から応援要請があり、そこでも後進育成に力を注ぎました。

「ありがとうカード」は、**ちょっとした感謝の気持ちを伝え合うだけで、個人のモチベーションやチームのコミュニケーション向上に驚くほど大きなプラスの変化を与える魔法のようなツール**です。

共有フォルダ整理で資料作り・資料探しの時間も大幅削減

あるチームでは、**資料作りや資料探しに膨大な時間がかかっている**ことが判明。ある製品のメーカー向け研修会の資料を作り共有フォルダに格納するも、類似研修を行う他のメンバーは探せずに1から作成して類似資料が増える、と無尽蔵に資料が増えゆく結果に。

そこで、カエル会議では「過去の研修会資料はそもそもすべて保存する必要はあるのか？」「類似・派生資料は共有フォルダから削除して資料を探しやすくしたほうがよいのでは？」といった意見が出て、共有フォルダの片づけを敢行。**ファイル数は約60％減となり、求めている資料にすぐに辿り着けるように**なりました。

ペーパーレス化を目指し、以前は**年間１８０００枚にも上った会議資料を半分の９０００枚にまで削減**することに成功した部署も。さらにタブレットを利用して、印刷物はゼロに近い状態になりつつあります。

勉強時間を作りスキルアップ

コンサルティング開始から前半4カ月は、目の前にある一つひとつの業務フローを改善し、無駄な業務の排除や効率化を図りました。後半になると、そこから**浮いた時間で社外の勉強会に積極的に参加**し、学んだ知識をチーム内で共有してもらうなど、全体的なスキルの向上に努めました。その結果、開発部門では**化学実験に対しても積極的に実験計画法を取り入れることで**、「特性値の最適条件」を導くためにこれまで256回必要だった実験が、なんと**約90％減**の27回で済むようになりました。

もともと技術力に定評のある同社ですが、その後も**社外勉強会に参加し、チームにすぐ共有することで、組織内の技術力が加速して向上**しています。

システム開発部門では、ソースコードの登録時に、エラー検出すると自動的にテストを行う仕組みを構築。手動テストの試算において**１６７時間を要していた工数を実質０時間**にできま

図表4-15　体力向上の効果が出たチーム

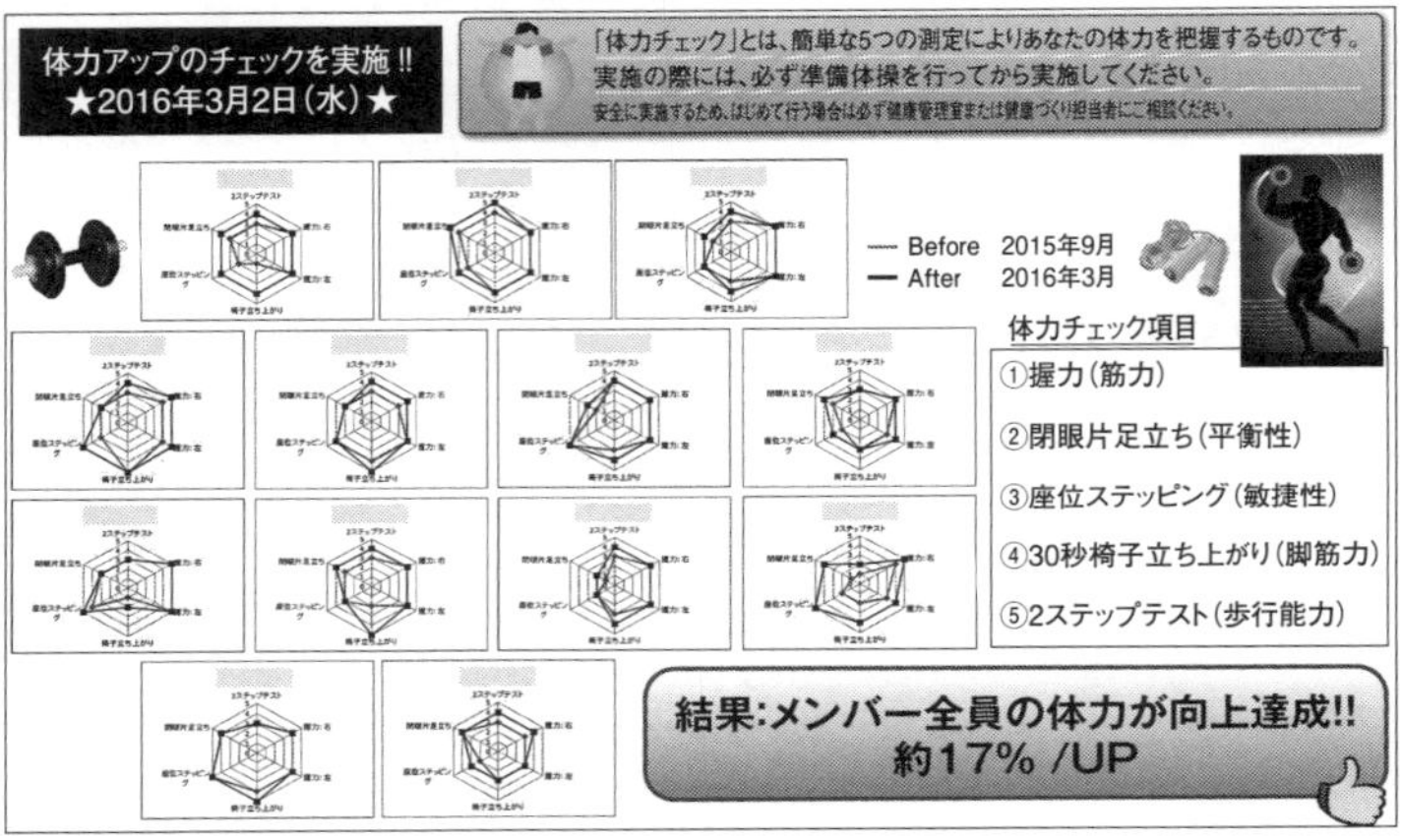

した。さらに、クラウドを活用した社外との共同開発環境を新たに構築することで、開発期間中、継続的に発生する「ソースコードの統合作業」の効果が飛躍的に改善されました。

製造工程管理を行う部署では、工場からの急な不具合発生への対応が、残業の大きな要因となっていました。そこで工程別の点検表を全9工程分作成。不具合が発生してから対応するのではなく、定期交換と点検を先回りして実施することで、**突発業務による残業時間を約60%も削減**。さらに他部門の業務・工程見学や関連部門との懇親会を開催。自部署への学びのフィードバックや関連部門とのコミュニケーションを深めながら、さらなる業務品質の向上につなげています。

他にも各部署で、

・業務の平準化、共有化により**年休取得数が1**

人当たり2日間増加

・ペーパーレス化に取り組み、**紙の使用量及び工数を50％削減**

・業務後にバレーボールの練習に取り組み、**メンバーの体力が平均17％アップ**（図表4－15参照）

などの成果が報告され、「**今まで以上に働きやすく、助け合えるようになった**」との声がたくさん上がっています。残業削減ばかりに注目が集まる働き方改革ですが、その本質はコミュニケーションの向上による働きやすさの向上です。正しい働き方改革を行えば、**取り組み企業の従業員満足度も向上する**のです。

パナソニック ヘルスケア株式会社の成功ポイント3

・関係性の質を高め、従業員満足度を上げるという本質的な目標
・一人ひとりが腹落ちするゴールイメージを設定
・トライアルチームと自走チームで成果を出し、着実に全社展開

第5章

中央省庁・学校・自治体・中小企業でも「働き方改革」が加速

働き方改革が加速しない要因は中央官庁と学校にある

ここまで多くの企業の事例を見ていただき、どんな業種業界職種でも必ず働き方を改革することができるということがお分かりいただけたと思います。しかし、あえて私はここで言いたいと思います。第1章で述べたような国家財政が崩壊する危機感から考えると、なぜもっと働き方改革は加速しないのか、根本的な発想が変わらないのか、突き詰めて考えると**中央官庁と、学校の働き方が変わらないから**ではないでしょうか。

国家公務員は、実は労基法のもとで働いていません。国家公務員法という法律が適用され、**働いた時間分の残業代が払われる仕組みではなく、かつ労働時間の法的な上限もありません。**年度始めに年間の残業代の予算が決められ、それを残業が発生した割合に応じて分配しているので、どんなに残業が増えても残業代が「増える」ことはないのです。時間当たりの単価が下がるだけです。当然、残業を減らそうという意識が生まれるはずもなく、なんと労働基準監督署を管轄している厚生労働省が最も残業が多い省です。

そして、教員も通称「給特法《きゅうとくほう》」と呼ばれる「公立の義務教育諸学校等の教育職員の給与等に関する特別措置法」により、残業代に当たる教職調整額は月給の4%が支払われていますが、これは1966年当時、教員の平均残業時間が月間8時間程度だったことを根拠に算定されています。文部科学省の教員勤務実態調査によると、中学教諭の6割が過労死ライン（月間80時間）に達しているので、**本来10倍が支払われるべきということになります。**

この2者の長時間労働は企業に強い影響を及ぼしています。まず中央官庁がもたらす影響について考えてみましょう。多くの企業が管轄省庁と何らかのやり取りをしていますが、生産性を一切意識しない、時間を無尽蔵に使う発想にある官僚と仕事をしていると、金曜日の夜に膨大な書類の追加提出の要請が来て、締め切りは週明けの月曜日というようなことがよく起こります。管轄省庁からの急な依頼と短い納期に対応しているうちに長時間労働が習慣化していく民間企業は多く、言わば「**上からの働き方破壊**」が行われるのです。

次に学校がもたらす影響について考えてみましょう。企業に入社する人材は、日本の教育のもとですっかり「一律管理型人材」に最適化してしまっているという「**下からの働き方破壊**」があります。本書の冒頭で人口ボーナス期と人口オーナス期について解説しましたが、これを人材に置き換えると、人口ボーナス期の企業で活躍できるのは「**体力に自信があり、時間がかかる作業に疑問を持たず耐えられて、他者から外れない行動を取れる人材**」です。一方、人口オーナス期の企業に必要とされるのは「**知識スキルを常に磨いていて、時間当たりの付加価値を高めることに意識が高く、多様な働き手と協働しながら他者にない斬新な発想を臆せず口にして、行動できる人材**」です。

今、各社はマネジメント手法を変えて、何とか人口オーナス型人材を採用し、育てられる職場環境を作ろうとしているわけですが、そもそも学校教育の段階でその多くが人口ボーナス型に〝矯正〟されて社会に出ているのです。教育課程では人口オーナス型の才能を持っている子どもたちほど辛い環境に置かれ、「集団行動ができない子」として否定されて自己肯定感をなくし、社会に出るところまで辿り着くことさえも難しくなっています。もしくは、人口ボーナス型の教育に疑問を持ちながらも、一律な行動を取るスキルを身につけ、社会に出る頃には人口オーナス型の才能をどう発揮すればよいのか分からなくなっています。人口ボーナス型人材に矯正してしまう教育は、長時間労働企業の経営者に悪気がないように、誰にも悪気なく、むしろ使命感のもとで行われています。かつて学校の最大の使命は、大量生産型社会に適応できる人材を育成することでした。社会に出て苦労しないように、そのルールを早くから子どもに教え、従わせる訓練を授業や部活動を通じて行っていました。一律の物差しで人に優劣の順位をつけ、階層化された組織での位置づけを理解させました。その使命を立派に果たして「成功してきた教育プログラム」を学んだ教員にとって、学校とは「こういうもの」です。それに対して「本当にそうでしょうか？　社会構造が変化しているのだから違うやり方をしましょう」と疑問を持つことが、どれだけ難しいでしょう。**教員自身が社会の変化に触れ、人口オーナス型の人材の本質を理解して初めて、今の教育に強い疑問を持つことができるはずですが、教員**

自身が過労死レベルの労働時間で働いている現状では、多様で枠にとらわれない人材こそが求められているという社会の変化・本質に触れることができないのです。

企業の働き方改革に伴走すればするほど、中央官庁と学校を変革しなくてはという想いが強くなり、２０１７年度は優先的にこれらの組織へコンサルティングに入りました。ただ、これらの組織では危機感を持っている担当者に奇跡的に出会えたとしても、その上層部に危機感がないことから予算はまったく取れないのが現実でした。そこで私たちも意を決し、社会に大きな影響を与える組織の働き方変革のために大赤字でもエース級のコンサルタントが担当し、本気で関わっていきました。

同様に、利益度外視でコンサルティングしているのが地方自治体です。高齢化と人材不足が深刻化している地域ほど働き方改革は必須ですが、「働き方改革は都会の大企業の話」と距離を置いてしまい、踏み出せません。そこで私たちは２００９年から、全国に約１６００人のワーク・ライフバランスコンサルタント養成講座の卒業生を輩出してきました。当時は、卒業しても仕事がありませんでしたが、「必ず各地で働き方改革のプロフェッショナルが役に立てる時が来ますから、それまで経験値を上げながら頑張りましょう！」と励まし合ってやってきました。特に、加盟コンサルタントとして活躍する50人は、各都道府県で地元企業と連携して、地域性に合わせたコンサルティングができるスキルをここ8年で磨いてきました。現在は「ワーク・ライフバランス北海道」「ワーク・ライフバランス東北」「ワークライフバランス北陸」「ワークライフバランス東海」「WLBC関西」「ワーク・ライフバランスコンサルタント九州」といった組織を形成し、多くの地方自治体から委託され、私たちと連携して全国の中小企業に深く関わっています。

本章では、**働き方改革の戦略的重点地域ともいえる中央省庁・学校・地方自治体と中小企業**についての事例をご紹介していきたいと思います。

具体事例

静岡県教育委員会の取り組み

教職員の多忙化解消に先駆的に挑む

文科省の調査によると、2016年度の全国の公立中学校教諭の1週間当たりの平均勤務時間は63時間18分。月当たりの平均残業時間という概念に合わせると、なんと平均93時間！ **「過労死ライン」以上の残業をした教員が約6割（57・7％）**にも上りました。

図表5-1　公立学校教員の病気離職率の推移

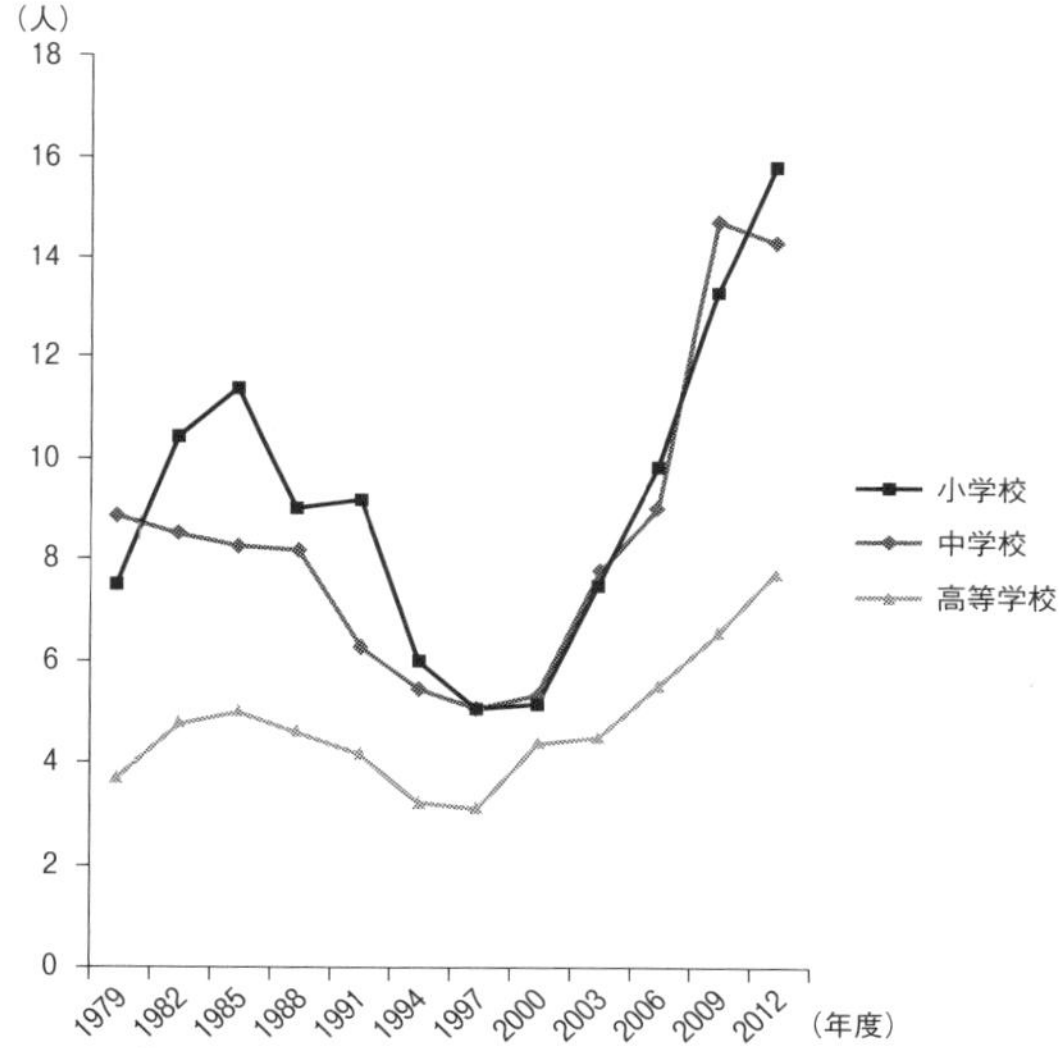

＊本務教員1万人当たりの病気離職者数。
＊計算式＝当該年度の病気離職者数／当該年5月時点の本務教員数
＊文科省『学校教員統計』、『学校基本調査』より舞田敏彦作成

小学校教諭でも月間平均残業時間は平均70時間、**過労死ラインに達する教員は33・5%**です。公立学校では**年間約5000名の教員が精神疾患で休職し**、病気離職率も近年右肩上がり。**毎年百数十名の自殺者が発生**しているのです（図表5－1参照）。

経済協力開発機構（OECD）34カ国中、日本の教員の「仕事時間」は平均を大幅に上回った一方、**「指導への自信」は最も低かった**のです。授業以外の仕事が多く、授業にかけることのできている時間は平均より週2時間も短い。つまり勤務時間が長いことはもちろん、その中身が**授業以外のことに膨大な時間が割かれていることが問題**なのです。ちなみに、イギリスでは1998年に教育雇用省が「教員がしなくてよい業務」として次の25項目を挙げました。

①集金　②コンピューター等のトラブル対応及び修繕　③欠席確認　④ＩＣＴ機器の新設時の委託業務　⑤試験監督　⑥物品の注文　⑦教員の補充業務　⑧物品の在庫管理　⑨大量の印刷　⑩物品の分類・準備・配布・管理　⑪文書作成　⑫会議の議事録等の作成　⑬標準的な通信文の作成　⑭入札のコーディネートと文書提出　⑮学級のリストの作成　⑯個別のアドバイスの提供　⑰記録とファイリング　⑱児童生徒データの管理　⑲教室の掲示物の掲示　⑳児童生徒データの入力　㉑出席状況の分析　㉒職業体験学習の運営業務　㉓試験結果の分析　㉔試験の運営業務　㉕児童生徒のレポートの整理

このリストを見た日本の教員は、「自分の仕事の8割だ」と言ってショックを受けていました。イギリスでは、教員を**プロフェッショナルな職業として尊重し、子どもの教育に注力できるよう国を挙げてサポートしている**のです。

常葉大学の紅林伸幸教授によると、平日に「リフレッシュできている」と感じている教員は、「できていない」と感じている教員に比べて「教育上のアイデアが次々に浮かぶ」と答える割合が11％多いそうです。休日はその差が４％。つまり、カギは**平日にリフレッシュできているかどうか**、なのです。

それでは、近年やっと問題視され始めた教員の多忙化解消について、静岡県の先駆的な取り組みをご紹介します。

モデル小中４校で教員の残業時間削減に取り組む

静岡県教育委員会では、２０１６年度から3年間にわたる「未来の学校『夢』プロジェクト」を始動しました。文科省から希望して出向し、静岡県の教育委員会に着任した若手官僚のＨさんが、熱意を持って立ち上げたプロジェクトです。

県内の４つの小中学校をモデル校に指定し、教職員の多忙化解消、意識改革を目的に、他地区への波及効果を目指し、施策の検証・立案を行うプロジェクトです。大学研究者・静岡県ＰＴＡ連絡協議会会長に交じり、当社も一員として参加しています。

ここで文科省と教育委員会の関係を補足しておきます。文科省が学校に変革を促せば学校が従うイメージがありますが、実際には学校の上部組織は教育委員会であって文科省ではありません。「学習指導要領」は文科省が枠組みを決めますが、実際に学校で何かを行う際は、教育委員会の許可・指示が必要なのです。

文科省からはＩＴ教育やアクティブラーニング、チーム学校といった「追加」業務が次々来るのですが、何かを削減するには教育委員会の許可が必要という構造があるので、Ｈさんは教育委員会に出向して取り組んだのです。

静岡県教育委員会からモデル校に指定された4校は、富士市立富士見台小学校、清水町立清水中学校、藤枝市立高洲中学校、吉田町立住吉小学校。やはり最初のうちは、各校の教員の方々には戸惑いや半信半疑の様子も見られました。

富士見台小学校ではメールを使う習慣がないので、朝メール・夜メールの代わりに黒板を利用しました。帰宅目標時間を記入する「カエルボード」を作り、意識改革や身の回りで着手できることから少しずつ始めていきました。

一般的なビジネスパーソンが**探し物をする時間が年間150時間以上**と言われていますが、学校はプリントやアンケート等、一般企業以上に紙の資料が膨大です。そこで夏休み期間にこれらの破棄と整理整頓を敢行し、職員室内をレイアウト変更することで、**探し物時間を大幅に削減**しました。

留守番電話の導入で残業月13時間減少

2学期には大きな時間を占める「保護者対応」に着手した学校も出てきました。全国の学校では、放課後ひっきりなしにかかってくる保護者からの電話で、テストの採点や評価などの集中を要する作業が進まず、持ち帰り仕事が慢性化しています。この対応として最も効果が高かったのは、**留守番電話の導入**でした。18時以降は留守番電話に切り替え、集中できる環境を整備。そのうえで19時までの退勤をルールとしたところ、富士見台小学校では**月間の平均残業時間が前年同月比で最大13時間減少**、高洲中学校では**持ち帰り仕事が半減**しました。

高洲中学校では留守番電話を導入し、電話の音も鳴らない設定にしたところ、教員アンケートで「音が鳴らないので業務に集中できた」「電話がかかっているのに出ないという心苦しさから解放された」という声が多く上がり、**満足度は97％**。明日の子どもたちの授業のことを考え、準備する時間に充てられるようになりました。また、精神的なストレスも大幅に軽減できました。

意外だったのは、保護者からの反応です。ＰＴＡ経由で取った少数アンケートですが、「よい」「まあよい」の合計が１００％と前向きな評価でした。「決められた時間に対応していただけるほうがかけやすいし、スムーズ」「親も先生の勤務時間を意識し連絡する内容も最小限に伝えることができる。必要なら18時前にかければいい」と**非常に理解のあるコメントでした**。

保護者に対しては、４月のモデル校選出直後と9月の留守番電話導入前に、丁寧な説明会を実施しました。モデル４校の中には、「教師が楽をするためか」などの懐疑的な問い合わせを受けたケースもありましたが、「教師が子どもたちと向き合う本質的な時間を生み出すための活動です」と繰り返し伝え、理解を得ました。

学校の働き方改革に欠かせないのが保護者の理解ですが、静岡県教育委員会は保護者の理解促進広報に工夫を凝らしました。夏休みになると映画館では子ども向け人気アニメ映画が上映され、子どもと保護者が一緒に足を運びます。そこで、映画館で放送する広告（シネアド）を制作し、人気アニメ映画の上映前に「教室が今、ＳＯＳ！」という理解促進のＣＭを流したのです。映画館はスクリーンを見る以外にすることがないので、**子どもに付き添ってきた保護者に確実に訴求できるいいアイデア**だと思いました。地元企業の協賛を募って、理解促進のためのシネアド上映に加え、ポスターも制作しました。

静岡県教育委員会が制作した
ポスター広告「教室が今、SOS！」

また、富士見台小学校では「地域の見守り」「校庭整備」「放課後の補習」など**教員が時間を取られていた業務を地域に協力してもらえるよう募集**をかけたところ、定年退職後の方々や、専業主婦、子どものいない地域住民も含めて１２０人以上が集まって力を貸してくれています。

静岡県教育委員会の取り組みとその成果は静岡新聞にも取り上げられ、他県の教育現場にも広がっていきました。
こうした先進事例が広がったことで全国各地の教育委員会、学校から問い合わせがあり、今年度は岡山県や埼玉県、神奈川県など、各地で教員たちの働き方改革の支援をさせていただいています。

具体事例

岡山県教育委員会の取り組み

「ぐっじょぶＭＴＧ」で業務を数値で見える化し、残業時間22・6％減少

岡山県高梁《たかはし》市立高梁小学校では、２０１７年5月から取り組みをスタートさせました。校長、教頭、働き方改革担当教諭、教務主任、養護教諭等をメンバーとする「ぐっじょぶＭＴＧ」と名づけたカエル会議の中で、教職員から出てきた改善提案は、学校行事や業務の軽減、ＩＣＴの活用、時間を作り出す工夫など多岐にわたっており、それらに優先順位をつけ、実施しました。
教員にとって取り組みの評価が最も高かったのは、「学期末の成績処理週間実施」でした。

学期末の1週間、通常よりも早く児童を下校させることで、通知表作成などに充てる時間を確保したのです。期間中は、放課後に会議を入れず、成績処理に集中できる環境づくりを徹底しました。取り組み実施後、教員による評価を具体的な数値で見える化したことで「自分たちの考えた取り組みで働き方が変わった」という効果を実感することができました。

学校行事の軽減では、夏休み前の放課後水泳指導を廃止しました。放課後水泳指導とは、夏休みに行われる地区の水泳記録会に向けた練習のことです。岡山県内の多くの小学校では、6〜7月の放課後にこの練習が行われ、教員の長時間勤務の原因の一つとなっています。高梁小では、昨年度の実施回数を確認したところ、5回であったことから、通常の体育授業の時間割や指導体制、指導方法、夏休み中の指導の工夫によって置き換えられると判断し、放課後水泳指導を廃止しました。この取り組みがすばらしいのは、前年度の実績「5回」という具体的な数字を挙げたことです。誰しも、やめることに対する抵抗はあるものです。「児童生徒がこう思うのではないか？」「保護者がこう言うのではないか？」「どこもやめていないのに、うちだけ……」という意見を前に、戸惑ってしまいがちです。しかし、事実と思い込みを切り分け、「5回」という数字から、「他で代替可能だ」と決断しました。もう1つのすばらしい点は、限られた授業時間を大切にし、授業改善に結びつけたことです。水泳授業を2時間の連続授業に変更することで、2回の授業の前後にそれぞれ発生していた着替えや移動時間を1回にまとめることができ、児童の活動時間が増加しました。このように、効果的に水泳指導を行うにはどうすればよいかという視点で教職員が知恵を絞ることで、水泳指導の工夫・充実という授業改善が図れるとともに、教職員の負担軽減や児童の下校時刻の統一による安全面の確保にもつながりました。そして、昨年度に比べ、大会への**参加標準記録突破による出場者数は、何と２・５倍に増加した**そうです。

上記以外にもさまざまな取り組みを行った結果、**２０１７年９月の学校全体の残業時間は、２０１７年４～６月平均と比べ、22・６％減少**しました。さらに残業時間だけでなく、職員アンケートの結果も好評で、２０１７年12月に行った全職員へのアンケートでは、４月当初と比べて「最終退庁時刻の設定に意味がある」と答えた割合が19％増加、**「負担を感じている業務がある」と答えた割合が15％減少**しました。

同じく岡山県の**浅口市立鴨方東小学校**では、職員室で実施する終礼が時間通りに終わらず他の業務を圧迫していました。職業柄なのか、連絡事項を説明する時に丁寧に順序立てて話す教員が多く、要するにとても話が長かったのです。

そこで、①口頭で連絡したい場合、当日の朝までに「提案者名」「内容」「所要時間」を終礼用の黒板に記入、②口頭での連絡が必要ない連絡事項は「その他」の欄に記入、③教務主任と働き方改革担当教員で時間調整をしたうえで、連絡順を決定するというルールを設定しました。

そして、タイマーで計測して注意を促しながら、記入した所要時間内で大切なポイントだけを伝えることにしたのです。タイマーの存在のおかげで時間を強く意識するようになり、事前に要点をまとめるだけでなく、実際に自分自身で時間を計りながら**発表の練習をする教員も出てきて、プレゼン力の向上にもつながっている**そうです。そうして黒板とタイマーを用いる終礼に変えた結果、**20分強かかっていた終礼が平均約5分で終わり、かつ伝えるべきことが伝わる終礼に**なりました。このことは、教員らが時間を意識しながら仕事をする大きなきっかけにもなりました。

PTA役員、地域住民、教員が合同でカエル会議を実施

また、鴨方東小学校のすばらしいのは、なんと**PTA役員と地域住民と教員らが合同でカエル会議を行った**ことです。さまざまな視点から意見交換を行いながら、教員らの意識や学校の常識を見直していくことができると考えたのです。それと同時に、企画メンバーの中に保護者・地域の方が入ることで、ミーティングの途中でPTAや地域住民の意見を聞いたり了承を得たりすることができ、スピード感のある業務改善を行うことができるようになりました。

実際に、これまで**約10回のミーティングの中で、50項目を超える改善の成果**が出ています。

例えば、ＰＴＡの行事や会議における教員らの参加時間を短くすること、サマーキャンプ、地区懇談会、音楽朝会、草とり集会等を削減して教員が授業の質を高めるための時間を確保できるように決定しました。

その中で、もう一つ特徴的な改善があります。これまで3学期の授業で行っていた大規模な集会活動「とんど祭り」は、計画・準備などを含めてかなりの時間と労力がかかっていました。そのため、来年度からは教員らではなく、**保護者や地域住民の有志の方々が中心となり教育課程外で土曜日に実施**することになりました。ＰＴＡ役員と地域住民と教員がカエル会議に同席して検討した成果と言えるでしょう。こうして校長、教頭、働き方改革担当教員がリーダーシップを発揮した結果、**２０１７年６月と比較し、同年11月の月間残業は28時間減少**しました。

また、鴨方東小学校は、地域と連携した教育活動による成果で**「２０１７（平成29）年度文部科学大臣優秀教職員表彰教職員組織の部」を受賞**しました。

〈２０１７年以降、新たに取り組みがスタートしている学校〉

岡山県笠岡市立大井小学校（9学級・教職員17人）
岡山県高梁市立高梁小学校（15学級・教職員27人）
岡山県浅口市立鴨方東小学校（15学級・教職員24人）

埼玉県伊奈町立小室小学校（22学級・教職員42人）
埼玉県伊奈町立小針中学校（25学級・教職員57人）

子どもの活躍の場は部活動だけではない

中学校以降の教員たちの長時間労働の大きな原因の一つが「部活動顧問」です。実は部活動の指導は**すべてボランティア扱い**なのをご存知でしょうか。教員の長時間労働が問題となっていますが、把握されている勤務時間に部活動指導時間は入っていないということです。文科省の会議で私が改善を提言すると、かつて部活動に熱心だった元教員の方から「学校生活になじまない生徒の受け皿が部活動であり、**居場所を作る上で重要だ**」「部活動である程度時間を拘束しておかないと、**空いた時間で非行活動が増えてしまう**」という意見を聞きました。だから部活動は大事であり、教員の長時間労働是正といっても部活動には踏み込むべきではないというのです。

そうしたご意見は、教員として生徒を思う熱心なお気持ちからであると受け止めたうえで、「学校生活になじまない生徒は、**学校という世界だけに閉じ込めず、むしろ外の世界に活躍の場があることに気づかせてあげたい**」と思います。「非行活動のある子どもには、その根本的な要因になっている本人の背景に寄り添えること」が大事です。だからこそ、その対話できる技術を教員が習得する時間の確保が今後ますます必要なのです。子どもの根本的な課題解決策として、部活動よりもより適切な方法があるのではないかという観点から議論することが重要でしょう。また海外に目を向ければ、オリンピックに出場したようなトップアスリートが、セカンドキャリアとして各地域で日本の部活動に該当するクラブの運営を政府から委託されて行っています。本当にスポーツを極めたい子どもにとっては、そうした環境のほうが才能を伸ばすことができます。日本では、オリンピックでメダルを獲った選手ですらセカンドキャリアは非常に困難であり、かつてのスポンサー企業で事務仕事をしている人も多いのです。ここをマッチングさせることで、**教員の長時間労働の是正と、より専門的なスポーツ指導環境の実現、スポーツアスリートのセカンドキャリアの問題解決という三方よし**が実現するわけです。文部科学省は、毎年教員の増強予算を申請しては財務省から削減されるという攻防戦を繰り広げていますが、スポーツ庁とも連携して、この地域スポーツ環境づくり予算を取りに行くような枠を超えた発想を期待しています。文科系の部活動に関しても、音楽や美術の領域で活躍する方々に準教員のような資格を与えていくことで解決できる道筋は、発想を広げればいくらでもあるはずです。

部活動に関しては、非常に先進的な事例があります。岐阜県多治見市では教育委員会がガイドラインを設けて、**「学校教育の部活動」と「社会教育のクラブ活動」に分けて組織**しています。

「部活動（学校教育活動）」は「同好の生徒をもって組織し、共通の興味や関心を追求する活動で、学校の管理下において行われるもの」と定義し、活動時間は「（1）課業期間中の**平日の下校時刻まで**（2）長期休業中の8時～17時の間」と規定。一方「ジュニアクラブ活動」は「学校区を基本単位として保護者や地域の社会人によって設置され、部活動を充実させることを基本目的とする活動」と定義し、活動時間は「（1）平日の下校時刻以後（2）土・日・祝日」と規定して明確に両者を分けています。この方法により、部活動は平日の下校時刻までとなったので、**教員の負担は大幅に減少し、しかもこの方式で育った生徒が通う多治見高校は甲子園に出場**しました。

日本の未来は教員の働き方改革にかかっている

小学校では2020年度から、中学校では2021年度から新しい学習指導要領が実施されます。英語学習やプログラミングが必修になるなど、教育内容や大学入試も大きく変わろうとしています。

しかし、**現状の教育現場では、その新しいニーズに対して教員が勉強する時間がありません。**

冒頭に挙げたOECDの調査でも、「指導への自信」が参加国・地域の中で最も低かったのは日本でした。勉強する時間が取れていないことが、教員の自己肯定感を下げていることが考えられます。教員の働き方改革が進まなければ、子どもたちに英語教育もプログラミング教育も効果的には行われないでしょう。教員の働き方改革に日本社会の未来がかかっていると言っても過言ではありません。

しかし現実は、タイムカードやＩＣＴで退勤時間を正確に把握している公立小中学校は２割のみ（文科省調査）。点呼や自己申告だけでしか把握していない学校が多数を占めています。

国会で議論されている働き方改革関連法案の中にはまだ、教職員の残業時間に対する是正が何一つ触れられていません。

私は２０１５年から文部科学省中央教育審議会の委員になり、何度もこの点を発言していましたが、その頃は具体的な動きが出るまでには至りませんでした。それから2年が経ち、２０１７年5月にやっと文部科学省から「教員の長時間労働是正」についてのヒアリングに呼ばれました。２０１５年頃は、私も学校の具体事例を持っていなかったので説得力が弱かったのですが、２年で多数の学校における働き方改革成果の実績ができたことで、２０１７年には静岡県教育委員会をはじめとする各校の取り組みやその成果、改革の障壁、具体的な提言をお伝えすることができました。特に、各校で大きな成果の出た留守番電話の設置や、部活動の休養日を設けることなどは、１校だけで取り組もうとすると、時として保護者からの反発が大きくな

図表5-2

中央教育審議会特別部会がまとめた緊急提言の骨子

- ◦タイムカードやＩＣＴで勤務時間を正確に把握できる仕組みを
- ◦留守電やメールで問い合わせに対応できる体制を
- ◦部活休養日、休暇中の閉校日の設定
- ◦教育委員会が時間外勤務削減へ業務改善・計画を策定
- ◦教委は教材共有や校務支援などでＩＣＴの活用を推進
- ◦国や自治体は学校への調査や報告依頼の数を適正化
- ◦国は2018年度予算で専門員の増員など環境整備を

出所：日本経済新聞（2017年8月30日付朝刊）を参考に作成

る可能性もあり、文科省から強いガイドラインが出されることによって、現場の改革は力強く後押しされると主張しました。

この改善案の大半が、２０１７年8月に文科省から出された緊急提言に入りました（図表５－２参照）。留守電やタイムカード、部活動休養日等が詳細の文章に書き込まれています。

〈中央教育審議会がまとめた、国や教育委員会、学校に対する緊急提言〉

【緊急提言】

1．校長及び教育委員会は学校において「勤務時間」を意識した働き方を進めること

2．全ての教育関係者が学校・教職員の業務改善の取り組みを強く推進していくこと

3．国として持続可能な勤務環境整備のための支援を充実させること

働き方改革に先進的に取り組んだ各校のおかげで、教育現場で残業を減らす方法に光が差し込んだのです。学校でも、働き方改革はできるのです。

各都道府県、市区町村の教育委員会でも、これまであきらめていた人々が再び声を上げ始めています。教育現場が変われば日本は確実に変わりますので、全国の教育関係者の皆様はぜひこのタイミングで声を上げていきましょう。

具体事例

自治体・三重県

年間予算の16％を県内企業の働き方改革に投入！ 働き方改革なくして地方創生なし

働き方改革で三重県民の幸福度が年々上昇

「幸福度」に関する三重県の調査で、興味深い結果が出ました。県を挙げて働き方改革に挑む三重県では、鈴木英敬知事の就任以来、県民の幸福度が年々上昇しています。注目したいのは、**幸福度に強い影響を与えている指標が他県では年収が１位**のところ、三重県では**１位が「家族**

関係」、2位が「健康」です。80年以上にわたりハーバード大学が継続実施している史上最長となる追跡研究「成人発達研究」でも、**幸福度や健康状態に最も影響を与えるのは、お金でも社会的地位でもなく「家族や友人など身近な人との良好な人間関係」**なのだと言います。

今、地方都市や地方企業でも働き方改革に着手する事例が急増しています。

すでに人口減少の影響を受けているのが、地方都市です。２０１４年の段階で、39道府県で前年より人口が減少。全国の８割の自治体で前年より人口が減少しているのです。地方都市、地方企業がこのまま何もしなければ、人材は大都市圏に流れ、人口は減る一方です。

そこに歯止めをかけるべく、「地方創生」が叫ばれる昨今、**「働き方改革こそが地方創生のカギである」**と改革に取り組んでいるのが、三重県の鈴木英敬知事です。鈴木知事は２０１１年当時36歳、現職知事として最年少で当選。その後、２０１２年、２０１６年と2度の育児休暇を取得するなど、イクメン知事としても知られています。

県下の主要企業が働き方改革に取り組み、高い収益とワーク・ライフバランスを同時に実現することで、県民は**育児や介護と仕事が両立しやすくなり、さらにそれがブランディングされることで「三重県に住みたい」と他県からも人口が流入する**。そんな**三重県の「地方創生」として働き方改革に挑みたい**、と鈴木知事は私たちに連絡をくださいました。それが２０１５年のことです。ここ1～2年は地方創生と働き方改革が結びついている自治体が増えましたが、

２０１５年にこの認識があったというのは、非常に先進的だったと言えるでしょう。

地方創生交付金を活用し、働き方改革セミナーを実施

当時は石破茂地方創生大臣のもとで、始まったばかりの「まち・ひと・しごと創生交付金」がありました。三重県はこの交付金をうまく活用し、２０１５年には、次の取り組みを実施しました。

１　県下の企業経営者１３０人に「働き方改革セミナー」を開催
２　23社の企業人事部が「働き方改革ノウハウ講座」全３日間を県の費用で受講
３　８社に県の費用で「働き方改革コンサルティング」を導入

特に、重要なのは1から3の流れです。三重県では、鈴木知事自らが自身のＳＮＳなどで１のセミナーについて発信されたことで、県が本気で取り組む姿勢を感じた県内企業の経営者たちからの応募が殺到しました。当初定員を１００名としていましたが、申込数が多く、急遽１３０名に増席しました。

そして、１の終了時に2の講座を受講したいか、チェック形式のアンケートをその場で実施するのです。すると少なくとも20～30%の企業は、「ＹＥＳ」にチェックを入れます。「誰かに

やらされる働き方改革」と、「自ら手を挙げて挑む働き方改革」とでは、大きな違いがあります。ちなみに、企業でコンサルティングを実施する際、トライアルチームを選定する際も、このアンケート方式を使うことがよくあります。キックオフとなる全社講演で「全社で働き方改革に挑む」ことを強調したうえで、各リーダーに「自分たちだけでは、どのように働き方改革を進めればよいか分からなければ、特別に数チームだけ専門コンサルティング費用を会社で負担してサポートします。このコンサルティングのサポートを希望しますか?」と聞くのです。全社で取り組むのであればなるべくよい成果を出したいので、自分のチームにはサポートをつけてもらいたい、と「コンサルティングを希望する」にチェックをつけてくれます。こうして自発的に手を挙げてくれるリーダーを選定すると、成果が上がりやすくなるのです。

2の取り組みでは、宿題を交えながら、人事担当者にカエル会議の実践方法を計3日間しっかり学んでもらいます。この受講や宿題に熱心で、もっと本格的なコンサルティングを希望する企業8社には、3の本格的な5カ月間のコンサルティングに入りました。この8社の企業のうちの一つ、株式会社エムワンの成果はこの後で詳述します。

県庁職員対象の「働き方改革・生産性向上推進懇談会」を立ち上げる

「働き方改革・生産性向上推進懇談会」の様子

取り組んだ8社が**業績アップや残業削減、出生数の増加**など、すばらしい成果を上げたことから、**2年目は企業向けのコンサルティングと並行して、県庁職員も働き方改革を加速させる**ことになりました。なんと毎回鈴木知事も出席する「働き方改革・生産性向上推進懇談会（ワーク・ライフ・バランス推進タスクフォース）」を立ち上げ、弊社の20代の女性コンサルタントが、その座長を務めました（著者注：タスクフォースとは緊急性の高い特定の課題に取り組むために設置される特別チームのこと）。

タスクフォースでは、**県庁職員の取り組みを厳しくチェックしてもらう**べく、銀行等の4事業所のトップと、少子化ジャーナリストの白河桃子さんにご参加いただきました。民間企業トップから県庁職員に対して、「民間企業の働き方改革に対してあれこれ厳しく注文をつけているのに、足元での取り組みはその程度のものなのか」といった率直な意見が出たことで、回を重ねるごとに取り組み内容が深まり、議論・意

図表5-3　男性の育児休業取得率の推移（県内事業所）

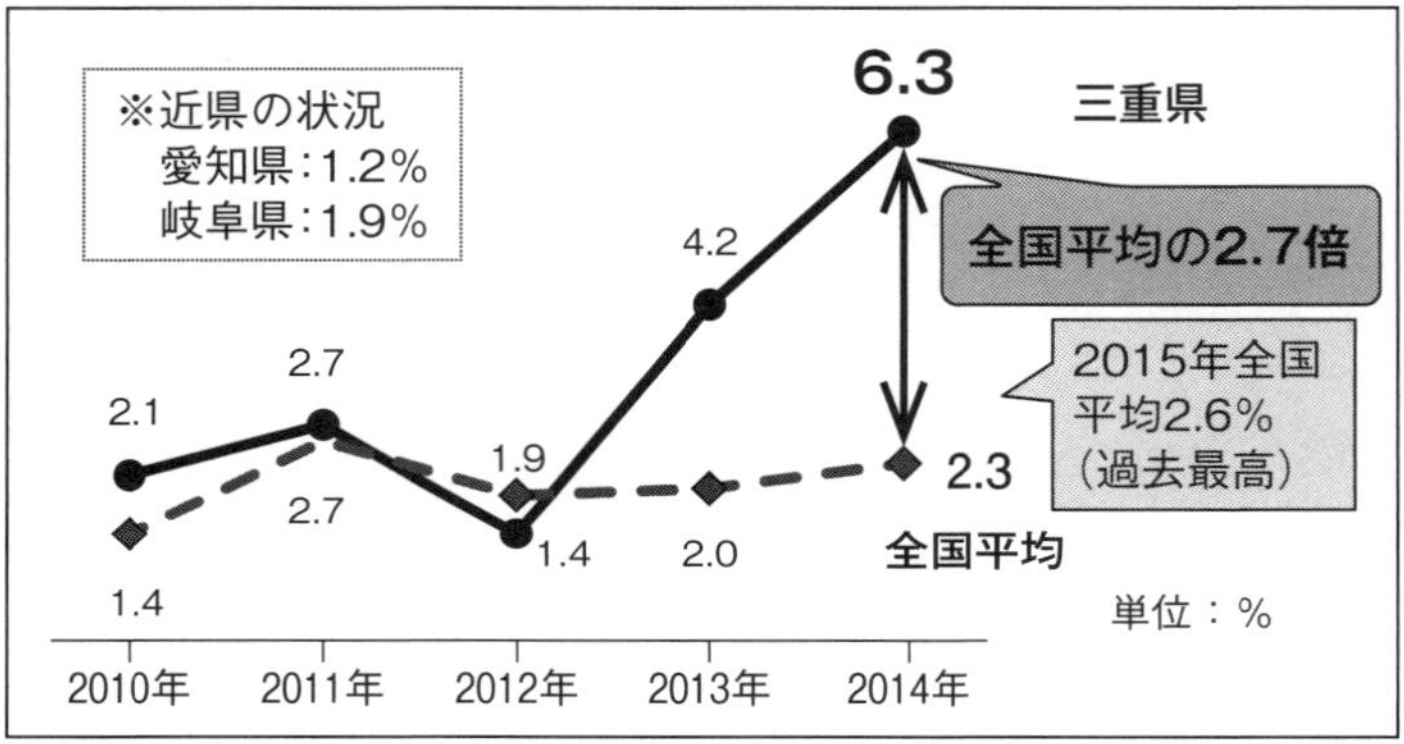

見交換が活発に行われました。

タスクフォースが立ち上がった２０１６年は、三重県で伊勢志摩サミットが開催された年です。通常、このような国際的大イベントが実行される年度は、県庁職員の残業時間が倍増してしまうものです。しかしカエル会議を活用して、働き方改革に正面から取り組んだことで、この年、三重県庁は**伊勢志摩サミットを無事成功させながら、超勤者は3割減**（超勤者：年間の残業時間が５００時間、月平均41・67時間超え）、**県の合計特殊出生率は1・56と過去20年間で最高に**。上昇幅は１・１で全国３位となり前年度から大きく飛躍しました。

男性の育休取得率も6・3%（全国の2・7倍）、女性の管理職の比率や県民の幸福度も年々上昇（図表５－３、５－４参照）。障がい者雇用率は全国最下位から、一気に20位に（図表５－５参照）。**県民1人当**

図表5-4　三重県下の企業の女性管理職比率

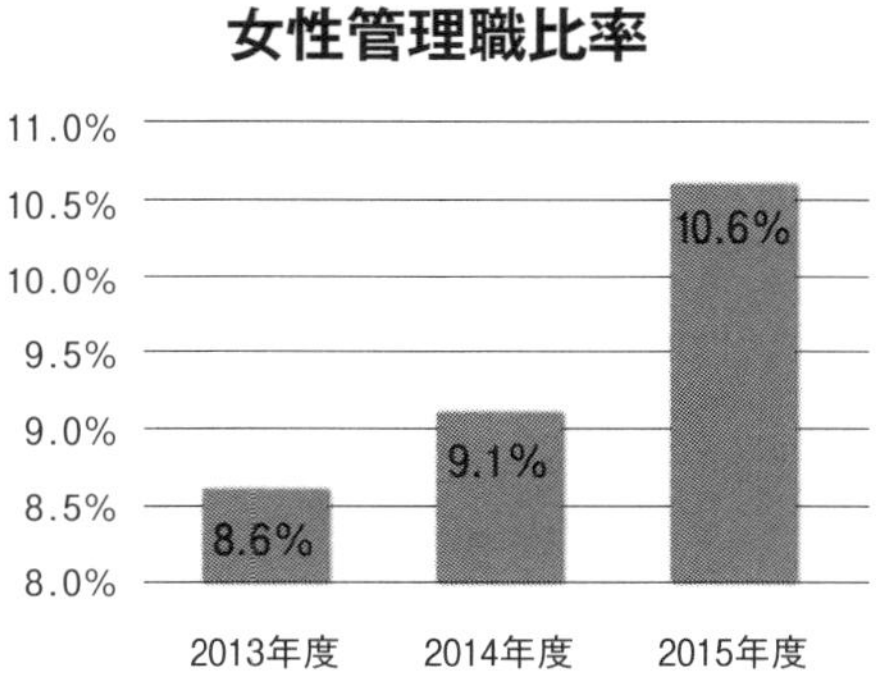

図表5-5　2016年障がい者の法定雇用率達成

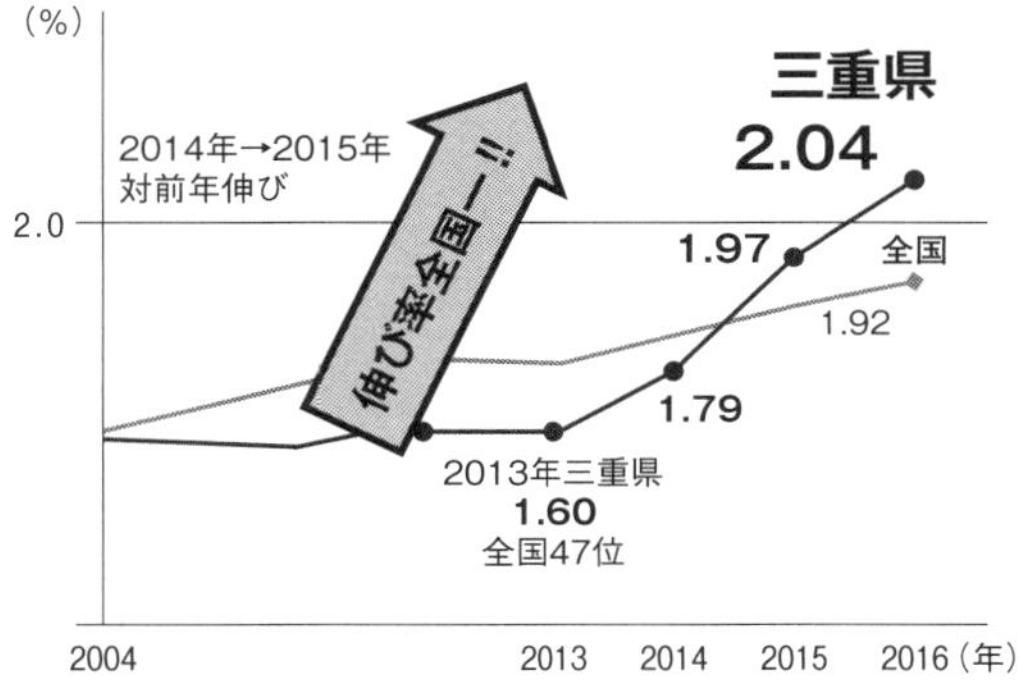

たり所得はリーマンショック後で最も高い金額となりました。

三重県では**26億円の予算のうち16%を働き方改革に**使い、三重県の調査ではすでに約6割の事業所が何かしら働き方改革に着手しています。

改革を行った企業からは、「採用エントリー数が5倍になった」「過去最少の人数で最大の売上になった」「業務の平準化で時間外勤務を削減できた」「**介護施設でスタッフの離職者が0になった**」「職業柄24時間年中無休の職場だが、各自の有休取得率がアップした」などの報告が次々と届いています。

内閣府では三重県の取り組みに対し、「**地方創生で実現したいことが、すべて実現できている**」と驚き、非常に注目しています。「この取り組みを全国の自治体担当者に知ってほしい」と、内閣府主催として三重県の津市で、自治体が取り組むためのノウハウを共有するセミナーを開催したところ、アクセスの悪い津市の会場にもかかわらず、なんと県内外から約２００名の自治体関係者や経営者、人事担当者がつめかける大盛況のセミナーとなりました。

このセミナーで鈴木知事は、「**かつて官僚時代、名刺に〝年中無休24時間〟と書いていた。**そんな僕でも価値観が変わった。**リーダーの役割は、空気を変えること**。企業の生産性を向上させ、競争力を確保するには働き方改革が喫緊の課題。**働き方改革なくして地方創生なし**」と、全国の担当者・経営者に力強く語りかけました。

図表5-6　労働時間革命宣言 自治体トップの署名

労働時間革命　自治体宣言

私たちは、わが国社会に山積する課題「少子化・介護離職・過労死・女性の離職・労働力不足・労働生産性の低さ」を解決し、豊かで明るい未来社会につなげるために、「労働時間革命 自治体宣言」として下記2点の推進を宣言します。

1. 長時間労働の是正は、個人に健康で充実した時間をもたらします。また、育児期に夫婦が協力して子育てする環境を整え、少子化解決にも好影響をもたらします。以上の認識のもと、自治体や地域企業において長時間に及ぶ残業が発生している職場の改善を進めます。
2. 日々の労働において、適正な休息を取ることのできるインターバルを挟むことで、健康被害を防ぎ、仕事の生産性をあげることができます。このインターバルにより、日本は持続可能な経済成長社会を作ることができます。以上の認識のもと、自治体や地域企業における勤務間インターバル規制を推奨します。

「労働時間革命　自治体宣言」のとりまとめにあたっては、プラチナ構想ネットワーク（会長　小宮山宏氏　（㈱三菱総合研究所理事長、第28代東京大学総長））等の協力を戴きました。

こうした自治体間でのノウハウの共有が功を奏し、三重モデルを参考に働き方改革を加速させる自治体が増えています。中でも岩手県、岩手県盛岡市、熊本県、大分県、京都府、京都府京都市、山口県、徳島県、長野県飯綱町、千葉県東金《とうがね》市、山形県寒河江《さがえ》市、埼玉県さいたま市、佐賀県佐賀市、石川県七尾市、大阪府四條畷《なわて》市など、多くの自治体の取り組みをサポートさせていただいています。

さらに、自治体を挙げて働き方改革に取り組むことを自治体リーダーが宣言する「労働時間革命宣言」を募集したところ、図表5－6のように続々と宣言自治体が増えています。全国の市区町村の約半数が消滅可能性都市に該当している今、地方自治体の生き残りをかけた働き方改革は待ったなしと言えるでしょう。

具体事例

株式会社エムワン

社長が変わり、人事が変わり、現場が変わった
一般用医薬品売上は2・3倍、採用エントリー数は約5倍に！

地方の調剤薬局が「都市圏の企業内定を辞退してでも就職したい企業」に変貌

2015年に三重県が推進する「ワーク・ライフ・バランス推進サポート事業」にいち早く手を挙げ、私たちがコンサルティングに入る8社のうちの1社に選ばれたのが、三重県松阪市で調剤薬局を営む株式会社エムワンです。

従業員数58名（うち薬剤師28名）の小さな会社で、同社の人事部の柴田佐織さんは、2名の女性社員がほぼ同時に産休・育休を取得することを把握し、「何とかしなければ」と考えていた矢先に三重県の事業を知ったそうです。

従業員4名のトライアル店舗には、会議室もホワイトボードもありません。**カエル会議では分包機を机代わりにしてA3用紙を置き、立ったまま実施**しました。

全員で目指したいゴールイメージは何かを話し合ったところ、有給休暇の取得が進んでいな

かったことから、「全員の有休消化１００％」を掲げました。しかし、薬剤師である管理職の女性は、内心では「スタッフに休みは必要だし、自分も休みたい。でも**自分が休んだら仕事が回らないのでは？**」と考えていたそうです。

それでも、「全員が休むため」に、これまで管理職が1人で行っていた店舗マネジメントや販売ノウハウなどすべてのマニュアルを作成。この時管理職やベテラン社員ではなく、あえて**社歴の浅い新入社員が**中心となってマニュアル作成をしたのです。ちょうど調剤実習に来ていた学生にも参加してもらい、新人は何が分からないのか、どこでつまずくのかを確認しながら、丁寧なマニュアル整備を行いました。

マニュアル作成と並行してスキルマップの作成も行い、誰がどんな業務を担当できるのか一覧にし、スキルの平準化に取り組みました。**業務の属人化が排除され、自然と誰もが業務の全体像を把握できるようになっていきました。**すると**それまで管理職以外は意識が向かなかった日々の売上や店舗マネジメントにも、自然とメンバーの目が向き始めました。**店舗の雰囲気が少しずつ変わってきたのです。

ある夏の暑い日。スタッフの一人が店舗の前の工事現場の方々に「脱水症状にならないためには経口補水液がいいですよ」と、商品を勧めに行くという行動に出たのです。これまでどちらかと言えば受け身のタイプだった社員が、仕事に対して自ら行動を起こすほどに変化しました。

有給休暇の取得を促進するために、各人が「休みが取れたらしたいこと」を共有し合った時のこと。「映画」「読書」「のんびり過ごす」等の意見が出てきて、ある若いスタッフは「有給休暇ってそんな理由でも取得していいんですね」と驚いたと言います。有休は、病気や旅行や人生の大きなイベントでないと取ってはいけないと思い込んでいたそうです。

この有休取得100%を目指す取り組みの中で私たちが最も印象深かったのは、当初「私は結婚もしたいし子どもも産みたいけど、仕事を続ける限りどうしても躊躇《ちゅうちょ》してしまう」と言っていた管理職が、無理やりにでも**早く帰り、有休を取得する生活を送るようになった結果、なんと結婚**したことです。ハネムーンではたっぷりためていた有休を思いきって2週間取得！すでにマニュアルがしっかり整備され、ノウハウ共有が進んだ店舗では、何も滞ることはありませんでした。

有休取得が促進されるようになると、勉強時間がしっかり確保できたことから、一般用医薬品販売の資格である「登録販売者」を取得したメンバーも増えました。

これらの取り組みの結果、トライアル店舗では**有休の取得が前年比352%**になり、店舗の**一般用医薬品売上は前年比230%**を達成。「こんなことが実現できるんだね」と、取り組んだ本人たちが一番驚くほどでした。

社長も「プライベートも大事にしてほしい」というメッセージを社員にしっかり発信しました。この取り組み後、同社の**結婚数は2倍、出産数は2・5倍に。出産のための退職者はゼロ**です。

これらの取り組みは、新卒採用にも大きく影響を与えました。エムワンでは、これまで「大手就職サイトに広告を掲載しても、エントリーさえほとんどない」状態。三重県内に大学は少なく、大阪や名古屋まで1時間程度で通勤できてしまうので、大都市圏との人材奪い合いでは圧倒的に不利な状況でした。

それが２０１７年入社の新卒採用では、これまでの働き方改革の取り組み内容や成果を会社説明会でＰＲしたところ、**エントリー数は前年度の33名から、約5倍の168名**に。内定者11名の中には**大阪の企業の内定を断って入社してくれた学生もいました。**内定者の１人は、トライアル店舗でマニュアル整備のお手伝いをし、実際に職場の雰囲気の良さを体感し、入社を決意したそうです。

働き方改革で社長、人事、現場が変貌を遂げる

エムワンが組織として、これだけの変革を遂げた時、同様に大きな変貌を遂げられたのが村

井俊之代表です。コンサルティング開始後、コンサルタントは「社員から出たアイデアや意見に対して、否定的な発言をするのは控えてください」と伝えました。このことは、どの会社のどのリーダーに対しても私たちが必ずお伝えしていることです。

これまで自ら考えたり意見を言ったりしたことがなかったメンバーが、「何か言ったらバカにされるんじゃないか」「認めてもらえないんじゃないか」といった考えや雰囲気から脱するために、リーダーが「否定しないこと」はとても大切だからです。

コンサルタントの「否定しないでください」という発言により、村井代表は自身の普段の会話に否定的な発言が多く含まれていたことに気づいたそうです。当面の間、心がけたのは「前向きな反応をする」ことだったそうです。

従業員の変革を辛抱強く見守られ、新たな意見が出てきた時には「いいね」と認めることを強く意識されていたそうです。

後日、こんなことをおっしゃっていました。

「私が社員の発言を**前向きに承認するように心がけてから、従業員の笑顔が増えたん**ですよ。社員からどんどん自主的に意見が出てきて、売上や経営のことまで考えてくれるようになった。**何でも自分がやらないと、と口を出していた頃より経営がとても楽になりました。**中小企業とはいえ、社長が出しゃばりすぎてはダメなんですね」

人事部の柴田佐織さんも、今では同社の取り組み事例について、**三重県の鈴木知事と一緒に政府に呼ばれてプレゼンに行く**ほどになりました。他県から呼ばれて働き方改革に関する講演に立つ機会も増えているそうです。

講演を聞いた企業の経営者や人事担当者は、「ああいう力強い推進派の人がいるから、エムワンは取り組みに成功したんですね」と、暗に「うちの会社にはそういう人材はいないから無理」と言うこともあります。しかし、実は柴田さんも取り組み途中で、さまざまなトラブルが発生し、もうやめようかと思った時もあったそうです。しかし、ワーク・ライフバランスに関する講演を聞いて勉強したり、自分でもさまざまな取り組みを行ったりする中で、しっかりと腹落ちした結果、これほどの変貌を遂げられたのです。こうして働き方改革によって、社長も人事も現場も大きな変革を遂げました。

また、地方の中小企業は働き方改革なんて難しいとよく言われますが、**採用に苦戦する地域・企業ほど働き方改革で輝く**ということを証明した好事例だと思います。

今回、エムワンの働き方改革を支えたのが前述の三重県の「ワーク・ライフバランス推進サポート事業」でした。こうした**自治体の未来人口を増やし、若い働き手を引きつける職場を作る政策こそが、真の地方創生**と言えるでしょう。

株式会社エムワンの成功ポイント3

・会議室のない店舗でもカエル会議を続けた
・人事担当者が講演を聞きに行くなど勉強し、改革の障壁を乗り越えた
・採用活動で働き方改革をＰＲし、採用力が飛躍的に向上

具体事例

自治体・岩手県、盛岡市
1人の熱意が組織を変える
ノウハウを吸収し、自走できる力を鍛える

市職員が夜行バスで霞が関の勉強会に自主参加

岩手県盛岡市の取り組みは、ある1人の職員の行動力と熱意がきっかけでした。その職員は2014年、ＮＨＫの番組で弊社を知り、私が開催する私塾の「霞が関勉強会」に申し込みました。この勉強会は名前の通り、霞が関の役所に勤務する人の働き方改革を考えるための小さ

な勉強会です。そこに、「霞が関ではないが、同じ公務員として盛岡市でも働き方改革をしたい」と熱意を持って毎月夜行バスで上京し、参加されていました。

そして、三重県の働き方改革のために交付金を活用する事例を参考にされ、「地域住民生活等緊急支援交付金（地方創生先行型）」を活用する企画を上司に提案。

また、職員に向けた私の講演会のスケジューリング、市職員・上層部のキーパーソンの出席度について働きかけを行ったところ、組織内での取り組みの意義の理解が進み、交付金事業の国の財政的な支援も追い風となり、２０１５年に事業がスタートしました。

盛岡市が実施したのは、企業経営者に向けたトップセミナー（２００名が参加）と、後述する信幸プロテック株式会社の専務も参加された「働き方見直しコンサルタント養成講座」です。この講座は、市内の企業経営者や人事担当者のべ60名以上が受講しました。注目したいのは、盛岡市の企業では本格的なコンサルティングには入らずとも、講座を受講し、ノウハウを持ち帰って自ら実践した企業がさまざまな成果を上げていることです。中でも、**社長や専務などの経営陣がこの講座を受けた企業で高い成果**が出ています。

残業時間を年間で６割減少させながらも、利益率を５％上昇させた株式会社北日本朝日航洋（従業員89名、建設関連技術サービス業）、**残業時間を62％減少**させながら、対前年比で**売上48％アップ、利益が赤字から黒字に転換**した**株式会社悳《とく》ＰＣＭ**（従業員５名、建設コンサルタント業）などです。

講座の1日目、ある企業の社長は取り組みに非常に懐疑的でした。ところが1日目の宿題の「働き方改革の必要性を社員に話し、アンケートをもらってくる」を実行したところ、従業員から「待ち望んでいた改革です！」「ようやく取り組んでくださるんですね！」といった歓迎の声が上がったそうです。中小企業の社長と言えば、大きな商談時に同席し契約をまとめる「トップ営業」の役割を求められます。この社長は岩手の方言を話すことができないため、営業に同席しても会話の内容すら分からず「自分が会社に貢献できることは何だろう」と悩んでいた矢先に、この講座を受講されたそうです。そして社員の「待っていました！」の声を受け、**「自分が担うべき役割はこれだ」と働き方改革を決意**しました。この企業も、残業削減と利益率の改善を同時に実現されています。

市と県が連携・協力し、働き方改革等推進事業を実施

岩手県では、政府のまち・ひと・しごと創生基本方針2016の閣議決定において、自治体における働き方改革の取り組みの方向性が示されたことを受け、働き方改革の事業について検討をしていたところ、先行して事業を実施していた盛岡市と連携・協力し、事業の展開を進め

ることになりました。まず国の交付金を活用して、２０１６年度から「いわて働き方改革等推進事業」を実施。若者の就職支援をサポートする「ジョブカフェいわて」と協力して、「いわて働き方改革推進運動」を展開しています。２０１６年10月には岩手県と盛岡市との共催で「いわて働き方改革推進セミナー」を開催。２０１７年1月には**盛岡市で実施した「ワーク・ライフバランスコンサルタント養成講座」と岩手県で実施する「働き方改革見直しコンサルタント養成講座」を共同で開催**し、県は北上市の会場でもサテライト形式で中継しながら実施するなど、県と市が協力しながら事業を進めていきました。

２０１７年度には、全県域への取り組みの広がりを期して県はさらに予算を増額し、「いわて働き方改革サポートデスク」の設置や、「働き方改革モデル企業創出事業（コンサルティングの実施）」など、県内企業の働き方改革を後押ししています。

岩手県・盛岡市の成功ポイント3

- 上層部を動かし、事業をスタートさせた担当者の熱意
- 自治体事業の重複を省き、相乗効果を生み出す県と市の強力な連携
- 働き方改革を通じて地方創生を推進するための交付金を最大限に活用

具体事例

信幸プロテック株式会社

54項目もの業務を見直しながら、バックオフィス部門が現場の生産性までアップ!

市と県が用意した機会を最大限に活かし、働き方改革を推進

空調・給排水・照明や産業設備の工事、点検、メンテナンス、修理を行う社員34名の信幸プロテック株式会社。創業43年、岩手県紫波郡《しわぐん》矢巾町《やはばちょう》にある同社は、「毎日の暮らしに関わり快適な環境を提供することで、会社も社員も社会もすべてが良しとなる『三方良し』」をモットーにビジネスを展開しています。

創業者である会長の時代から社員のキャリア開発を行い、ワーク・ライフを考えてきた同社。一方で、**ベテラン世代と若い世代の仕事に対する価値観の違い、結婚や出産・介護など人生の節目を迎える社員が多くなったことなどから、多様化する社員の要望に会社としてどう応えていくかに頭を悩ませていました。**

きっかけは、盛岡市が企画した弊社の「働き方見直しコンサルタント養成講座」に専務が参

加したこと。働き方改革が社員の人生そのものの充実につながり、雇用の確保や採用難の切り札となることを確信し、全社員を集めて弊社講師による講演会を実施しました。営業部の部長からは「『できるか？』と不安だったが、講演を聞き終わって『できればいいな・できそうかな』と気持ちが変化した」という感想が寄せられ、全社の意識統一が図られました。その後、岩手県が募集した働き方改革モデル企業に手を挙げ、コンサルティングを６カ月間受けることになりました。

中でもトライアルチームの経営管理部では、主任が県主催の「働き方改革アドバイザー養成講座」も受講し、働き方改革に関する最新の知識を得ながら取り組みました。経営管理部門は、経理・財務管理や総務機能を持ったバックオフィス部門です。問い合わせや修理依頼などの受付業務も担当しているため、日中はひっきりなしに電話がかかってきます。カエル会議も、その電話対応で中断することがしばしばありました。私たちが訪問した際、メンバーがまだ会議の進め方に不慣れで意見が出てこず、担当役員である専務が見かねて議論を引っ張っていくという様子もたびたび見られました。

そんな中でも朝メール・夜メールを活用し、カエル会議を進めることで「誰が何を担当しているか分からず、業務が属人化している」「会社や現場のサービスマンが何を求めているか分からない」「集中する時間が取れていない」「技術的な知識が少なく、問い合わせ回答に時間がかかっている」といったさまざまな課題を見つけていきました。

初めの一歩は情報共有と業務効率化

初回のカエル会議で、ゴールイメージを「チームワークと情報共有により業務を効率化することで、余裕を持って仕事が完結でき、一人ひとりが最大限の価値を提供し、頼られながら成長していくチーム」としました。中でも「情報共有」と「業務効率化」に焦点を当てて取り組みました。

業務の見える化のために、まずはスキルマップを作成。スキルマップとは、縦軸に部署内で行う業務、横軸に人の名前を書き、◎○△等の記号を書き入れることで、誰がどの業務をどのレベルで行うことができるのか見える化するツールのことです。すると、属人化している業務が多いことがはっきりと分かりました。その業務に関しては「もう1名担当を増やすもの」「手順書を作るもの」など今後の対応を決めて、メンバー同士が助け合える体制を作り上げていきました。

最終的には**「1人担当から複数担当に見直した項目」が27項目、「業務移管を実施した項目」が9項目、「全員が担当できるようになった業務」が10項目、「手順書を作成した項目」が7項**

目、合計54項目もの業務体制の見直しを行うことができました。

当初、朝メール・夜メールに専務と主任だけがコメントを返していましたが、**当番制に変更。**立場に関係なく以下のような**コメントをし合い、関係性の質を上げていきました。**

「営業さんから頼りにされ、いろいろな仕事をお願いされている姿をよく見ます。よい関係で連携・支援ができているんだなぁと感じます」

「外出が多くなると、どうしても手元の作業の時間が取りづらくなると思います。外出時に手伝えることがあれば教えてください」

「いつも素早く電話対応してくれるので助かっています。今朝の長い保留中の対応もすばらしかったです！」

また、朝メール・夜メールの**集計結果をもとに分析を行い、時間をかけたくないと思っていた「見積・請求書の登録作業」に34・5％も使っていることが判明。**業務の優先順位をつけることを徹底しました。**カエル会議は、司会進行・タイムキーパー・書記など必ず全員に役割を振るという主任の工夫により活性化。**付箋も併用することで、当初大人しくて意見があまり出なかったメンバーが見違えるように意見を活発に述べるようになりました。議題ごとに時間を割り振り、タイマーでカウントし、時間意識も向上。途中電話がかかってきても、交代で電話に出て、できる限り議論を中断せずに進めるなどの工夫を凝らしていきました。議事録の作成や必要な作業もできる限り会議の中で終え、**短時間で多くの議題を話し合うことができるようになったのです。**

同行がきっかけでバックオフィス部門が現場の生産性向上に貢献

次に、「自身の知識・スキルの向上と、現場に赴くサービスマンの抱える困りごとの把握」のために、現場のサービスマンに同行し、作業の様子を写真や動画に収めていきました。同行後は報告書を作成し、カエル会議で他のメンバーに共有しました。サービスマンからは「同行して現場の業務を理解してもらったことで、頼みごとの範囲も広がり依頼内容の取り違えも少なくなった」と好評です。

この現場同行が、思わぬ形で**現場の生産性向上にもつながりました。同じ作業内容でも担当者によって所要時間が違うことに気がついたのです。**そこで、ベテランが作業している様子を動画に撮りチーム全員で共有することで、**バックオフィス部門ながら、現場全体の技術向上と生産性向上をサポートすることができたのです。**

働き方改革を社内に浸透させるための最も近道な方法

トライアルチームの取り組みは、まずは自部署の働き方を見直し、**小さな成功体験を積み重ね、浮いた時間を使って他部署も巻き込んだ難易度の高い大きな取り組みに**発展させていくほうが、結果として近道です。

経営管理部門では、自分たちが現場のサービスマンに依頼内容を的確に伝え、簡単な技術的質問はサービスマンの手を止めず自部門で完結できるように、スキルアップ勉強会を就業時間内に開催。９月～11月の間に４回開催し、**１人当たり７時間、合計28時間分もの学びの時間を捻出しました。**

電話が頻繁にかかってきて集中が途切れてしまうという課題を解決するために、「がんばるタイム（集中タイム）」を実施。「がんばるタイム中」というポップをパソコンの上に置いたメンバーには一定時間電話を取り次がず、**集中して仕事に専念できる環境を協力しながら作っていきました。**「普段

スキルアップ勉強会の様子。事前にフロントに学びたいことのアンケートを取り集計し、先生となるサービスマンと事前打ち合わせを行い、勉強会でアンケートの返答を共有

集中して仕事に専念するため一定時間電話を取り次がない「がんばるタイム（集中タイム）」を実施

だと何時間もかかってしまう作業が、集中してあっという間に終わらせることができました」と、利用したメンバーの評判も上々です。

さらには、**個人が専門領域として身につけたい分野を考えて「プロ宣言」として明確化**。社員と社長との個別面談も実施し、会社の方針とずれないようにしたうえで、シートにまとめていきました。

余暇や終業後にやりたいことも、雑誌の切り抜きや写真画像を使って「ライフビジョンシート」としてA3用紙1枚にまとめ、メンバーのプライベートやバックグラウンドまで共有。ワークだけでなく、ライフの面もサポートしたいと心から思える関係を作っていきました。

こうした取り組みが奏功し、取り組みを開始した5月から10月までの半年間に、依頼受付件数は昨年度よりも180件増えたにもかかわらず、残業時間は全社で13・2％減らすことができました。

働き方改革を進めるうえでオープンマインドは欠かせない

同社の専務とメンバーは、働き方改革に取り組む**他のモデル企業の見学にも行きました**。すると、その企業が今度は同社を見学に来て、モデル企業同士の交流が生まれ、お互いの取り組みを取り入れていきました。

モデル企業3社合同で行われた最終報告会。同社の専務が発表の中で**「県の事業が終わっても、自主的に3社合同で定期的に集まって報告会をしましょう」**と呼びかけました。自社の取り組みをオープンにした意義を感じたからこその呼びかけなのだと思います。

働き方改革は組織の課題を解決していくものですから、詳しく発信すると自社の問題も露呈することにもなり、抵抗感があるものです。それでもオープンに情報を発信していくからこそ情報が集まり、企業同士の交流も生まれ、1社では到底なし得なかった速さで取り組みを発展させていくことができたのです。

同社は「他の企業のためになるなら、私たちの資料を提供してもらっても構いません」と**最終報告会で使用した資料の公開までしています（https://www.srs.co.jp/wlb/）**。

最終報告会では、参加者から「信幸プロテックさんの取り組みがすばらしかった」「真似をしたい。具体的に理解できた」など多くの反響があり、出席した社長からは「本当に自分の会社の社員なの⁉　と驚いてしまうほどすばらしい発表だった。みんなのことを誇りに思います。この取り組みを全社に広げていきたい」と力強い宣言もなされました。

いよいよ現場部門でも取り組みがスタートします。先行した経営管理部の力も借りながら働き方改革を発展させ、岩手県はもちろんのこと、日本の働き方改革をリードする存在になってくれたらと期待しています。

信幸プロテック株式会社の成功ポイント3

・ツールを活用しながら、客観的な課題把握と取り組みの優先順位づけを実施
・バックオフィス部門から現場部門へと対象範囲を広げていった戦略的な段取り
・情報を出し惜しみせず、他社との交流を積極的に図るオープンマインド

助成金を活用して働き方改革を促進

働き方改革関連法の施行は、早くて2019年、中小企業には一年猶予が与えられる見込みで2020年頃になりそうですから「働き方改革は待ったなし」ですが、資金に余裕のない地方の中小企業が取り組むには、政府が働き方改革に特化した「働き方改革交付金」を設定し、補助すべきだと考えています。中小企業が申請して直接受け取るタイプの助成金がさまざまあるのですが、「実際にそのお金を使って、どうやって改革したらよいか分からないから申請しない」「経営者が変革の必要性に目覚めてくれないから申請できない」という現状があります。

お金以上に必要なのが**「経営者の意識改革と改革の具体的ノウハウ」**であり、そこを地方自

治体がまとめて対応してくれると、１社１社の改革はもっと加速するはずです。また、信幸プロテックの事例にあったように、**自治体がモデル企業同士の交流する場を提供することで、成果は高まる**のです。例えば、次のような５項目で使える交付金を作るとよいのではないかと政策提言しているところです。また、今までの交付金は10分の５を助成することが多いのですが、地方創生は国家の危機の解決策なのですから、申請した自治体に経費の10分の８程度を助成しても、リターンは十分にあるはずです。

１　経営者向け　働き方改革の必要性意識改革研修実施（予算目安：２００万円）
２　企業担当者向け　組織内の働き方改革担当者の養成とネットワーク化（８００万円）
３　専門家による働き方改革への具体的指導と、出た成果の共有・発信（３０００万円）
４　インターバル規制導入のための制度設計（社会保険労務士への相談促進・５００万円）
５　在宅勤務システム・インターバル制度の管理システム構築（１２００万円）

この５項目の経費が合計５７００万円程度かかります。ですから、申請した自治体に交付金が上限５０００万円程度支給されれば、自治体の動きをぐっと加速させることができます。

三重県の先行事例のように働き方改革が進めば、日本社会と地方自治体にとって最大の危機である少子化（地方自治体にとっては人口減による税収減・自治財政破綻）に対して人口の社会増（人口流入が増えること）・自然増（出産が増えること）につながるのですから、それを全国で加速させるためにはこのくらいの投資は妥当でしょう。

企業が直接申請する助成金も増えています。厚生労働省・経済産業省から、生産性向上や最低賃金向上など、それぞれの名目で助成金が創設されていますので、中小企業の皆さんはこうした動向を見逃さないようにしてください。年度の上限予算がなくならないうちに、年度前半で名乗りを上げて活用していってください。

〈働き方改革に関連する助成金・交付金関連の一例〉

- 業務改善助成金（厚生労働省）
- 職場意識改善助成金（時間外労働上限設定コース／厚生労働省）
- 人材確保等支援助成金（職場定着支援助成金、建設労働者確保育成助成金／厚生労働省）
- キャリアアップ助成金（厚生労働省）
- 両立支援等助成金（厚生労働省）
- ものづくり・商業・サービス新展開支援補助金（経済産業省）

具体事例

中央官庁・内閣府

国会対応など他律的な業務が多いと言われる霞ヶ関でも働き方改革に果敢にチャレンジ！

“聖域”国会待機問題にも着手した働き方改革

今まで中央官庁のコンサルティングや研修に数多く関わってきました。経済産業省、総務省、財務省、外務省、防衛省、警察庁、人事院、環境省、厚生労働省。その中でも、内容的にも期間的にも最も本格的に取り組んだのが内閣府です。内閣府では、４課５チームがトライアルチームとして働き方改革に挑戦し、カエル会議を継続しました。

本章の冒頭で述べたように、管轄省庁から急な依頼と短納期を迫られ、対応しているうちに長時間労働がお互いに習慣になってしまっているような企業が多い。つまり、**霞が関は残業の震源地です。しかし、そんな霞が関に言わせると、そのさらなる震源地は永田町なのだそうです。**政治家の無理なオーダーや、国会会期中に各議員がギリギリになって送りつけてくる質問に対して、大臣が答弁するために作る膨大な答弁資料が大きな負担になっています。

内閣府は、こうした国会答弁に関連する部署もトライアルチームとして取り組んだ点が非常に貴重です。2016年、河野太郎行革大臣時代に「霞が関の働き方改革を加速するための懇談会」の座長を務めさせていただいた際に、大臣の権限で調査を実行していただき、国会会期中に質問の事前通告をする各議員の質問提出時間を取りました。すると、なんと**平均で20時半、最も遅い議員で24時半だったのです**（この調査は「国会に関する業務の調査」で検索いただくと調査結果が出てきますので、ぜひご覧ください）。そうした中でも、内閣府は、国会関連業務の担当部署までもトライアルチームとして取り組んだということに、大きな意義があると思っています。

国会担当のトライアルチームでは、霞が関の〝聖域〟ともされる「国会待機問題」に着手しました。国会待機というのは、大臣に対して議員から質問する内容が予告されてから、それに対する答弁をどのようにするかの資料を官僚が用意するために「待機」して、仕上げるまでの時間を指します。内閣府の場合は、議員からの国会質問が記載された「問表」が届いたら、各部局に答弁の資料作成を指示し、各部局から出来上がった答弁資料を取りまとめて大臣室までお届けするのが総務課の調整担当の仕事です。そうすると、最後に答弁資料が提出される部局を調整担当は待ち続けて、当日の明け方近くになってすべて揃ってから、体裁を整えて大臣室にお届けすることになっていました。

そこで、内閣府では国会における質問内容の確定後フローの変革に着手しました。

内閣府には複数の担当大臣がいますが、そのうちの一人の大臣部局について、これまでは、各部局からすべての答弁資料が作成されるまで総務課が待機していたものを、問表が登録されてから**原則５時間以内に答弁資料を提出**するルールを設定しました。大幅に提出が遅れるなどした場合には、当該部局から直接大臣室に提出してもらうように運用を変更し、これによって総務課の調整担当が明け方まで待つ必要はなくなり、帰宅することができました。

実は、答弁資料は提出先の大臣によって使用するフォント（書体）やフォントサイズ（文字の大きさ）等のフォーマットが違うので、とりまとめを行う総務課では細かな点の最終チェックを行い、答弁資料を大臣室に提出していました。

しかし、フォントやフォントサイズの変更は、一言言づけておけば誰にでもできる仕事です。わざわざその調整のために何時間も残業する必要はないというところに行き着くことができました。**「国会待機はどうしようもない」と最初からあきらめてしまっていては、こういった取り組みにも着手できませんでした。**

おそらく大臣は、何気なく発した「これぐらいの文字が見やすい」という一言が、関係各所を煩わせているとは夢にも思っていないでしょう。そもそもフォーマットは、全省庁で統一したほうが効率はさらに上がることは言うまでもありません。

大臣など政治家の皆さんは、自らの何気ない一言によって日本の優秀な頭脳の浪費・空費をさせているのかもしれません。

〝実現可能性の分析〟よりも、まず実行！

今まで経済産業省、総務省などのコンサルティング、財務省、厚生労働省、環境省、警察庁や外務省での研修などを担当してきましたが、霞が関のカエル会議では、分析能力に長けている人が多いせいか、出たアイデアのどれを実行するのか、その分析に時間をかけ過ぎる傾向があります。それを今回の内閣府の人事担当トライアルチームでは、思い切って「**カエル会議で出たアイデアは、実現可能性を気にせず、まずは実行してみる**」と決めて、さまざまな取り組みにチャレンジしました。

「すまあいる（スマイル）大作戦」と銘打って、「スリム化（す）」「マニュアル作成（ま）」「朝メール（あ）」「意思疎通（い）」「ルール設定（る）」を行うことに。

「突発案件が多く、毎日の業務予定を立てるのが難しい」との意見があれば、まずは「毎朝ではなく、月曜日の朝に大まかな1週間のスケジュールや退庁予定時間及び休暇予定を共有する」ことに変更。

また、定時退庁日にもかかわらず残業するメンバーには、働き方改革先進企業のセントワークス株式会社を参考にした大きな紫色の通称「恥ずかしいマント」を着用させることにしました。しかし再検討の結果、残業した職員に何かをさせるよりも、定時退庁日の朝から机上や胸にバッジをつけて職員自身の意識を高めたほうがよいということになり、周囲や管理職にも理解を促す「絶対カエルバッジ」をつける施策に変更しました。

このように、さまざまなトライ&エラーを繰り返しながら、取り組みの中で**書類整理や共有フォルダの整理・活用、離席時の周囲への声かけなど、効果がはっきりと見出せたものはルール化して定着させる**など、着々と改革を進めています。

事務局の〝本気〟度が改革の成否を分ける

内閣府の取り組みが進んだ理由として、事務局が中心的な役割を担った点が注目されます。

今や地道な取り組みが少しずつ実を結び出した内閣府ですが、当初はどのチームも、カエル会議の勝手が分からなかったり、繁忙続きだったりで開催も難しい状況でした。何度も開催日を変更したりと、遅々として改革が進まない。しかし、そうしたことを事務局がメールで他チームと共有することで「自分たちだけが悩んでいる訳じゃないんだ」「最初から完璧にする必要はない。まずはできることから始めよう」という機運を高める効果を生みました。

また、取り組みを進める中で弊社コンサルタントと相談して、チームリーダーが感じるちょっとした疑問点や不安点をすぐに解消できるように「教えてコンサル」という相談窓口も設置しました。

事務局は、ただリーダーからの連絡を待つのではなく、定例会前にリーダーから課題や悩みを聞き出し、事前に弊社コンサルタントに伝達。回答や方向性を確認することで、定例会を密度濃く実施できるようにしました。

こうしたリーダーへのフォローだけではなく、リーダーの**上司である管理職に対しても頻繁に進捗状況やメンバー意識調査の結果報告をするなど、当事者意識を持ち続けてもらう工夫**もしていました。これによって管理職の皆さんが、最後まで梯子を外さずに協力的な姿勢を持ち続けていました。

広報的な役割も積極的に行い、取り組みの進捗を組織内のイントラネットに写真つきで公開、共有することで、内閣府の全職員が進捗を分かりやすく確認できるようにしました。

それを読んだトライアルチーム以外の若手職員から、「これまで働き方改革をしたくても勇気がなかった。励みになります」とのメッセージが届いたり、ある有識者委員会メンバーからも「とてもよい取り組み。期待しています」とのエールが事務局へ寄せられたりしました。

このような事務局の積極的な動きが、内閣府のトライアル事業の推進力になりました。

時間外3割減、有休3倍のチームも

内閣府では、過去に何度も残業削減やワーク・ライフバランスの取り組みを実施してきたそうですが、いつの間にか立ち消えになっていたそうです。このような経緯から、今回の働き方改革についても「やっても意味がない」という意識が職員間では一般的だったそうです。

働き方改革の成功事例が組織内にない中でトライアルを実施したので、「何をしたらいいのか」「やっても成果が見えない」など、戸惑いの意見がトライアルチームからも出されたそうです。働き方改革は組織文化を変えることなので、すぐには効果が見えてきません。今回、紹介させていただいた国会担当や人事担当だけではなく、どのトライアルチームも、初めは何のためにやっているのか見失うこともしばしばあったそうです。

しかしながら、カエル会議を継続し、果敢に取り組みにチャレンジした結果、少しずつですが成果が出始めています。

具体的な数値でも表れており、**時間外在庁時間30％減、有休取得日数3倍を実現したチームもありました**。トライアル終了後は、トライアルチームでの取り組みを一覧表にして、内閣府内に配付し、それを参考に「ゆう活（早く帰り、ゆうがたを活用しようという取り組み。例年7月・8月）」期間を利用して、全部局に働き方改革の取り組みを実施してもらい、横展開を図りました。今後はさらに組織全体に浸透させるべく、事務次官のコミットメントのもと、取り組みは続いています。

こうして内閣府では徐々に成果が表れ始めているものの、霞が関全体で見れば、働き方改革はようやく始まったばかりです。各府省庁、部局、チームでも取り組みに対する温度感も、まだまだバラバラです。霞が関で働く人々と接していると、幹部候補で優秀な人材ほど、「日本の未来のために」と長時間労働を厭わないように感じます。

私たちが支援させていただくほぼすべての組織に、「長時間労働は美徳である」という感覚を持った人材が一定数存在します。その割合が日本で一番多いのが霞が関なので、その霞が関が働き方改革に挑み、変革を遂げることは直接的、間接的に多くの民間企業に影響を与えます。

私たちも引き続き、霞が関全体が働き方を変革していくため、できる限りの働きかけを行っていきます。

内閣府の成功ポイント3

- まずは実行に移す。〝聖域〟とされる領域でもチャレンジした意識の高さ
- トライアルチームの上司である管理職がサポートしたこと
- 事務局が、中心的存在として積極的に取り組みを推進したこと

コラム

内閣府大臣官房人事課（働き方改革　事務局担当）長野浩二氏

「働き方改革を推進するためには、トップのコミットメントが重要だ」とよく言われています。確かにそうかもしれませんが、実際に組織の構成員一人ひとりに取り組んでもらうように働きかけるのは「事務局」の仕事です。

「働き方改革」を始めると、少なからず事務局は〝批判の的〟になります。「こんなことやったって変わらない」「現場を分かっていない」などの声が届きます。こうした時も、相手の意見にしっかりと耳を傾けながらも働き方改革の趣旨を伝えていかなくてはなりません。極端に表現すると事務局は「孤独」と戦わなければならないし、また「何のためにやっているのか」と気持ちが揺らぐこともあります。

私の場合も例外ではないのですが、なぜ挫折しなかったかと言えば、それは働き方改革によるメリットを経験上知っていたからです。仕事帰りの時間にセミナーに参加したり、地域でイベントを企画・運営したり、そこで出会った興味深い人や尊敬できる人との人脈形成や、普段では得ることのできない経験・知識は、私の人生を豊かにするものであったし、仕事でも大いに活かされていると感じます。

また、事務次官や一部の幹部・管理職の方々が「決して梯子を外さない」という安心感や、コンサルタントの方々と築いた信頼関係があったことも、挫折しなかった大きな要因だったと思っています。事務局を担われる方々は、まず自らが働き方改革のメリットを自分自身で体感し、それを踏まえて、何のためにやるのかを腹落ちさせること。幹部に対しては、例えば働き方改革有識者の講演会を開催して、その後に有識者と幹部のみの意見交換会をセットするなど、働き方改革に取り組むメリットを理解していただけるように工夫して、強力なサポートを得られるように努めることが重要です。幹部と共通認識がなければ改革は減速します。

働き方改革は、これまでの組織文化を大きく変えることでもあり、そう簡単には進みません。しかしながら、「情熱」と「覚悟」を持って取り組んでいけば理解者が現れて、必ず前に進みだします。

各組織で悪戦苦闘している人事の皆さん。私も日々、悩んだり喜んだりを繰り返していますが、あきらめることなく、ありたい姿のために自分の「生きざま」も大切にしつつ、ともに頑張っていきましょう。応援しています。

第6章

「働き方改革」を完走するには

改革の揺り戻しを起こさないために「評価」を見直す

朝メール・夜メール、カエル会議、チームで8カ月間のトライアル、という具体的な働き方改革の進め方をご紹介してきましたが、働き方改革を完走するためには、これらと必ず両輪で行わなくてはならないことがあります。それが「評価方法の見直し」です。「うちは働き方改革を本気でやっている、女性もたくさん採用した、制度も万全に整備した」とどんなに胸を張っても、**「長時間労働した人のほうが高く評価され、収入や昇進で有利」である評価制度にメスを入れなければ、本気で取り組んでいないのと同じ**です。「うちの社員は好きで長時間働いているんだ」と言っている企業でも、「出した成果の分母に時間を入れて、必ず時間当たりの生産性で評価をつけます。ある規定時間を超えたチームの評価は最下位にします」と発表したら、誰も「好きで長時間労働しています」なんて言わなくなります。

この国は、この点が今まで甘かったのです。

では時間当たり生産性で評価をつけるというのは、どうすればいいのでしょうか。すでにこれらの評価の見直しを反映させている具体的な手法をご紹介しておきましょう。

ある企業のやり方では、年間最優秀組織賞を受賞できるのは、メンバー全員がある一定の総労働時間以内で働いたチームだけ、としました。

図表6-1 時間当たり生産性の評価のイメージ

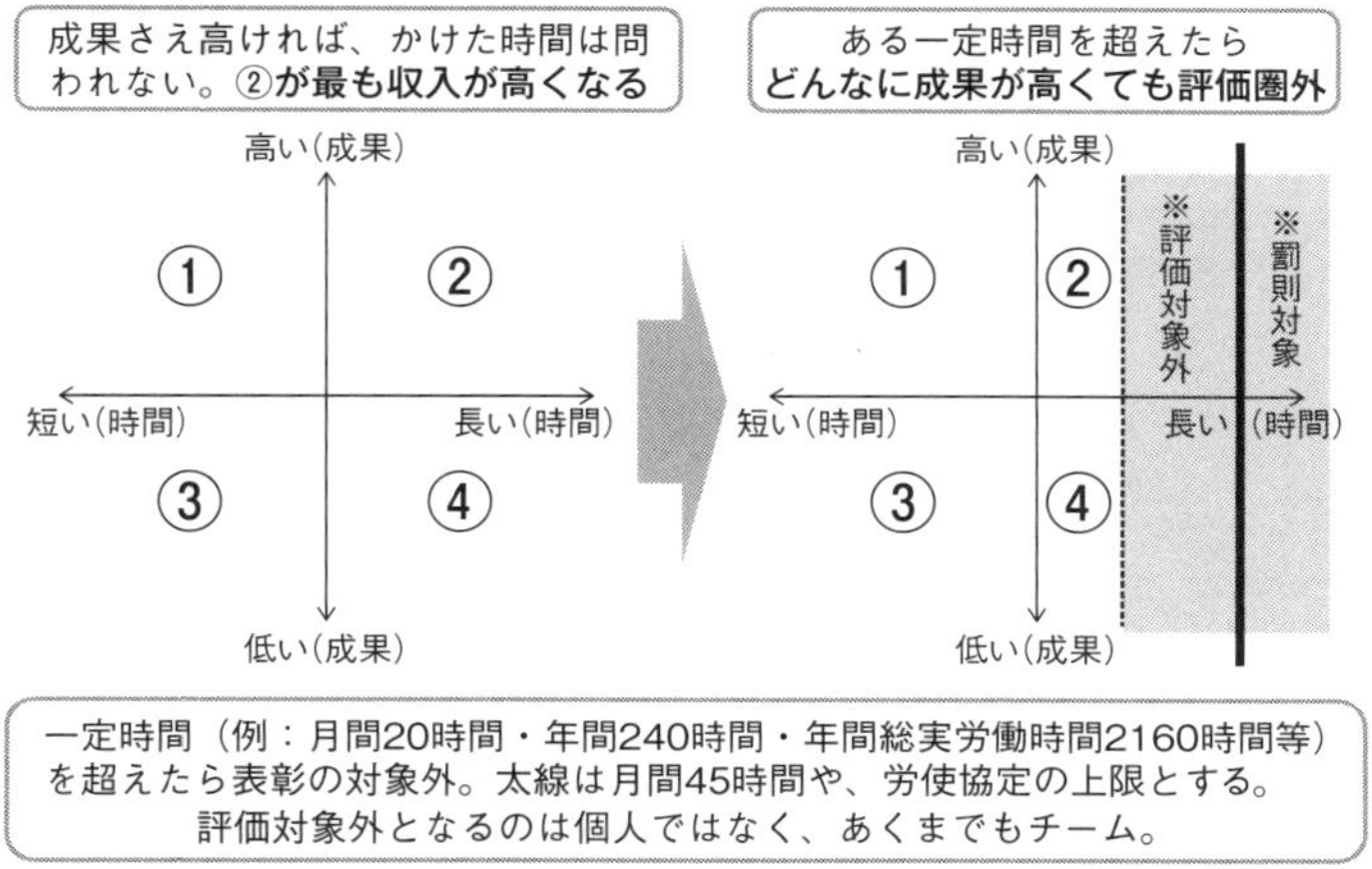

今までの評価は、図表6－1の左側の図のように、縦軸を成果の高低、横軸を時間の長短だとすると、評価は①の左上がまず一番よい評価がつきます。「短い時間で高い成果」だからです。しかし、次は②の「時間は長いけれど頑張った人」に評価が高くつき、次が③④の順になります。この①～④で一番実入りがいいのは誰でしょうか。

②です。①の人が高い評価でもらう給料の差よりも、②の人のもらう残業代のほうが高いからです。しかも②の人は「遅くまで残って頑張っていた」と覚えがめでたいことによって、より昇進しやすかったりもします。すると、②が一番おいしいポジションだと誰もが気づきますので、①ができる人もどんどん②に寄っていきます。つまり、**短時間で成果を上げられる人もあえて時間をかけるようになっていく**ということです。そのほうが

収入も昇進も得られるからです。問題なのは③の人まで④に寄っていくことです。仕事の成果が高くない人はせめて残業代で稼ごうと思えば④を目指すのです。こうして成果の高い人も低い人も、全従業員がどんどん右側に寄っていく仕組みになっていたのが今までの日本社会でした。これが**生産性の低い方法で成果を出す習慣を作っていた**のです。

前出の企業では、図表6－1の右側のように、②と④の人に、あるデッドラインを設けました。「残業ゼロとまでは言わないけれど、ある一定の時間を超えたら評価圏外になるよ」という線を引いたのです。どんなに成果を出していても、評価圏外になってしまうゾーンが設定されれば、①ができる人は慌てて①に戻っていきます。各自がかける時間を最小限にして、最大の成果を出す、つまり生産性を向上させることに向かって一斉に努力し始めるのです。この時、**これを個人に対して適応してはいけません**。あくまでも「チームで、誰か1人でもある一定の労働時間を超えたら、チーム全員が表彰圏外になる」というように設定するのがポイントです。**一定時間をオーバーしてしまいそうな人をチームで助けながら、どうやったらチーム全体で生産性を上げられるかを考えるようになる**からです。この仕組みを導入する前、同社は極めて個人商店型の組織でした。そして、いつも長時間労働で成果を高く積み上げていたメンバーは、この仕組みが入れば自分のせいでチームが表彰圏外になってしまうことに気づきました。そこで、自分1人で多くのクライアントを深夜まで回る方法をやめ、毎日自分の時間の一部を使っ

図表6-2　管理職の評価シート見直し

部下と本人の平均総労働時間・有給消化率を指数化して反映する

Aさん：本人月30時間残業　部下月50時間残業
部下有給消化35%の管理職

	割合	成果		参考値
プロジェクトA	20%	80	16	
プロジェクトB	30%	100	30	
プロジェクトC	15%	30	5	
プロジェクトD	10%	50	5	
プロジェクトE	25%	100	25	
			81点	71点
本人総労働時間			2280	0.035
部下平均労働時間			2520	0.032
部下の有給消化率			35%	0.004

(0.035＋0.032＋0.004)×1000＝71点

Bさん：本人月20時間残業　部下月15時間残業
部下有給消化80%の管理職

	割合	成果		参考値
プロジェクトA	35%	80	28	
プロジェクトB	20%	80	16	
プロジェクトC	40%	85	34	
プロジェクトD	5%	60	3	
			81点	85点
本人総労働時間			2160	0.038
部下平均労働時間			2100	0.039
部下の有給消化率			80%	0.008

(0.038＋0.039＋0.008)×1000＝85点

て後輩にノウハウの伝授をし始めたのです。すると、自分が深夜まで残業しなくても、今まで以上の成果をチームで上げることができました。育児中で時間制約のあったメンバーも、**時間内で勝負させてもらえるなら、仕事のやりがいが復活した**と言って、モチベーションも成果も上がりました。その結果、このチームは表彰台に立つことができたのです。

時間はコストです。日本人は中国人やインド人の7〜9倍ほどの人件費です。ならば**徹底的に時間当たりの生産性が高まる方法で、インセンティブ設計をしなくては経営者失格**なのです。

これを組織の中で継続的に徹底していくためには、「管理職の評価基準」も見直すことが肝要です。管理職の評価基準の見直しを支援する際には、次のような仕組みをアドバイスしています。

図表6－2はあくまでも例ですが、これまで管理

職AとBでは、成果規模が同程度であれば、評価も同程度でした。この図では81点同士です。しかし**部下の平均労働時間と、平均有給取得率、自分の総労働時間の3つを指数化して反映**させると（例えば81点を本人の総労働時間２２８０時間で割ると０・０３５点）、部下を長時間労働させて疲弊させながら成果を出したAは71点、部下を適正な労働環境で働かせながら成果を上げたBは85点になり、Bのほうが14点も高くなるのです。

管理職の評価基準には「部下にどれだけ売上を伸ばしたか・プロジェクトを遂行させたか」等と同じ割合で、「どれだけ適切な労働環境で働かせたか」を見る仕組みが必須です。**働き方改革を組織に根づかせるには、この評価軸の変更は絶対に必要**です。

チームが15人だとすると、**毎日メンバーを1時間早く帰らせることは、利益率が5%の企業において2億円の売上以上の利益貢献をするのです。**AとBの部下では年間４２０時間（月間35時間）の労働時間の差があります。ということはAのチームが１８９０万円も多く残業代を支払っているわけですから、売上で言うと3億８０００万円多く稼いでなければ、Bのほうが利益貢献をしている管理職なのです。

このように、

1　継続して利益を上げ続けられるサステナブルな職場環境を作れているかどうか
2　実際に残業代等のコストも考えたうえで真に利益貢献しているかどうか

の2点で管理職は評価されるべきです。今までは、前述の2点はどちらも評価対象に入っておらず、表面上の売上額や、かけた時間は問わない仕事の総量で評価するような基準でした。

環境省では、現場の働き方改革に加えて、すでに管理職の評価に部下の残業時間と月間残業80時間超えの人数も反映させる仕組みにしました。２０１６年当初は参考値としてですが、これらを管理職の評価軸に加える等の改革プログラムに取り組むことにより、**残業80時間超えの職員は前年同月比12～58％も減少しました**。働き方改革を完走するには、必ずこの「チームの表彰基準」と「管理職の評価」にまで踏み込み、不可逆的な環境を整備してください。

さらに、社会全体にこの不可逆的な環境を作るためには**株主による企業の評価基準**が肝となります。有望株（銘柄）の発掘・選択をサポートするニュースサイトで、２０１７年7月に以下のような記事が出ました。

> 株式市場で「環境」や「企業統治」を投資の基準とする動きが本格化しそうだ。世界最大の機関投資家で株式市場では「クジラ」と呼ばれる年金積立金管理運用独立行政法人（ＧＰＩＦ）が、「ＥＳＧ投資」に本格的に乗り出すことを明らかにした。これに伴い株式の投資基準として、女性の活躍やワーク・ライフ・バランスなど多様な側面が一段と注目さ

れそうだ。市場には「イクメン」や「なでしこ」銘柄を本格評価する動きも浮上している。「ＥＳＧ」とは環境（Environment）、社会（Social）、企業統治（Governance）の頭文字を取ったもの。海外では、欧州などの機関投資家を中心に急速に普及し、ＥＳＧは投資の基準として一般化している。こうしたなか、ＧＰＩＦは3日、３つのＥＳＧ指数を選定し、同指数に連動する運用を開始したことを明らかにした。その3つの指数とは、女性の雇用や管理職比率などを評価し投資するテーマ型指数の「ＭＳＣＩ日本株女性活躍指数（ＷＩＮ）」、環境や企業統治などに優れた企業に投資する総合型指数の「ＦＴＳＥブロッサムジャパン」と「ＭＳＣＩジャパンＥＳＧセレクト・リーダーズ」だ。

欧米流投資基準が日本でも一大潮流に

ＧＰＩＦは約１４０兆円の運用資産を持つ世界最大の機関投資家だ。日本株には約30兆円を投資しており、株式市場ではその資金の大きさから「クジラ」と呼ばれている。この日本株投資のうち当初は3％程度の約1兆円をＥＳＧ指数に振り向け運用を開始した。ＧＰＩＦの動きに他の機関投資家が追随することが予想され、今後、ＥＳＧ投資は日本市場でも本格化しそうだ。

今後は、東証が経済産業省と共同で選定してきた「なでしこ銘柄」や従業員の健康管理に戦略的に取り組んでいる「健康経営銘柄」などが一段と注目されることが予想される。また、厚生労働省が男性の仕事と育児の両立を応援する「イクメン企業アワード」の授賞企業、あるいは働き方改革に取り組む動きもＥＳＧ投資での参考となりそうだ。

出典：市場ニュース　襲来1兆円〝クジラ買い〟、ＥＳＧ投資本格化で期待の「7銘柄」〈株探トップ特集〉（２０１７年7月6日19時30分）
「株探©minkabu」 https://kabutan.jp/

また、２０１７年の春、日本経済新聞には「ブラックロック、投資先４００社超に働き方改革求める」という記事が掲載されて大変話題になりました。１０００社以上、20兆円強の日本株を持つ同社が、発行済み株式数に対する保有比率が高い日本の投資先企業４００社超に対して、**「企業が従業員の働きがいや満足度、能力開発や生活水準の向上に積極的に投資しているかを注視している」と、書簡で働き方改革を求めた**のです。

今、日本の一番の大株主はさきほど紹介した記事のＧＰＩＦです。そして2番目がこの米系運用会社ブラックロックなのです。ＧＰＩＦやブラックロックがＥＳＧ投資を重視すれば、当然**働き方改革を実現した経営者に対する評価が高くなり、逆に長時間労働の人口ボーナス型でしか戦えない企業はどんどんと淘汰されていく**のです。特に今回ＧＰＩＦが採用したＷＩＮと

図表6-3　女性の活躍推進企業データベースのイメージ

企業名	平均勤続年数（年）		女性管理職比率（%）	女性役員の数（人）	平均残業時間（時間）
	男性	女性			
A社	22.8	18.0	2.2	0	16.1
B社	21.2	16.5	4.5	0	25.4
C社	21.8	15.7	9.0	1	17.8
D社	22.8	13.8	4.8	0	16.0
E社	19.5	18.6	15.0	2	23.3
F社	19.6	5.8	−	−	−

「女性の活躍推進企業データベース」
http://positive-ryouritsu.mhlw.go.jp/positivedb/

いう投資指標について、ＧＰＩＦの水野代表を訪問して、その仕組みを詳しく伺ったところ、ＷＩＮは２０１６年４月に施行された**「女性活躍推進法」**で**整備された「女性の活躍推進企業データベース」の数字を用いて運用**しているのだそうです。図表６－３のように「男女の平均勤続年数の差」や「女性管理職比率」「女性役員の数」「平均残業時間」などが業界ごとに一覧で表示されますが、この数値が「業界内で上位50％に入っている企業」にしか投資しないというロジックになっているのです。しかも**公開していない項目があると評価が下がる仕組み**になっています。

今まで、人事部がどんなに働き方改革の必要性を上申しても、**経営者の姿勢はいつも「株主に売上拡大を示すプレッシャー」のほうを向いていて、人事部の言葉に耳を貸しませんでした。**しかし、そのプレッシャーに向けて**一番の成果を出す方法こそが働き方改革**なのです。２０１７年末、日本経済新聞に「働きやすさが利益生む　上位40社の４割が最高益」という記事が出ました。上場企業・有力非上場企業６０２社を「働きやすさ」の視点で格付けした「日経スマートワーク経営調査」上位40社のうち４割が、今期過去最高の純利益の見込みです。いずれの企業も外国人など多様な人材の活用を進め、イノベーション（技術革新）を生み出しています。社員の能力を最大限に引き出す経営が、高い成長につながっていることが分かったとしているのです。

働き方改革の抵抗勢力への向き合い方　Ｑ＆Ａ

このような動きにまだ気がついていない経営者がいた時には、ぜひ読者の皆さんから情報を提供してください。社会が企業を評価する仕組みも、働き方改革の追い風となっているのです。

一方で、働き方改革に向けて走り続けている、あるいはこれから走っていこうとされている読者の皆さんのところには、思わぬ質問が投げかけられることでしょう。それは時に攻撃的で、揚げ足取りのように感じられたり、禅問答のようなやりとりに思われたりすることもあるはずです。しかしそれらの質問に真摯に向き合い、丁寧に回答していかなければ、働き方改革が前進せず、現場が混乱するようなことになりかねません。そこで、皆さんから多くの人たちに正しい働き方改革を伝えられるよう、よくある質問とその回答についてまとめてご紹介したいと思います。これは私が年間２００回以上の講演会と、経営者とのディスカッション、コンサルティング現場でいただいたご質問への回答例です。少しでも参考になれば幸いです。

1　うちの若い人はもっと働きたいって言っているよ。

確かにこれは今、若手社員によく聞かれる声です。しかし詳しく話を聞いてみると、**「もっと長時間働きたい」とは言っていません。「もっと成長したい」と言っているのです**。成長するにはどうしたらよいか先輩に尋ねると、「若い時期に負荷をかけて成長した」と聞き、**「負荷をかける＝長時間に耐える」という発想になりがち**。ここで最も問題なのは、先輩が当時時間をかけて「頑張った」仕事の大半は、今やパソコンかＡＩが瞬時に処理できる内容だということです。同じような20代を過ごせば、ＡＩの本格化とともに無職になる道まっしぐらです。本当に成長したいなら、目の前の仕事に時間をかけている場合ではなく、人間にしかできない経験をし、判断力を身につけるために外へ出かけること。**「自己責任で勉強し続ける」という負荷をかけなくてはなりません**。社内で与えられた仕事で、あわよくば残業代ももらいながら成長しようなんて甘いのです。**外に出て、自分自身の視点でインプットし、成長することで生涯年収を上げていくような発想を持つこと**が大事です。若手には、そのシビアな現実を教えてあげてください。

2 シリコンバレーでは死ぬほど働いている。ベンチャーには労働時間の上限規制を外すべきだ。

シリコンバレーでトップを走る、名だたるＣＥＯたちは、ビジネスで高パフォーマンスを発揮するために睡眠の重要性を公の場で発言しています。グーグル会長のエリック・シュミット氏は毎晩８時間半睡眠。アマゾン・ドット・コムＣＥＯのジェフ・ベゾス氏は「注意力が高まって、思考もはっきりする。８時間眠ると１日ずっと調子よく過ごせる」と述べています。「ハフィントンポスト」創設者のアリアナ・ハフィントン氏は、**短時間睡眠を自慢する経営者は、「酔っぱらい経営」を吹聴しているのに等しい**と言い切っています（睡眠時間と集中力の関係は32ページ参照）。

人口ボーナス時代のベンチャー企業の場合、確かに先に市場を獲ったもの勝ちというような、睡眠を削る方法が有効な時代もありました。しかし、**憧れのシリコンバレー経営者たちはもう**

とっくに集中力と斬新な発想力で高パフォーマンスを発揮するスタイルに切り替えているのです。

そして、ベンチャーは起業したら終わりではありません。打ち上げたビジネスが当たれば、それを一気に広めていかなくてはなりません。過去のベンチャーブームでそれができたのは、社会的に「就職難」の時期だったので、優秀な人材がベンチャー企業にまで回ってきていたからです。しかし、**今やあらゆる企業で成長の阻害要因となっているのは、人材を採用できないこと**です。ベンチャー企業を志すようなチャレンジ精神の高い学生に対して、大手企業があの手この手で口説きにかかり、採り負ければ拡大チャンスのタイミングを逃すことになるのです。特にIT分野のベンチャー企業であれば、この国の失策でIT人材が圧倒的に不足していることもあいまって、人材不足は深刻ですから、働きやすさでひきつけ定着してもらうことが不可欠なのです。

先日、サイボウズ株式会社の青野慶久社長と対談した際、「一瞬の花火を打ち上げて散るのではなく、**勝ち続けてこそ伝説のベンチャーになる**」とおっしゃっていました。まさにその通りだと思います。

メルカリ、サイバーエージェント、ヤフーなどのようにメガベンチャーとなっても組織改革に余念がない企業では、**人材採用の優位性が効き、事業成長の面でも他社を大きくリード**しています。サイボウズやさくらインターネット、ストライプインターナショナルなど働き方改革に積極的な企業を見ていると、そのサービスや商品が、他社にはない独自の視点で、生活や仕事の隅々にまで本当によく目を凝らしているのを感じます。

近年、私が特に感銘を受けたのは、さくらインターネットの田中邦裕社長と、ストライプインターナショナルの石川康晴社長です。ITとアパレルという超長時間労働が当たり前の業界で、いち早く働き方を変えるべきだと気づき、自社の社風に合わせた独自手法で、揺り戻しを起こさずに、しかも楽しく働き方改革に取り組まれています。メディアがまだまだ注目していないこの2社の働き方改革の取り組みを、ぜひ調べてみてください。

3 クリエイティブな仕事は、時間をかけるほどいいものができる。

クリエイティブな仕事をしているのに発想が狭くなっていませんか。ある自動車販売会社の例を参考にしてみてください。売れる営業担当ほど、売れた車をお客様に納車するために土日がつぶれてしまい長時間労働になっていた同社では、1時間で10台の新車を納品できるセンターを、なんとユニバーサルスタジオジャパン（USJ）の中に作りました。お客様は自費でUSJのチケットを購入し、家族で1日遊んだ後、納車センターでキャラクターから新車を「じゃ〜ん」とお披露目してもらい、家族みんなで乗って帰宅します。営業担当が納車してくれないという不満はなく、お客様にはむしろ感動的な1日となるのです。営業担当の労働時間を減らしたいという小さな課題解決ではなく、お客様の感動を呼ぶレベルの解決策を考えたわけです。

この半年後、同社の売上は2割もアップしました。クリエイティブな仕事をする皆さんほど、お客様をもっと高い次元で感動させる、あっと驚く手法を考えることが重要ですよね。その発想の源となる、プライベート時間での体験インプットが不足しているのではないでしょうか。

4 時給で働く職種は残業代で収入を保っている。残業削減などしてほしくない。

収入を保てるだけでなく、より増やせるかもしれません。社員7人、創業36年ワイヤカット加工業の株式会社吉原精工を参考に考えてみてください。かつては22時までの残業が当たり前だった同社が、**今や残業ゼロで社員の年収はなんと600万円を超えました**。

きっかけは22時以降の残業を社員に拒否されたこと。初めは憤った吉原会長でしたが、**経営者が社員の残業を当てにしていたという姿勢を反省**し、労働時間の削減に挑戦したそうです。「残業を前提にすると仕事が遅くなる」と考え、従来の残業代分の賃金を基本給に上乗せして支払う、だから代わりに残業をゼロにしてくれという約束で、社長自らが先にリスクを取りました。生産能力の高い社員と低い社員の違いを分析し、できる社員のノウハウを全社員で共有し、作業の無駄を排除しました。納期が数日以内という特急案件の対策として夜間専門職を1人採用し、17時から深夜1時まで働く代わりに、週休3日制にしました。すると80～100時間もあった月間残業時間は完全にゼロになり、年収は600万円を超えたのです。時間を取り戻し、収入は増える。7人の町工場でできるという事例に、勇気がわきませんか？

5　うちは女性が多い組織。長時間労働だがダイバーシティ（多様性）は実現できている。

管理職に女性が増えていて、一見すると多様性が実現できているように思える職場でも、実際昇進しているのは「長時間の残業もできます」という踏み絵を踏めた女性だけ、という場合には、**価値観の多様性は実現できていません。**

ダイバーシティは、**違う価値観を持つもの同士が対等に意見を交わして、それが化学反応やイノベーションを起こす**からこそ価値があります。表面的に女性の数を増やすと、組織が一見「多様性のある組織」になるのですが、長時間労働を改善しないままでは結局「男性型働き方」

をするメンバーだけが重宝され、それ以外は2軍扱いですから真のダイバーシティは実現できていないのです。そうなると、時短社員や本流ではない社員たちは肩身が狭く、意見を言いにくいまま、せっかくの人材が宝の持ち腐れになってしまいます。そうならないために、長時間労働の是正は重要です。

女性だけでなく、男性も含めて多様な働き方ができるような職場にすることで、「どちらが正しいか」と正誤を競うのではなく、「なるほど、そういう考え方もあるのか」と、お互いの違いを尊重しながら議論できるようになります。すると、これまで考えもつかなかったような新たなイノベーションが生まれるのです。どんな背景を持つメンバーも、「自分がこの組織に対して貢献できる」と心から実感できている、真のダイバーシティまで実現してください。

6 残業は家計のため。妻も、早く帰宅してほしいと思っていないのでは?

確かにノー残業デーの日に「急に早く帰ってこられても困る」と言われて帰りづらくなっている男性も多いようです。しかし、考えてみてください。人生100年時代ですから定年後は40年ほどあり、その**人生を評価するのは会社ではありません。家族です**。今のままの毎日の先には、どんな家族の評価が待っているでしょうか。「あなたは肝心な時はいつもいなかったわよね」と言われ続ける針のむしろのような毎日が待っているでしょう。また、定年後の地域コミュニティーへの参加準備はできているでしょうか。定年後に、急に町内会などに現れると「あなたはこの町内に住んでいました？」と聞かれてしまいます。現役時代から地域貢献している人ほど、地域社会にも豊かな関係性を手に入れられるのです。

そして、「残業代を持って帰るのが家族のため」という人にはシカゴ大学教授で経済産業研究所客員研究員の山口一男氏の調査レポート「夫婦関係満足度とワーク・ライフ・バランス：少子化対策の欠かせない視点」*が大変興味深いでしょう。

＊https://www.rieti.go.jp/jp/publications/dp/06j054.pdf

山口教授は「夫の就業時間・残業時間が減り所得が減れば、妻の夫への経済力信頼度が減り、妻の結婚満足度が減るのではないか」という疑問に対する調査をしています。就業時間を減らして**月収10万円が減ったと仮定し、同じ結婚満足度を維持するにはどの程度の夫の家事育児参加が必要になるか**を割り出しました。

すると、なんと**「夫婦の会話時間が1日平均16分増加する」**または**「夫の育児分担割合が（たとえば15％から18％に）３％増加する」だけで補える**ことが分かったのです。

一般的な収入の家庭で月収10万円は毎日２時間程度の残業に相当します。ですから、今より毎日2時間早く帰宅し、そのうち16分を妻との会話に充てれば結婚満足度は下がりません。それどころか、残りの時間で育児分担を増やせば以前以上の満足度になります。地域貢献したり、リラックスしたり、自分の勉強をしたりと有意義に使うこともできるでしょう。「家族のために」と毎日長時間残業するよりも、早く帰って妻と話し、共に育児をするほうが、家庭と自分の人生のためになるということです。

7 新聞記者は夜討ち朝駆けで取材し、特ダネをモノにしている。

もしも、その手法で取材した記事が本当に読者の求める内容になっていたら、こんなに新聞の購買部数は減っていないはずですね。人口ボーナス期の、まだ情報が行き渡っていない時代には、いち早く「特ダネ」情報をつかみ、配ることに価値がありました。読者はそれを求めて紙媒体を買いました。

しかし人口オーナス期の現在、**「特ダネ」を一番につかんだと喜んでいるのは自己満足に過ぎない**のではないでしょうか。読者は自分で検索すればいくらでも情報が手に入ってしまう世の中で記事に何を求めているのでしょうか。記者はジャーナリストとしての十分な勉強時間を日々確保できているのでしょうか。**読者以上に勉強していなくて、買ってまで読みたいという記事を書くことができるでしょうか。**時間コントロールのきかない生活を送ることで、疲弊してしまい、学ぶことへのエネルギーや、仕事に直結しない分野に興味を持つことや、生活実感を持つための普通の生活時間をなくしていないでしょうか。人口ボーナス期のままの発想では、**記者は疲弊し、新聞は広告欄ばかりが増え、他紙と同じ事件を取り扱い、その中のほんのちょっとした情報の多さを競い合っていきます。優秀な記者から順に辞めていき、記事の質が低下する負のスパイラル**でしょう。人口オーナス期の発想に転換することで、十分に勉強時間を確保した記者が増え、むしろページ数は減らして内容で勝負し、それでも読みたい買いたいと思わせる質を確保し、そこに優秀な人材がより集まるという好循環を生み出していくことが急がれています。

ちなみに、私が政治家とディスカッションしていた際の話では、記者に対して最も腹が立つ瞬間というのは「勉強不足のまま何度も来ること」だそうです。そうした記者は信頼できないので、深い話をしないのだそうです。仕事熱心なつもりが、最も情報の取れない行動に陥っているのではないでしょうか。

おわりに

「社員が、仕事を通じて幸せを実感できる企業になったのが、何よりもうれしい」

変革を遂げたある企業の経営者からいただいた言葉です。働き方改革に取り組んだ結果、「残業時間が削減できた」「業績が向上した」「過去最高の営業利益を叩き出した」といった偉業を成し遂げた企業の経営者であっても、一番うれしいのは「社員が幸せになったという実感」なのだと言うのです。経営者としての在り方を教えていただいた、私にとって忘れられない、大切な言葉です。

そして私たちコンサルタントが仕事のやりがいを強く感じる瞬間もまた、取り組みを進めた一人ひとりが幸福を実感したと話してくださるときです。私たちは組織全体の働き方改革を支援しています。そこで働く「個人」が変化・進化していく瞬間を目の当たりにし、その「個人」が幸せを実感してくださることは、組織におけるさらなる好循環（グッドサイクル）の始まりであると感じられるからです。

私たちがひそかに「最難関パーソン」と呼ぶ人たちがいます。改革に強く抵抗し「長時間働くことで実現できることがある」「できないメンバーを育てるより、できる人間にどんどん任せていけばいい」と言う人たちです。組織内で最も有能な社員が一番の反対勢力となるといったことも少なくなく、大きな影響力も持っています。それでも取り組みを続けているうちに「最難関パーソン」が変化する瞬間が訪れます。働き方改革が、実は自ら目指している、進みたいと考えている方向に必要なプロセスであるという考えに至りさえすれば、その影響力を適切な方向へと使ってくださるのです。そして「私は前から言っていたんだ」とまで言い出すようになります。誰でも「もっとよくなりたい」という気持ちを持っているということなのでしょう。改革に強く反対していた仕事熱心で有能な人たちが、意識を変え、行動を変え、さらに組織に貢献していく姿を見届けるとき、全身に鳥肌が立つような喜びがこみあげてくるものです。

働き方改革は、日本や企業の存続のためだけに行うものではありません。何よりも、あなた自身の幸せのために行ってほしいのです。人生で多くの時間を共にする仕事の仲間、家族、そして地域社会の人々と関係性の質を高め、心理的安全性の高い場所を作っていきましょう。そして皆で、人生のクオリティ・オブ・ライフをより豊かにしていきましょう。本書が一人でも多くの人の背中を、ほんの少しでも、そっと押すことができたなら、著者冥利に尽きます。

最後に、本書の趣旨に賛同し具体的なエピソードとともに取り組みの様子を話してくださったすべてのクライアントに、そして日々私たちをコンサルタントとして成長させてくださっているすべての皆様に、心から感謝申し上げます。

２０１８年2月

株式会社ワーク・ライフバランス　代表取締役社長

小室淑恵

著者紹介
小室 淑恵（こむろ・よしえ）
株式会社ワーク・ライフバランス代表取締役社長。2006年、株式会社ワーク・ライフバランスを設立。「働き方改革コンサルティング」を900社以上に提供し、大幅に残業を削減して業績は向上させるという生産性向上の成果を出している。自社の経営も残業ゼロ、有給消化100％で増収増益を達成し続けている。2014年、安倍内閣で産業競争力会議の民間議員として、政府の経済成長の方針「日本再興戦略」に長時間労働の是正と女性活躍こそが日本の経済成長の鍵であることを盛り込んだ。2012年に出場したTEDxTokyoでは大きな話題を呼び、プレゼン力の高さにも定評がある。文部科学省中央教育審議会委員、経済産業省 産業構造審議会委員など公務を歴任。業務分析ツール「朝メール.com」や、「育児と仕事の調和プログラムarmo（アルモ）」「介護と仕事の両立ナビ」などを開発し、多くの企業が導入している。2児の母。『なぜ、あの部門は「残業なし」で「好成績」なのか? 6時に帰るチーム術』（日本能率協会マネジメントセンター）、『女性活躍 最強の戦略』（日経BP社）、『労働時間革命　残業削減で業績向上! その仕組みが分かる』（毎日新聞出版）など著書多数。

働《はたら》き方改革《かたかいかく》
生産性《せいさんせい》とモチベーションが上《あ》がる事例《じれい》20社《しゃ》

第1刷　2018年3月20日
第7刷　2021年8月5日

著　者　小室淑恵《こむろよしえ》

発行人　小島明日奈

発行所　毎日新聞出版
〒102-0074　東京都千代田区九段南1-6-17　千代田会館5階
営業本部：03（6265）6941
図書第二編集部：03（6265）6746
印刷・製本　中央精版

ISBN978-4-620-32508-8

好評既刊

労働時間革命

残業削減で業績向上！　その仕組みが分かる

小室淑恵
株式会社ワーク・ライフバランス
代表取締役社長

900社以上のコンサルティング実績から、
飛躍的に業績を上げた事例を一挙紹介。
残業時間が半減、利益が前年比
162％アップの会社も。
稼ぐ力を強化したい経営者、必読の書。

長時間労働は
「勝つための手段」ではなく、
「負けている原因」なのです。

［毎日新聞出版］　定価：本体1200円（税別）